法哲学と法哲学の対話

安藤 馨
大屋雄裕 著

A Dialogue between Jurisprudence and Legal Philosophy

はしがき

　法哲学は，法を成り立たせているさまざまな概念や解釈といった営為の性質を探究し，あるいはそれを前提にしてあるべき法の姿について考える基礎法学の一分野ですが，「百人の法哲学者がいれば百の法哲学がある」などとも言われるように，どのような観点から何に関心を持っているかは——実定法学と異なって具体的な法令・判例のような「核」を持たないだけに——至極ばらばらです。その広がりと差異を理解してもらうために，『法学教室』誌に機会をいただいて，「法哲学と法哲学の対話　ときには法をめぐって」という連載を担当しました。このタイトルは，当然ながら星野英一・田中成明両先生の編集になる名著『法哲学と実定法学の対話』(有斐閣，1989 年) を意識したものです。それから四半世紀以上を経てさらに両者の距離が遠ざかったかにも見える現代において，まず基礎法学，あるいは法哲学の内部にどのような対話が可能かということを意識すべきではないかという問題意識を，別に持っていたわけではないのですが。

　連載自体は安藤馨さんとの対論という形式を選び，それぞれの書いたものに翌月もう一人が批評を加えるということにしました。またその際，論ずべきポイントの提示作業を，米村幸太郎さん (横浜国立大学大学院国際社会科学研究院准教授) にお願いしまし

た。ちょうど前職を離れる時期で、一人で一年間執筆を続ける自信が到底なかったからという個人的な事情もあるのですが（これを実現している実定法学の諸先生のことは心から尊敬しています）、本書をお読みいただければわかる通り私に書けるのは私の法哲学だけで、独力で多様性や差異を示すことは難しいと考えたからです。私の思考が持つ偏りや癖を可視化するためには、ある意味で基本的な視座がもっとも離れている安藤さんを対置することが適当だろうと思いましたし、連載を終えて、その狙いは正しかっただろうという印象を持っています。

とはいえ、共通の指導教員であった井上達夫教授（東京大学）の下で我々はすでに十年以上の付き合いがあり、ともすればこれまでの議論を前提として・読者の方々の理解や関心を置き去りにしてしまうのではないかという懸念が（我々自身に）ありました。一般読者の観点から議論の展開に枠をはめるために問いを設定するという、プロの研究者にとってはおそらくかえって困難な役目を米村さんにお願いしたのはそのためです。米村さんがコーディネータの責を果たされたことは連載をお読みの方々にはご理解いただけたものと思いますが、さらに議論全体を俯瞰する立場から両者の立脚点を的確に整理し、読者の理解を助けるであろう「観戦記」を本書にお書きくださったことについては、感謝が尽きません。

議論のテーマについては安藤・大屋が個々に設定しましたが、基本的に安藤さんが民法・刑法・憲法という実定法学の主要分野に対応させ、大屋が法哲学の主要トピックから権利・平等・正義を選択するという形で、領域・主題の二つの軸から描き出せるように配慮したつもりです。前者では、法人や未遂のように実定法学者や実務家の皆さんが当たり前に理解しているつもりで日々

使っている概念の意義を取り上げて再検討することで，法律・法律学について多面的な観点からより深い理解が得られるようにしました。そのつもりです。しかし所詮はその「外側」にいる人間の考えたことですので，本当にそうなっているかはよくわかりません。後者は逆に法哲学の「内側」に属する問題系ですが，そこに出てしまっている手癖のようなものに対して，同じ問題を別の観点から扱っている諸学の皆さんには本来違和感があるものかもしれません。

　本書にまとめる際に，そのような差異を可視化することで我々の議論全体の持つ位置や周囲との距離を示せばさらに読者の理解を助けるのではないかという趣旨で，安藤さんの担当部分については関連する実定法の先生方，特に理論的な関心が強いのではないかとささやかれている皆さんにコメントをお願いしました。また大屋担当部分には，同じテーマを扱う（法哲学から見れば）隣接領域の先生方にご登場いただきました。そこで提示された違和感やご指摘いただいた問題に簡単に応答するために，さらに我々双方から短いリプライを付することで，本書の構成はできあがっています。

　異なる分野・問題関心に立脚した文章を二つも読んだ上でご自分のカラーを出しつつ何かを言い，さらに我々からの文句を受けて立たなくてはならないというやや尋常でないお願いであるにもかかわらず，お忙しいなかこころよくお引き受けくださった諸先生に，心よりお礼申し上げます。問題・領域とコメントをお願いした先生方のご専門は，具体的には次のような対応になっています（敬称略）。我々の議論といただいたコメントを照らし合わせることで，法哲学の観点から各領域の特徴・傾向を逆照射する助けに少しでもなっていればと願ってやみません。

第1テーマ　倫理学の観点から，江口聡
　　　　　（京都女子大学現代社会学部教授）
第2テーマ　民法学の観点から，水津太郎
　　　　　（慶應義塾大学法学部教授）
第3テーマ　政治哲学，特に運の平等論の観点から，
　　　　　井上彰
　　　　　（東京大学大学院総合文化研究科准教授）
第4テーマ　刑法学の観点から，佐藤拓磨
　　　　　（慶應義塾大学法学部教授）
第5テーマ　政治学の観点から，田村哲樹
　　　　　（名古屋大学大学院法学研究科教授）
第6テーマ　憲法学の観点から，片桐直人
　　　　　（大阪大学大学院高等司法研究科准教授）

　連載を始め，また本書をまとめるにあたっては，有斐閣の小野美由紀さんにご尽力いただきました。私自身は共著『法哲学』(2014年)に引き続いてご迷惑をおかけすることになりました。また連載中には同じく田中朋子さん・四竈佑介さんにお世話になりました。特に小野さん・四竈さんには我々の原稿をお読みいただいた上で議論のわかりにくいところ・読者に対して補足が必要であろう箇所について丁寧にご指摘いただきました。安藤さんの原稿量が次第に増えていった背景には，そのようなご指摘にきちんとご対応いただいたからという事情もあります。この連載が読者の方々にとって読みやすいものであったかについて執筆者の片割れとしてはあまり自信がないのですが，前述の米村さんに加え編集部の皆さんのご努力がなければ事態がより深刻だっただろう

ことだけは確実です。厚くお礼申し上げます。

　連載を始める前には，あくまで法哲学という領域の内容や意義を『法学教室』誌の読者に示すという学修的配慮に立脚するのであって，議論を幅広く展開するためにはあえて本来の自分とは異なる立場から記述を進めることもあるという了解をしていました（たとえば第 5 テーマで私はデリダの脱構築を肯定的に説明していますが，その内容を踏まえた上で別の立場を取っていることに，『法解釈の言語哲学』〔勁草書房，2006 年〕の読者はお気付きかと思います）。その姿勢が本書を通じて貫かれているかという点の評価については最終的に読者に委ねられるべきものと思いますが，連載時に付されていた「ときには法をめぐって」という副題があるいは示していたかもしれない「ためらい」が議論の進行に従って振り捨てられていく過程と，全体を振り返ることが可能なのかもしれません。いずれにせよ，この本が法と法学について捉え直す視座としての法哲学というものに，読者の皆さんが興味を持つ機会になればと思います。

2017 年 3 月

執筆者を代表して
大屋 雄裕

目　次

第1テーマ　権利と人権のあいだ ……………………………… 001

提題（大屋雄裕）002
　Ⅰ．人類と動物の権利　003
　Ⅱ．人類という種のエゴイズム？　005
　Ⅲ．冷たい不等式　008
　Ⅳ．特殊性を認めない立場としての功利主義　010
　Ⅴ．国家の行為義務としての人権　012
　Ⅵ．帰結主義からの教訓？　014
　Ⅶ．Why not be egoists?　015

応答（安藤 馨）017
　Ⅰ．問題を明確にするということ　018
　　1.「動物の権利」　019
　　2.「集団的権利」なるもの　021
　　　（1）権利の利益説／意志説　021
　　　（2）目的説／制約説　023
　　3. 問われるべきことはなにか　026
　　〜インターリュード〜　028
　Ⅱ．道徳の構成とホモ・サピエンス　030

1. 道徳的構成主義　030
        2. ホモ・サピエンスと非ホモ・サピエンス　032
        3. 異星人とその圧倒的実力　033

コメント【法哲学と倫理学の対話】
「権利」と「人格」── 倫理学からの応答（江口 聡）　035
        リプライ1（大屋雄裕）　041
        リプライ2（安藤 馨）　043

第2テーマ　団体が，そして団体のみが ……………… 047

提題（安藤 馨）　048
    Ⅰ．団体が存在する　048
        1. 問題の所在　048
        2. 還元不能なものとしての団体　049
        3. 方法論的個人主義と余剰因果　053
        4. 消去主義の過剰　054
        5. 方法論的個人主義の行方　056
    Ⅱ．団体のみが存在する　059
        1. 団体を真剣に考える　059
        2. 個人は団体である　062

応答（大屋雄裕）　068
    Ⅰ．分割不能な存在としての個人　069
    Ⅱ．個人の特権性と法　071

Ⅲ．統一性とその欠如　074
　　Ⅳ．基盤としての信念　076
　　Ⅴ．心あるものの創出　078
　　Ⅵ．擬制としての人格　081

コメント【法哲学と民法学の対話】
団体一元論と民法・民法学における個人・団体（水津太郎）　083
　　リプライ1（安藤　馨）　090
　　リプライ2（大屋雄裕）　095

第3テーマ　平等の平等か，不平等の平等か　………　097

提題（大屋雄裕）　098
　　Ⅰ．アマルティア・センの平等論？　099
　　Ⅱ．政治的権利の特殊な配置　102
　　Ⅲ．投票以外の可能性　105
　　Ⅳ．整合性をめぐる問題　107
　　Ⅴ．平等論の構造転換？　109

応答（安藤　馨）　112
　　Ⅰ．問題となっていることはなにか　112
　　Ⅱ．どこにいこうとしているのか　114
　　Ⅲ．主体の問題　116
　　Ⅳ．反差別としての平等　118
　　Ⅴ．なにのゆえになにの平等を　122

Ⅵ．分配の平等と反差別としての平等　124
　　Ⅶ．復路へ　128

コメント【法哲学と政治哲学の対話】
平等論と政治的権利をめぐって
——政治哲学の見地より（井上 彰）　131
　　リプライ1（大屋雄裕）　136
　　リプライ2（安藤 馨）　138

第4テーマ　法と危険と責任と ……………………………… 143

提題（安藤 馨）　144
　　Ⅰ．不能としての未遂　144
　　Ⅱ．傾向性としての危険性と反事実条件文　146
　　　1．行為の傾向性とその問題　147
　　　2．トークンの危険性からタイプの危険性へ　150
　　　3．新派刑法学の帰還　154
　　Ⅲ．決定論と規範的評価　156
　　Ⅳ．傾向性の制御ということ　161
　　Ⅴ．無過失責任と危険　163

応答（大屋雄裕）　168
　　Ⅰ．自由意思と懐疑的解決　168
　　Ⅱ．傾向性と実在　174
　　Ⅲ．犯罪をめぐる非対称性　179

Ⅳ．我々の世界の物語り　182

コメント【法哲学と刑法学の対話】
新派復興の試みは成功したか？（佐藤拓磨）　184

　　リプライ1（安藤　馨）　189
　　リプライ2（大屋雄裕）　195

第5テーマ　正義・同一性・差異 199

提題（大屋雄裕）　200
　　Ⅰ．等しきものと等しさ　201
　　Ⅱ．婚姻をめぐる同一性と差異　203
　　Ⅲ．平等にするものとしての正義　207

応答（安藤　馨）　212
　　Ⅰ．普遍化可能性を巡って　212
　　　1．無関連な基準による取扱いとその不正　213
　　　2．関連性のある複数の基準とそれについての選択　217
　　Ⅱ．パートナー関係とその道徳的価値　218
　　　1．法の下の平等と際限ない後退　219
　　　2．私的関係の道徳　222
　　　3．ゲイ・ライツとその道徳化　226
　　Ⅲ．差異の消滅と正義　229
　　　1．自発的契約の自然的帰結　230
　　　2．特殊と普遍　232

コメント【法哲学と政治学の対話】
正義の論じ方と政治の論じ方（田村哲樹）　237
　　リプライ1（大屋雄裕）　243
　　リプライ2（安藤馨）　245

第6テーマ　最高ですか？ …………………………… 251

提題（安藤馨）　252
　　Ⅰ．法的三段論法の意義と限界　253
　　　1. 正当性とその転移　254
　　　2. 推論の単調性　257
　　Ⅱ．法的正当性と推論規則　260
　　Ⅲ．違憲，されど有効　264
　　　1.「最高法規」の無力　265
　　　2. 効力根拠と憲法98条　266
　　　3. 推論規則とその根拠　267
　　　4. 事情判決の法理　269
　　　5. 憲法としての法律　272
　　Ⅳ．違憲合法論とその行方　274
　　　1. 違憲合法論の再構成　274
　　　2. その約束された再来　278
　　Ⅴ．おわりに　281

応答（大屋雄裕）　282
　　Ⅰ．はじめに　282

Ⅱ．遡上と排除　285
　　Ⅲ．論理的体系性の意味　288
　　Ⅳ．正統性を支えるもの　290
　　Ⅴ．賭けとしての統治　295
　　Ⅵ．おわりに　298

コメント【法哲学と憲法学の対話】
Dream Fighter（片桐直人）　301
　　リプライ1（安藤　馨）　308
　　リプライ2（大屋雄裕）　317

少し離れたところからの眺め
　──〈異世界通信〉としての対話（米村幸太郎）……………… 320

　　Ⅰ．若干の弁明から　320
　　Ⅱ．実在するものへの二つの見方　322
　　Ⅲ．正義をめぐって──大屋から安藤へ　325
　　Ⅳ．正義をめぐって──安藤から大屋へ　332

索引 …………………………………………………… 341

凡　例

□ 裁判例の表示

本文（地の文）
　　例／最高裁平成 20 年 6 月 4 日大法廷判決（民集 62 巻 6 号 1367 頁）
本文のかっこ内・脚注
　　例／最大判平成 20・6・4 民集 62 巻 6 号 1367 頁
　　＊ 最高裁の法廷名は，大法廷判決（決定）は「最大判（決）」として，小法廷については，単に「最判（決）」として示す。引用頁の表示は，その判例集の通し頁とする。

□ 判決文・条文の引用

判決文・条文を「　」で引用する場合は，原則として原典どおりの表記とするが，以下の点を変更している。また，「　」を用いて判決文・条文の趣旨を書いているものもある。なお，「　」内の〔　〕表記は執筆者による注であることを表す。
- 漢数字は，成句や固有名詞などに使われているものを除き算用数字に改める。
- 漢字の旧字体は新字体に改める。

- 促音や拗音を表すひらがなは，原文にかかわらず小書きとする。
- カタカナ表記で，濁点・句読点の用いられていない判決文・条文について，執筆者によってひらがな表記に改められたものや濁点・句読点が補われているものがある。

□ 法令名等の略語

法令名等の略語は，原則として小社刊『六法全書』巻末掲載の「法令名略語」による。以下におもなものを掲げる。

行訴	行政事件訴訟法
憲	日本国憲法
公選	公職選挙法
自治	地方自治法
著作	著作権法
動物愛護	動物の愛護及び管理に関する法律
任意後見	任意後見契約に関する法律
民	民法

□ 判例集・判例評釈書誌等の略語

民（刑）録	大審院民（刑）事判決録
行録	行政裁判所判決録
民（刑）集	大審院，最高裁判所民（刑）事判例集

集民(刑) ……………… 最高裁判所裁判集民(刑)事
高民(刑)集 ………… 高等裁判所民(刑)事判例集
下民(刑)集 ………… 下級裁判所民(刑)事裁判例集
行集 …………………… 行政事件裁判例集
裁時 …………………… 裁判所時報
新聞 …………………… 法律新聞
裁判所Web ………… 裁判所ウェブサイト(http://www.courts.go.jp/)

□ 法律雑誌・判例評釈書誌等の略語

国家 …………………… 国家学会雑誌
ジュリ ………………… ジュリスト
判時 …………………… 判例時報
判タ …………………… 判例タイムズ
法教 …………………… 法学教室
法協 …………………… 法学協会雑誌
法時 …………………… 法律時報
法セ …………………… 法学セミナー
民研 …………………… 民事研修
民商 …………………… 民商法雑誌
論叢 …………………… 法学論叢

執筆者紹介 (50音順)

安藤 馨 (あんどう・かおる)

【現職】　　　神戸大学大学院法学研究科准教授
【専攻分野】　法哲学・道徳哲学
【生年】　　　1982 年
【略歴】　　　東京大学法学部卒業，同大学院法学政治学研究科修了。
　　　　　　　同助手，同助教を経て 2010 年より現職。
【主要著作】
『統治と功利——功利主義リベラリズムの擁護』(勁草書房，2007 年)
「アーキテクチュアと自由」東浩紀＝北田暁大編『思想地図〈vol.3〉特集・アーキテクチャ（NHKブックス別巻)』(日本放送出版協会，2009 年) 136-159 頁
「メタ倫理学と法概念論（論究の芽)」論究ジュリスト 6 号 (2013 年) 86-93 頁

大屋雄裕 (おおや・たけひろ)

【現職】　　　慶應義塾大学法学部教授
【専攻分野】　法哲学
【生年】　　　1974 年
【略歴】　　　東京大学法学部卒業。同大学院法学政治学研究科助手，名古屋大学
　　　　　　　大学院法学研究科助教授，同准教授，同教授を経て 2015 年より現職。
【主要著作】
『法解釈の言語哲学——クリプキから根元的規約主義へ』(勁草書房，2006 年)
『自由とは何か——監視社会と「個人」の消滅（ちくま新書)』(筑摩書房，2007 年)
『自由か，さもなくば幸福か？——21 世紀の〈あり得べき社会〉を問う（筑摩選書)』(筑摩書房，2014 年)
『法哲学』(瀧川裕英・宇佐美誠との共著) (有斐閣，2014 年)
「『法という企て』——人格への卓越主義？」瀧川裕英＝大屋雄裕＝谷口功一編『逞しきリベラリストとその批判者たち——井上達夫の法哲学』(ナカニシヤ出版，2015 年) 91-104 頁
「言語のゲームとしての法——法学におけるウィトゲンシュタイン」荒畑靖宏＝山田圭一＝古田徹也編『これからのウィトゲンシュタイン——刷新と応用のための 14 篇』(リベルタス出版，2016 年) 234-245 頁
「宗教の近代性とその責任——空知太神社事件」駒村圭吾編『テクストとしての判決——「近代」と「憲法」を読み解く』(有斐閣，2016 年) 269-296 頁

第1テーマ 権利と人権のあいだ

提　題

大屋 雄裕

　圧倒的な技術力を持ち，実力では人類が到底対抗できないような異星人が突如地球に来訪したとしよう。彼らによれば，人類は地球の環境資源を浪費しすぎており，人口増加をこのまま放置すると生態系が崩壊して絶滅の危機に瀕するという。それを回避するためには個体数を一定レベルに調整する必要があるので，彼らが適切な基準に基づいて選抜を行い，過剰な個体を「除去」することにしたと通告されたとしよう。我々はここで，我々の持つ人権が適切に配慮されたと考えるだろうか。あるいは，この異星人の告げている我々の運命が正しいとして，我々はどのようにしたら人権を保障することができるのだろうか。

Ⅰ．人類と動物の権利

　人権についてはしばしば，「人類の多年にわたる自由獲得の努力の成果であって……侵すことのできない永久の権利」（日本国憲法 97 条）であるとか，「すべての人類の生得の権利であり，その保護と促進は諸政府の第一の責任である」（世界人権会議・ウィーン宣言及び行動計画Ⅰ.1）などと表現される。それが我々の社会を成立させている最も根本的な制度ないし理念の一つであることも間違いないだろう。しかしその性質がどのようなものかということは，あまり明確でない。そもそもそれは人間の（human）権利（rights）なのか，「人権」という固有のものなのか。権利の一環として語り得るものだとすれば，その本質は意思＝自己決定なのか・利益保護なのかといった問題もある。

　あるいは「人類の生得の権利」（birthright of all human beings）だとされる人権（human rights）は，「動物の権利」（animal rights）と同じものなのか，違うものなのか。違うとすればどのように異なるのか。動物の権利をめぐる主張の一つは，種の生存環境・生存条件を保護せよというものである[1]。奄美大島でのゴルフ場開発に反対し，生息する動物 4 種を原告に加えて提訴された「アマミノクロウサギ訴訟」（動物を原告とする部分につき却下。鹿児島地判平成 13・1・22 裁判所 Web）は，その典型と考えることができるだろう。だがここで争われているのは種としての集団的利益・集団的権利で

---

[1] このような主張は「自然の権利」（rights of nature）に基づくものとして，Ⅳで後述するような苦痛を免れる個体の権利としての「動物の権利」と区別されることが多いが，以下ではまず，主体が人類か動物かという観点に立ってその両者を「動物の権利」として論じる。

あり，その種に属する全個体が個別に持つと想定される権利ではない。たとえば致死的な感染症に罹患した個体を放置すればパンデミックが全体に波及して絶滅のおそれがあるという場合，つまりその種に含まれる個体それ自体が種の生存に対する危機をもたらしている場合には，むしろ当該個体を除去することがこの論理から正当化されるということになるだろう。ここでは集団の権利が個体のそれよりも優先され，後者は固有の意義を持たなくなっている。

　一読してわかる通り，冒頭の異星人は我々人類が他の生物種に対して取っている態度を示している。たとえばエゾシカの個体数が増えすぎて飢餓が生じているというとき，その一定数を「除去」することを我々はしばしば選択するだろう。人権と動物の権利を同じものだと考えれば，我々は「国民」や「人類」といった集団全体のためであれば個体を犠牲にすることもあり得ると認めることになるだろう。

　だからこそ，人権を重視する多くの正義論者はそのような集団的権利の論理に反発し，それを制約する原理としての人権の意義を強調してきた。たとえばリベラリズムの代表的論者であり，個々人が平等に尊敬され配慮される権利を持つと考えるロナルド・ドゥウォーキンは，人権を「切り札」(trump) と位置付けた[2]。個々人の持つ自由を最大化することが望ましいと考えるリバタリアン，ロバート・ノージックも，人権は「横からの制約」(side-restraint)，すなわち達成されるべき目的とは独立に，別のところ

---

[2] Ronald Dworkin, "Introduction", *Taking Rights Seriously*, Harvard University Press, 1977. また参照，ロナルド・ドゥウォーキン（森村進＝鳥澤円訳）『原理の問題』（岩波書店，2012年）第8章。

から導入される制約であり，目的とは独立のものだと主張している[3]。どちらにおいても，社会全体がその利益を追求して一定の政策を構成員に強制しようとするときにそれを拒否し得ること，自己の利益と社会の利益とが同種のものとして比較の天秤に乗せられないようにすることが，人権の機能だとされていることになるだろう。したがってこれらの議論によれば，人権は動物の権利と異なる特殊人間的なものだ，ということになる。

II. 人類という種のエゴイズム？

だがなぜ人間は，そして人間だけは，そのような特殊なものを持つことが認められるのだろうか。君たち人類がエゾシカに対して行っているのと同じことを君たちに対してもやるだけのことだと，異星人に反問されたらどうすればよいのだろうか（当の異星人自身も生存環境維持のために自らの「個体数調整」を行っている，という条件を加えてもよい）。

もちろん「エゾシカには自律能力がないが，我々にはある」という類の反論は，あまり説得的ではない。「我々」が一人ひとりの個人を意味しているとすれば生命への自己決定としての人権が認められていることにはなるが結果的に十分な数の調整が実現するという保証がなく，（集団としての）人類自身が決めるというのであればその決定に基づいて特定個人の生命が同意なく奪われることになり，生命権が保護されているとは言えなくなるからだ。

3) ロバート・ノージック（嶋津格訳）『アナーキー・国家・ユートピア——国家の正当性とその限界』（木鐸社，1995年）43-52頁。

「我々は理性的な存在だから，結果の如何を問わずその自己決定は尊重されるべきだ」という主張はどうだろうか。第一に，人間は理性的だという前提が相当に疑わしいことは，すでに心理学・認知科学によって明らかにされてきている[4]。人間は，その行動に関する古典的なモデルが考えてきたように知覚し・判断し・行動しているのではなく，知覚に基づいて反射的に行動してしまったものをあとから認識し・正当化していると考えた方が実態に即している。我々の判断がさまざまな物理的条件に影響されており，それらを操作することでコントロール可能であることも，明らかにされてきている[5]。人類だけが特権的な理性を持っており・他の動物種と隔絶しているという主張は疑わしい。

　だが，より大きな問題は，その理性がなかったり不十分だと考えられる個体に対しても我々が人権を認めていることだろう。確かに，人権を積極的なものと消極的なものに分類し，特に理性的だと考えられる個体にしか前者を認めないとか，不十分な個体には後者しか認めないという制度もしばしば採用されてきた[6]。しかし逆に言えばそれは，生命が害されないという最も基礎的と考えられる権利は全個体に保障されてきたということでもある。脳

---

[4] たとえば参照，下條信輔『サブリミナル・インパクト――情動と潜在認知の現代（ちくま新書）』（筑摩書房，2008年）。

[5] この点をポジティブに捉え，「個人の自己決定」と「社会的に適切な帰結」を両立させようというのがリバタリアン・パターナリズムの基本的な発想である。参照，リチャード・セイラー＝キャス・サンスティーン（遠藤真美訳）『実践 行動経済学――健康，富，幸福への聡明な選択』（日経BP社，2009年）。また参照，大屋雄裕『自由か，さもなくば幸福か？――21世紀の〈あり得べき社会〉を問う（筑摩選書）』（筑摩書房，2014年）。

死状態に陥り・およそ精神活動が存在しないであろうと考えられる個体，あるいは重度精神障害や知能障害によって判断能力・行為能力を失っていると看做されている個体に対しても我々は生命権を保障し，集団的権利との衡量を拒否してきた。彼らよりも高いレベルの精神活動や自己決定を行っているかもしれない動物には人権が認められず，彼らには保障されることを，どのように正当化すればよいのだろうか。

井上達夫は，個体的同一性にのみ依拠するような正当化を「エゴイズム」と位置付け，正義に反するものとした上で，人権もまた人類という種の同一性にしか基礎付けることのできない「種のエゴイズム」なのではないかと指摘している[7]。「俺のものは俺のもの，他人のものも俺のもの」という類の自己を特権化する論理がおよそ正義に反するものとしか考えられないように，人類が・人類だけが・人類という理由で人権を持つという主張も他の生物種の観点からはエゴイズムにしかならないのではないか，ということだ。仮にそうだとすれば，人権は正義に反する・正当化できない理念として，権利一般とは異なる性格を持つということになるのかもしれない。

---

6) フランス 1791 年憲法における「能動市民」（政治参加など積極的な人権が認められる）と「受動市民」（消極的な国家からの自由しか認められない）の区別がその典型的なものだが，現在の我々が未成年者の参政権を制限していることも同旨の制度だと考えることができる。
7) 井上達夫『共生の作法——会話としての正義』（創文社，1986 年），特に第 2 章。

III. 冷たい不等式

　あるいは，こういう状況を考えてみよう。単独航行中の宇宙船内で事故が起き，乗組員に死傷者は出なかったものの積荷の酸素ボンベが失われ，最短で到着可能な宇宙港まで乗組員全員が呼吸を続けられるだけの酸素は確保できないと判明したとしよう。少なくとも一定数の乗組員が無事に生き延びるためには，それ以外のものが呼吸を止めなくては（すなわち死ななくては）ならない。その決断をしなければ宇宙船全体での酸素欠乏が生じて全員が死亡するし，議論を続ければ続けるほど生存者が酸素を消費するため，最終的に生き延びることのできる人数は減少する。このような状況で各人には生存権があると言うとき，それは何を意味しているのだろうか。それによってどのような結論が導かれるのだろうか。

　第一にここで，乗組員という集団全体の利益を最大化するために個々人を犠牲にすることを認めないのが人権だという立場を貫けば，生命権を最大限に尊重した結果として誰も助からないのが正義にかなった事態だという皮肉な結論に陥るだろう。そこで次に，生命と生命が直接に衡量の対象となる場合には「多い方」を守ることが許されるという補助理論を導入することが考えられる。難破船から荒海に放り出された2人が・おそらく1人しかつかまり続けることはできないと考えられる板にたどり着いた場合（カルネアデスの板）ならば，この考え方で対応することができるだろう。2人とも死ぬよりは1人助かる方が望ましいので，あとはそれがどちらかを決めればよい。比較されるのは二つの生命の価値である。ではいまの例のように，誰が死ぬべきかについて議論を続けること，言論の自由を守った民主的な決定プロセスと生

存者の減少がバーターになる場合には，どうなのだろうか。たとえば一瞬で暴力的に死すべきものを選び・5人が死ぬことになった場合と，三日三晩議論を尽くした結果10人の命が犠牲となった場合では，どちらが人権を守っているのだろうか。

ここで問われているのは，利用可能な資源が限定されている場合には必ず発生するだろう人権同士のコンフリクトにおいて何を・どのように優先すべきかという不等式の問題である[8]。またそれは，人権の性質をめぐる問いでもある。そもそも人権が「権利」（rights）だとすれば，それが誰の・誰に対するものかが問題にならないだろうか。少なくとも権利概念についての基本的な分析枠組みを確立したウェズリー・ホーフェルドは，誰かの権利は必ず誰かの義務と1対1で対応していると考えていた[9]。そこで乗組員一人ひとりの生命権の名宛人が全人類であるとすれば，人類たる他の乗組員にはそれを尊重する義務があり，結果的に全員が他者の生命を尊重することによって全滅することになるわけだ。

もちろん我々はただちに，憲法が保障する人権は第一義的には国家に対するものであり・私人間の関係については民法上の公序良俗（90条）を判断する基準といった形で読み込まれるに留まるという，間接適用説を想起することだろう。ではしかし，国家のないところに人権は存在しないのだろうか。先に掲げた宇宙船のように国家が登場しない問題は，人権とは無関係だということになるのだろうか。だがこの考え方は，人権が「すべての人類の」もの，普遍的なものだという理念に反するように思われる。

---

8) なお参照，トム・ゴドウィンほか（伊藤典夫編訳）『冷たい方程式（ハヤカワ文庫SF）』（早川書房，2011年）。
9) 参照, 瀧川裕英＝宇佐美誠＝大屋雄裕『法哲学』（有斐閣，2014年）Chapter 05［宇佐美］。

このような状況では，いずれにせよ何らかの闘争によって実力を背景とした解決が実現してしまうことになるのは避けられず，国家にできるのはすべてが終わったあとに規範的非難を加えるかどうかの選択だけだとする立場もあるだろう。単に船内で殺人が起きたのであれば刑事司法による処罰の対象にすれば足りる一方，このケースであれば正当防衛とか緊急避難とか，何らかの形での免罪が与えられることになるだろうというわけだ。だがこのとき，人権とは結局事後の裁きの問題に過ぎず事前の保障ではないことを認めざるを得ないだろうし，やはり裁きの主体たる国家が機能していないところに人権はないということにもなるだろう。

IV. 特殊性を認めない立場としての功利主義

　これらの問題に対処する方法は，いくつか考えることができる。その一つは，人権を権利一般と異なるものと考えることをそもそも止めてしまう，人類固有の権利としての人権など存在しないとする立場である。

　たとえば，ジェレミー・ベンサムに由来する古典功利主義からそのような立場を導くことは可能かもしれない[10]。「最大多数の最大幸福」という標語の下で社会を構成する主体が経験する快楽の総量を最大化することを彼らは目指したのだが，このとき，快楽を経験することのできる存在という意味において，知覚ある動

---

[10] このような古典功利主義を統治の哲学と位置付け，現代におけるその再生を目指すものとして，参照，安藤馨『統治と功利——功利主義リベラリズムの擁護』(勁草書房，2007年)。

物と人間とを本質的に区別する理由はあまり思い当たらないからだ。快楽と苦痛に配慮される権利を持つ存在として両者は連続的であり，動物において許されるであろう種の保存のための個体数調整もまた，場合によっては人間に対して選択され得ると考えることになるだろう。

　この立場からは，人権の本質はその快苦が社会的に集計の対象となり・可能な限り最大化される配慮を受けることができるという地位だと考えることができるだろう。その含意は，一方において動物においてもその知覚能力に応じて生命権と類似のもの，すなわち生命を脅かされたり不要な苦痛を与えられることのない個体としての権利を基礎付けることができるということにあり（ここからはたとえば，「動物の愛護及び管理に関する法律」における虐待禁止や処分方法規制11)が基礎付けられることになろう），他方では人類に属する個体であっても苦痛を感じる能力・知覚能力を持たない場合には保護が失われるという見解が導かれる点にある。後者からはたとえば，重度精神障害者や胎児，脳死者などを人権保障の対象から除外し，むしろ社会的資源として他の存在の幸福増大のために活用すべきだという主張が導かれることになるだろう。

---

11) 愛護動物を「みだりに殺し，又は傷つけ」ることへの罰則（動物愛護44条1項），あるいは動物の殺害について「できる限りその動物に苦痛を与えない方法」によらなければならないという規定（同40条1項）は，いずれも個体としての動物の苦痛に配慮したものだと言うことができる。

V. 国家の行為義務としての人権

　もう一つのあり得る方向性は，人権の本質をむしろ国家による保護義務に求めることである。たとえば道徳的に正当可能な政府の限界は最小国家であると主張した（それによって福祉国家の正当性を否定した）ノージックは，自然状態から人々の合意に基づいて保護会社が生まれ，やがて独占的地位に至るという契約論的構成を取りつつ，それが国家へと転換する最後の段階でこのような議論を展開している[12]。すなわち保護会社は，自分で自分の身を守ることができると考え・保護契約を結ばない「独立人」から，その存在が治安維持に対する脅威になるという理由で，その自衛権を剥奪せざるを得ない。本人の同意なく権利剥奪することの代償として，いまや完全な支配力を持つようになった国家（元・保護会社）は，元・独立人に対して保護を提供する義務を負うというのである（このように，全員の行為を規制することにより全員に等しく保護を提供する〔そしてそれ以上のことをしない〕国家を，最小国家という）。ここでは人権保障が，国家の持つ独占的地位に由来する一方的な責務として捉えられていることになるだろう。

　この立場の含意は，人権をあくまで国家の誕生から生まれたものとして・その意味において後国家的なものと位置付ける点にある。つまりこの観点からは政府なきところに人権はなく，人権保障の責務についても，あくまで国家が存続可能な範囲での提供に限定されるということになるだろう。あるいは人権同士の優先順位についても，これまでとは異なる見方が示唆されるように思われる。

　　　　12）ノージック・前掲注3）85-89頁および139-188頁。

違憲立法審査の基準をめぐる議論において有力なのは，精神的自由権と経済的自由権とを区別し・前者の後者に対する優越を根拠とする「二重の基準論」だと言ってよいだろう。その嚆矢であった芦部信喜は，不当な経済的自由の制限については民主政プロセスを通じて改善されることが期待できるのに対し，精神的自由に対する侵害の場合にはそれが困難であるとして後者においてより厳格な判断が必要だと主張し[13]，これは前者の価値的な優越を根拠にするものとしばしば受け止められてきた。これに対して井上達夫が，精神的自由が経済的自由に必ず優越するとは言えないし両者は密接に関連しているという趣旨の批判[14]を加えたが必ずしも憲法学において受け入れられているとは言えないことは，長谷部恭男による反論などを通じてよく知られていよう。

　だがこれまでの議論からはむしろ，それを保障することが最大数の個体の生存確保に密接な関係を持つような経済的自由をめぐる問題の方がより根源的であり，そうでない精神的自由こそ派生的問題だと言うことも可能なのではないだろうか。言い換えれば，少なくとも資源制約の厳しい条件下において政府が優先すべきは経済的自由の確保であり，そのために精神的自由を制限することも許され得るという議論が可能になるのではないかと考えられる。

---

13) たとえば参照，芦部信喜『憲法判例を読む』（岩波書店，1987 年），および同『憲法』（岩波書店，1993 年）。
14) 井上達夫『法という企て』（東京大学出版会，2003 年）第 6 章「司法的人権保障の現代的課題」（初出：「人権保障の現代的課題」碧海純一編著『現代日本法の特質』〔放送大学教育振興会，1991 年〕）。

VI. 帰結主義からの教訓？

　開発支援の領域で話題となった，ポール・コリアーによる分析も参考になるだろう[15]。主として欧米各国によるアフリカ支援とその帰結に関する経済学的分析を広範囲の統計に基づいて行ったコリアーは，選挙による民主政など政治的自由の確立を優先したパターンと国防・治安などセキュリティを優先したパターンとを比較し，明らかに前者の方が安定せず・破綻国家へと逆戻りする傾向があることを見出したのである。したがってコリアーによれば，言論の自由や自由選挙を通じた政治的参加をまず実現することを目指してきた欧州諸国によるこれまでのアフリカ支援は誤りであり，何よりもまずセキュリティを・必要とあらば外部からの軍事的援助を含めて確立することが重要だということになる。

　そしてある意味でこの結論は，アジアを生きる我々にとっては多少陳腐なものに過ぎない。1980年代以降に新興経済国と言われた「アジア四小龍」（韓国・台湾・香港・シンガポール）はいずれも「開発独裁」と呼ばれた段階，国民の政治的参加や言論の自由が抑圧される一方で経済的自由は（政府による産業政策の強い影響下にはありながらも）認められた時代を経験してきたし，55年体制という自民党長期政権下に高度経済成長を実現した日本自体も，見方によればその例外ではないからである。だが欧米からこの「独裁」性を批判されてきたアジア諸国では経済成長後の民主化・自由化が実現し，精神的自由と経済的自由の両輪が揃った民主社会が実現した（しつつある）のに対し，当の欧米が進めた国際

---

[15] ポール・コリアー（甘糟智子訳）『民主主義がアフリカ経済を殺す――最底辺の10億人の国で起きている真実』（日経BP社，2010年）。

支援は，特にアフリカにおいて破綻国家しか生み出さなかったではないかというわけだ。

コリアーの議論は，開発支援の軍事化を —— 典型的にはイラクやアフガニスタンのような —— 正当化するものだという批判を呼んで物議を醸しているが，少なくとも開発支援の実態からは一定のリアリティを感じざるを得ない。アジアの経験が帰結主義的な正当化の根拠になるとすれば，同時にそれは，従来我々が受け入れてきた人権同士の優越関係とその基礎となってきた人権観に反省を迫るものだということにもなるだろう。

VII. Why not be egoists?

念のために言えば，人権の基礎は我々の「種のエゴイズム」にある，それは人間同士においてはともかく他の生物種に対して主張可能な正当性を持たないと，そのように正面から認めるという選択肢もあるだろう。仮に冒頭の異星人が現れれば我ら人類には対抗不能であり，純粋な力の競争で勝ち目のない我々は管理される側にならざるを得ない。しかし少なくとも当面，そのような他の有力種が現れる見込みのないあいだは，この力による支配を享受しておこうではないかというわけだ。どのような国家がよいかという問題以前に「そもそも国家は必要か」という問題があると喝破したノージック[16]になぞらえて，井上達夫は「なぜエゴイストであってはいけないのか？」が正義論にとっての最も基礎的な問いだと指摘した[17]。我々一人ひとりの行動が正義に則っている

16) ノージック・前掲注3)4頁。
17) 井上・前掲注7)60頁。

必要などなく，我ら人類の選択もまた正義に基礎付けられてなどいないということを受け止めるというのは，あり得るもう一つの選択肢である。

　私自身も人類に含まれる（だろう）一個体である以上は，その決断にさほどの不都合があるわけでもない。問題は単に，人権やその理念を声高に唱える人々にとっての論理的一貫性は保証できるのか，人々はそのような（人類全体の）力による支配を肯定することができるのかという点に限られるだろう。ある意味では，人権を対抗できない「切り札」「横からの制約」と位置付ける立論自体が，その論理的根拠の脆弱性を物語っているのかもしれないのである。

応　答

安藤 馨

　大屋「提題」の冒頭の問いを思い出そう。人口増加による生態系の崩壊を回避するために，異星人がホモ・サピエンス個体を間引きするという介入をしようとしている状況で，それに対して，この介入を不当なものとして斥けることができるような規範的根拠としての人権の基礎付けの可能性が問われているのであった。まず注意しなければならないことは，この介入が仮に道徳的に正当だとすれば，そのことによって殆ど直ちに，件の介入に対する妨害が道徳的に不当であり，したがって介入に対抗するような道徳的権利など存在しないであろう，ということである[1]。もし「人権」が介入を斥ける規範的根拠であると主張したければ——功利主義者である私がそうすることにさして熱心でないことは認めなければならないが——この介入が道徳的に正当でないと論ずる必要があるが，それには異星人の論拠を明らかにし（Ⅰ），それが成り立たないことを示す必要がある（Ⅱ）。

Ⅰ. 問題を明確にするということ

　人類と動物の区別の可能性を扱われるべき問題として導入する大屋の主張は概ね次のようなものとして整理できよう。いわゆる「動物の権利」と呼ばれているものが個々の個体ではなくその全体ないし種の「権利」であるのならば，「人権」すなわちホモ・サピエンスについての動物の権利もまたそのようなものであり，ホモ・サピエンス種の利益のために個々の個体の利益が犠牲にされることを我々は承認することになるはずである。しかしながら，通常「人権」はむしろ集団的利益のために個体の利益を侵害することを制約するものであると理解されており（制約説），したがって「人権」はホモ・サピエンスに適用されたところの「動物の権利」ではない。だが，もしそのように主張したければ，なぜホモ・サピエンス個体が他動物種個体の享有しないそのような特殊な道徳

> 1) 道徳的正当性などなぜ気にしなければならないのか，人権は既に憲法によって「実定化」されているのだからどうでもよいことではないか，と思うだろうか。だがそのように道徳的正当化を回避するならば，ある特定の集団（たとえば血統）に生まれながらの特権を賦与し，或いはある特定の集団に生まれながらの不利益を課すような法が存在する場合に，そのような法に厭わしいところがある，というための足場をも抛棄しなければならなくなるだろう。そうした法の下でそれらの集団に属する人々がそのことによって享受する法的権利は，道徳的に正当化されておらず不当なものである——つまりそのような不当な利益を享受する道徳的権利は存在しない——と言いたくならないだろうか。ナチス・ドイツに於けるユダヤ人差別と虐殺という事例を——事例の情動喚起力に訴えかけるのは一般的にはあまり健全な議論の方法ではないけれども——想起してみよ。

的地位を有するのかの論拠を提出することが必要ではないか（そしてそれは困難ではないか），というのが大屋の最初の問いかけである。なるほど一見して筋の通ったものではあるが，ひとたびこの大屋の問いかけに応答すべくそれを明確にしようとするならば，我々は様々な困難に逢着する。暫くの間，そのことを見てみよう。また，それによって件の異星人たちの論拠が明らかになるだろう。

1.「動物の権利」

　　── 人権論者はヴェジタリアンになればよいだけではないのか？

　最初に問題になるのは「動物の権利」である。大屋はそれをまずは「集団的権利」であるとし，集団ないし種の利益のために個体の利益を犠牲にすることを要求すると考えている。だが，少なくとも近年問題になっている「動物の権利」は恐らく動物の個体としての権利である（もちろん大屋は注で「動物の権利」という場合に集団的権利と個体の権利の両方が問題になっていることに注意を促してはいる）。工業的畜産や肉食に反対する「動物の権利」擁護論者は個々の個体の「生命権」を主張し，それゆえに畜産と肉食を道徳的に非難している[2]。このことに関連して次の二点を確認し

[2] たとえばCass R. Sunstein and Martha C. Nussbaum (eds.), *Animal Rights*, Oxford University Press, 2004（キャス・R・サンスティン＝マーサ・C・ヌスバウム編〔安部圭介ほか監訳〕『動物の権利』〔尚学社，2013年〕）編者序文を見よ。

ておく必要がある。第一に，種のそれであれ個体のそれであれ生命権は積極的権利を伴わない消極的権利でありうる。つまり，個々のないし種としての動物は殺されない権利を有するが生存のための助力を要求する権利を有しないかもしれない。この場合，そうした生命権が保全された結果として諸個体が短命に終わったり，結果的に種が環境の悪化により絶滅したりしたとしても，生命権の観点から問題が生ずるわけではない。つまり，動物種の生存のための個体への積極的介入は「生命を害されない権利」それ自体からは要求されず正当化もされない。第二に，ホモ・サピエンスと他動物種の取扱いの差異が問題であるならば，「人権」擁護論者に対して問われるべき問いはむしろ動物もまたホモ・サピエンスと同様に個体としての権利を有するのではないかというものだろう。動物と人間の間に道徳的差異を見出せないという大屋が挑発的に擁護して見せる主張が，「切り札としての権利」として理解されるような道徳的権利の存在を擁護する —— 近年の正義論にしばしば見られる —— 見解とも，そうしたものをおよそ承認しない古典的功利主義とも両立可能であることは，集合的利益に切り札的に対抗しうる個体の権利の存否を巡る問題と人間と動物の道徳的差異如何の問題は独立のものであることを示している（だがもちろん，肉食を避けない「人権」擁護論者の非一貫性ないし欺瞞が道徳的に不正であるという点に変わりがあるわけではない）[3]。

---

[3] ノージックが普遍化可能性とその系としての反転可能性という道徳的な一貫性の要求から実際に菜食主義者であったことは注意されてよいだろう。

2.「集団的権利」なるもの

　　——だが集団的権利とはなにか？
　　——私と他者の個体的権利同士が衝突しているのか，
　　　私と私を含む集団の権利が衝突しているのか？

　大屋の主張の鍵になっているのは「集団的権利」が個体の生存（権）に対する犠牲を正当化しうる，という点である。だが集団的権利とはなんだろうか。

(1) 権利の利益説／意志説
　まず，大屋がそれを「集団的利益」と言い換えていることが重要である。大屋はある動物種に集団的権利が存在するということは，当該集団的利益を保護しそれを侵害しない義務があるということだと考えていることになるだろう。つまり，ここでは権利の利益説が暗黙裡に前提されているのである[4]。だが，仮に権利の意志説を採るとどうなるだろうか。まず，ホモ・サピエンスの「集団としての意志」など存在するだろうか。明らかにそのようなものは存在しないように思われる。だとすれば，そもそもホモ・サピエンスという種・集団に帰属するような「集団的権利」など最初から存在し得ないのではないか？　もしそうだとすれば，集団的権利のために個体の権利を犠牲にしうるか否かという大屋の問いの構成そのものが的外れであることになるかもしれない。もちろん，権利の意志説には，意志主体でないような権利主体を認め

---

4) 利益説と意志説については瀧川裕英＝宇佐美誠＝大屋雄裕『法哲学』（有斐閣，2014年）の Chapter 05「Ⅰ 権利の本性」の項目［宇佐美］を見よ。

る余地がない，という難点がある。ある種の重度障碍者や胎児，脳死者が道徳的に重要でなくなる，という指摘を大屋は功利主義に対して行っているが（提題Ⅳ），この問題が権利の意志説についても同様に生ずることは夙に指摘されている点である。この問題は義務論的な権利論 —— 権利行使の結果がどうであろうと結果の改善のために権利を妥協させることを許容しない制約説的権利観 —— を採用するか目的論的な帰結主義 —— 結果の改善を掣肘しうるような道徳的権利など存在しないとする権利観 —— を採用するかとは独立であって，大屋が功利主義を一貫したものだと認めるならば，権利の意志説もまた一貫した立場を提供しうることになるだろう。少なくとも「人権」擁護論者たちがそうした諸主体を享有主体たる「人」でないと認める用意があるならばそうである（そしてもちろん大屋はその点についてそうした用意のなさこそを批判しているわけだが）。つまり，ここでは「人権」を「人 human」ではなく自律的意志主体としての「人格 person」に帰属する権利なのだ，と認める用意があるかどうかが問題なのであり，「人格」であるかどうかが，ある動物種に属するかどうかによって決まっていないと認めるならば —— 件の異星人はまさにそうした「人格」であるだろう —— 種のエゴイズムもそこでは問題にならないように思われる。

　また，仮に権利の利益説を採るにしても，大屋の言う「集団的利益」に次のような曖昧性と飛躍があることには注意が必要である。大屋がアマミノクロウサギ訴訟についてそこで問題になっているのが「種としての集団的利益・集団的権利」だと述べていることに注意しよう（提題Ⅰ。この傍点は大屋自身によるものである）。種の存続はそこでいう典型的な集団的利益であるが，個体の利益には還元ができない。ホモ・サピエンスたちが合意の下で生殖を

やめてしまえばどのホモ・サピエンス個体の利益も損なわれることなく，ホモ・サピエンス種の絶滅という種としての不利益が生ずるだろう。しかし，大屋が「人権」をホモ・サピエンス種に関する動物の権利として捉えるとき，大屋は諸個体の利益に還元不能なホモ・サピエンスという動物種の *sui generis* な利益を考えているわけではない。宇宙船の事例からもそれは明らかである。乗組員たちが全滅したところで，ホモ・サピエンスが絶滅しないならば，種の還元不能な集団的利益は問題にならない。他方，彼らが最後のホモ・サピエンスたちだとすれば彼らは全滅によってホモ・サピエンス種の集団的権利を害することになるから全滅は不正である。しかし —— 大屋が種の絶滅とその不正を気にしていないことからわかる通り —— そこで大屋が問題にしている「集団的利益」は，大屋が動物の権利について言っているような意味でのそれではなく，生命という個々人の利益の集計 —— 生き残る人数 —— に過ぎない（提題Ⅲ）。実際，「人権」擁護論者もまたホモ・サピエンス種の自発的絶滅をなんら問題だとは見ないのではないだろうか。とすれば，大屋が依拠する「人権」と動物の権利のアナロジーは成立していないだろう。

(2) 目的説／制約説

上記の点を措くとして，大屋の議論は，権利の利益説を採った上で，権利の最大限の実現が利益の最大化を含意しトレードオフを生じさせるという主張を伴っているように思われる。だが，権利の利益説とトレードオフの許容とは独立の問題であるということに注意しなければならない。権利の利益説は意志ではなく利益を保護するものとして権利を理解することによって，自己の意志によっても抛棄・譲渡できない権利や意志主体ではないが利益主

体であるようなものの権利を説明するところにその理論的長所があるのであった。しかし、そうした利益の保護様態が「制約としての権利」に見るようなそれであってはならない理由はなにもない。利益説は権利主体の意志如何に拘らず主体の利益を保護しようとするので、権利保護の名の下にパターナリスティクな介入を許す。たとえば、私が他者に殺されない権利を自律的に抛棄しようとしても、刑法は同意殺人を処罰することによって私の意志に関わりなく私の生命を私の利益としてパターナリスティクに保護しようとしている。だが、だからといって、私の生命という私の利益が生命を含む他者のなんらかの利益とトレードオフされることにはならない。各主体の権利が保全されることを望ましいことと考えた上でそうした望ましい事柄の全体的最大化を目指す——そしてそのためのトレードオフを許容しむしろ要求する——型の権利論を「制約説」と対照させて「目的説」というが[5]、利益説のパターナリスティクな性格はこの目的説とは独立の問題である。

　だが、大屋は目的説にいかなる基礎付けを提供しているのだろうか。手掛かりになるのはここでも大屋が挙げている宇宙船の事例である。宇宙船の事故で備蓄の酸素が失われ、全員が生きて帰還するには酸素が足りなくなった場合に我々はどうすべきだろうか。他者に生命を害されないという権利を制約説的に理解した上

---

5) ノージックは目的説を「権利の功利主義」とも呼んでいる (Robert Nozick, *Anarchy, State, and Utopia*, Basic Books, 1974, p. 28〔ロバート・ノージック (嶋津格訳)『アナーキー・国家・ユートピア——国家の正当性とその限界』(木鐸社、1992年) 44頁〕)。若干の語弊があるためにここでは採用しなかったが、幸福の最大化の代わりに権利実現の最大化を目指すということを巧く伝える用語ではある。

で，乗組員の全員がこの権利を行使すれば全滅し全員の利益が損なわれることになる（そしてそれはまったく正義に適った状況である）。大屋はこれを「皮肉な状況」であると指摘しており，これが恐らく大屋が制約説を説得的ではない（むしろ目的説が説得的である）と考える理由であるだろう。だが，制約説支持者からすれば，大屋のこの批判は既に目的説を不当に前提した上での論点先取に過ぎない。どういうことか。制約説論者にとってこれはそもそも皮肉な状況でもなんでもないのである。宇宙船の事例では，仮に乗組員たちの誰かが他者の生存のために自発的に死を甘受するならば，絶滅を免れることができるだろう。問題になっているのは，我々が道徳的に正当に他者に死を強いることが許されない，ということなのである（ある行為を他者に強いて要求することの道徳的正当性こそが正義と権利の問題であることを思い出そう）[6]。他者の生存のために強いられず自ら死を引き受ける，正義を超えた「余分の務め supererogation」を果たす道徳的に卓越した主体が不在であるような宇宙船で正義に適った結果として絶滅が生ずるということには，なんら不思議な点はないのではないだろうか（彼らは全滅はしたにせよ誰も殺されはしなかったのである）。正義は我々が他者に強いて要求できることの限界を定めるものでしかないから，誰もが正義のみを守りそれを越えて行為をしないならば，最善の事態が生じないことに不思議はない。つまるところ，彼らは誰かが生存するには，道徳的に不足していたのである。大屋が制約説に「皮肉」を見出すとすれば，それは最善の状態を実現することこそが正義の要請であるという帰結主義と目的説的権利観を先取して──そこでは義務を超える「余分の務め」の領域が原理的にそもそも存在し得ない──この状況を眺めているからにほかならない。

3. 問われるべきことはなにか

ここまでの話をまとめればだいたい次のようになるだろう。問題の本体は，なぜ我々が他の動物種を扱うのと同じ様態でホモ・サピエンスを取り扱わないのか，或いは，なぜホモ・サピエンス

> 6)「正義 justice」の理念が道徳に於けるある限定された領域のみを覆うに過ぎないことは，常識的に理解されているにも拘らず，しばしば忘れ去られる。正義はそれをしないことが不正であり道徳的に禁止されているような要求である（たとえばゆえなく他者の身体を傷つけないこと）。これに対して，救貧などの「慈善 charity」は，行うことが称賛されるが，行わないことは不正ではなく道徳的に禁止されていない，と伝統的には解されてきた（せずとも不正でないにも拘らず敢えて自発的にするからこそ慈善は称賛に値する）。また，道徳的に禁止されていない行為を強いて——つまり暴力によって——行わせることが道徳的に正当だとは考えにくいから，正義はそれを強いることが道徳的に正当であるか否かの境界線を引くものでもあることになる。このような理解の下では，誰も自発的慈善を行わず野垂れ死にする人々に満ち溢れる社会は道徳的に優れているとは言えないが，なお不正ではない。ともあれ，正義がこのようにして定める道徳的義務を義務の相手方から見たものが道徳的権利である（したがって伝統的には他者に慈善を要求する道徳的権利などというものは存在しないとされた）。道徳的権利の侵害は定義から直ちに不正であるから，道徳的権利の実力的保全——暴力の独占を行うものとしての国家の存在下では国家によるその「法的権利」としての実定化とこの法的権利の国家暴力による保全——が道徳的に正当となりうる。法は国家暴力による実力的強制によって裏打ちされた規範体系だから，その道徳的正当性は実力的強制の道徳的正当性に帰着し，それゆえ正義・道徳的権利の問題へと帰着する。

を取り扱うのと同じ様態で他の動物種を取り扱わないのか——そしてそれはまさに道徳的に不正なのではないか——という点にあり，権利について制約説を採るか目的説を採るかといった権利論の諸論点それ自体はほぼこの点に関して無関連である。大屋の異星人たちが地球人への介入をする際に提出しうる正当化根拠の中枢は普遍化可能性要請への違背という我々の道徳的不整合性とその不正への非難であり，「人権」がホモ・サピエンスに特有の権利として理解されるならばそれは種名という固有名詞（にほぼ等しいもの）によってのみ定式化されうるのでありそれゆえ普遍化され得ず正義に適ったものとして基礎付けられ得ないのではないか，という大屋の問いかけは筋の通ったものである（そしてこのようにして述べてみればそれはほぼ自明でもあるかもしれない）。しかしながら，我々が件の異星人に対しても「人権」を認める用意があるとすれば（そして恐らく多くの「人権」擁護論者はそうであるように私には思われるのだが），「人権」がホモ・サピエンスという種名のみに基づいているという大屋の診断にも従いがたい。しかしまた他方で，我々が「人権」をホモ・サピエンスと異星人の間で共通であるように思われる「人格性」に基礎付けているというわりには，我々はそうした人格性を備えていないようなホモ・サピエンス個体にも「人権」を認めたがっているように見える。したがって，次節Ⅱでは「人権」を巡るこのような不整合——それは大屋がそう診断しているよりも複雑なものである——を仮に解決はしないまでも緩和しようとすればどうすべきであるかについて考えてみることにしたい（功利主義者としては気乗りはしないけれども）。

インターリュード

　——功利主義からは本当に「道徳的配慮の対象になる地位」などという希薄な「人権」しか認められないのだろうか？
　——ロールズの正義論でもそうなのか？

　ここまでのところ，我々は「人権」が道徳的権利であるという想定の下に議論を進めてきた。これはある意味では当然のことのように思われる。人権が国家に先立って——それゆえ国家が存在しないところでも——個々のホモ・サピエンス個体に保障される，ということが「人権」論の眼目である。普通に考えれば，憲法がある権利を基本的人権として保護するのは（そしてそのことが道徳的に正当であるのは），まさに憲法制定に先立ってそれらが道徳的権利として存在するからにほかならないだろう。しかし，ある法的権利が道徳的に正当であるとはどういうことかについては二つの考え方がありうる。権利は義務を裏側から見たものだから（権利のホーフェルド分析），当の権利を侵害しないことの法的義務が道徳的に正当化される様態を考えればよいわけだが，これには伝統的に「自然犯 *mala in se*」と「法定犯 *mala prohibita*」という分類がある。法的義務が道徳的義務と一致することによって道徳的に正当である場合が前者，これに対して，法体系全体が道徳的に正当であることによってそれに含まれる法規範とそれが定める法的義務が道徳的に正当化される場合が後者に対応すると考えてよい。後者のよ

うな法的義務に相関する法的権利は道徳的権利ではないが道徳的に正当化された権利である。たとえば，ある法体系が全体として最大の幸福をもたらす最善の法体系であるならば，その法体系は功利主義的に正当である。そのような法体系が定める法的権利 —— それがホモ・サピエンスに対する言及を含み得ない理由は原理的にはない —— は功利主義的に正当である。仮に大屋の主張が全面的に正しかったとしても，個々の規範の正当性を直接に与えるのではなく規範体系全体の正当性を与えることのできる正義論には —— これは自然権型リバタリアニズムには困難だが功利主義やロールズの正義論には可能である —— なおこの意味での（すなわち対応する先行的な道徳的権利を伴わずに実定化された）「人権」を道徳的に正当化する余地があるのである*。閑話休題。

*この点を巡る議論の詳細については安藤馨「功利主義と人権」井上達夫編『講座 人権論の再定位(5)人権論の再構築』（法律文化社，2010年）109-134頁を参照のこと。なお，ノージックの最小国家が被治者に対して負う義務が後国家的であるという大屋の主張の趣旨は私には判然としない。ノージックの議論に従う限り，その義務は保護協会の成員たちの前国家的自然権と独立人の自己救済の前国家的自然権の実践的衝突の調停結果として成員たちが独立人に対して負う自然的義務であり，それはまさしく前国家的な義務そのものである。

II. 道徳の構成とホモ・サピエンス

—— 正義や道徳はそもそも人間が作り上げるものだとすれば，
種のエゴイズムはむしろ自然ではないだろうか？

「人権」をなんとか道徳的に疑わしくないものとして基礎付けたければどのような手段があるだろうか。上記のような問題の分析からは，たとえば道徳がそもそも「人格」のみを対象にしていると論じた上で，他動物種を排除しつつ非人格であるホモ・サピエンス個体をどうにかして道徳の対象に組み込むという方法が考えられるだろう。

1. 道徳的構成主義

道徳ないしその一部分としての正義というものがそもそも「人間」ないし「人格」たちの利益衝突を調整しようとする営みであると考えることができるならば，道徳がそれを特別扱いすることはまったく当然のことだと考えられるかもしれない（人間ないし人格たちが道徳を作り上げるのだというこの発想を一般に道徳的構成主義という）[7]。道徳が作り上げられた（＝構成された）ときにそれを気にする主体の間でしか道徳を作り上げる意義はないから，道徳が調整する利益衝突は道徳を気にする主体のそれに限られる。したがって，道徳という価値・規範の体系を理解する能力を持つ主体，つまり，道徳の要求を行為理由として考慮し行為しうるような主体しか道徳の考慮範囲には入らないことになる。構成主義のこの特質は道徳と正義を契約説的に考える場合にいっそう明瞭になる。契約に拘束され，またそのことを理解するもののみが契約

を有意味になしうる。同意が拘束力を持つということは，意志決定が主体に対して拘束力を持つということであり，それは意志決定が自律的に行われるときであるから，これらの主体は自律的な理性的主体 —— すなわち「人格」—— でなければならないだろう[8]。そうした契約当事者たちが契約に際して契約外の諸対象を配慮する限り，そしてその限りでのみ，そうした諸対象の利益が道徳に於いて配慮され道徳的権利となりうる。

[7) 道徳的構成主義はおおまかにいって現実のホモ・サピエンスとその能力に焦点を合わせるホッブズ主義的形態と，理想化された理性的主体へと焦点を合わせるカント主義的形態に分かれる。日本語で読める前者の実例としてデイヴィド・ゴティエ（小松公訳）『合意による道徳』（木鐸社，1999 年），後者の実例としてクリスティーン・コースガード（寺田俊郎ほか訳）『義務とアイデンティティの倫理学 —— 規範性の源泉』（岩波書店，2005 年）を見よ。

8) 大屋はホモ・サピエンスが動物に比べてどれほど「自律的」であるかに対して疑念を呈している。だが，ホモ・サピエンスと非ホモ・サピエンスの間の能力の差異が連続的なものでしかないとしても，我々が自身の同意に現に拘束力を認めている以上は（そしてエゾシカのような非ホモ・サピエンスたちにそれを認めていない以上は），道徳的構成主義からすればまさに現実に典型的ホモ・サピエンス個体が備えている程度の能力こそが同意に —— これから構成される道徳$_H$としての —— 拘束力を認めるのに必要なその程度なのである。]

2. ホモ・サピエンスと非ホモ・サピエンス

もし上記の人格たちが,ホモ・サピエンスと他動物種を区別し前者を特に配慮するならば,道徳の内容がホモ・サピエンスを特に配慮するものになることができるだろう。構成の前には道徳はなお存在していないから,そこでの人格たちを道徳が指導するということもなく,彼らが事実としてホモ・サピエンスたちへの普遍化不可能な配慮を有するということに問題はないように思われるかもしれない。そうだとすれば,現に「人格」としての我々が「人権」語法に見るようにそうした配慮を有しているというそのことによって,道徳・正義の内容に於いてホモ・サピエンスを特別扱いすることができるように思われるだろう。しかし,話はそこまで単純ではない。(たとえば契約説的な)構成の結果として道徳・正義が,普遍化し得ないホモ・サピエンスへの言及を含んでしまうならば,道徳・正義が概念的に言って普遍化可能な内容を有しなければならない以上,むしろそのような構成こそがどこかで誤っていることになる。結局のところ,道徳を構成しつつある人格たちが非人格的ホモ・サピエンス個体を特別扱いするには,非人格的ホモ・サピエンスと非人格的なエゾシカの間になんらかの普遍化可能な区別を見出すことができるのでなければならないだろう。だがそのようなことが可能だろうか?

ひとつの可能性は両者の非人格性の由来を区別するというものであろう。簡単に言えば,エゾシカはなにをしようと非人格であるのに対し(エゾシカの非人格性は自然法則的に不可避であり偶然ではない),ホモ・サピエンスや異星人の非人格的個体はなんらかの特殊事情によって人格性の発現が阻害されているのであって,それらは(たまたま非人格的だとしても)なお人格的存在者である

ことと，エゾシカとは別の様態で結びついているのだというものである。なぜそのような結びつきがエゾシカのそれとは違って道徳に於ける配慮への間接的編入に利いてこなければならないのかの説明が説得的に可能かどうかはともかく（そのような正当化の論拠が構成主義に於いてそもそも必要であるかどうかを疑うこともできるだろうが），道徳・正義の構成にあたる諸人格たちがそのような取扱いをすることの普遍化可能性上の問題は解消しうるかもしれない。

3. 異星人とその圧倒的実力

さて，これで非人格的ホモ・サピエンス個体（また件の異星人の非人格的個体）をエゾシカとは違って享有主体に組み込む「人権」が道徳的に正当化されうる可能性だけは少なくとも確保しうると思われるかもしれない。だが，最後にその「限界」をも示しておかなければならない。大屋の異星人が「圧倒的な技術力を持ち，実力では人類が到底対抗できない」ことを思い出そう。上述の議論に従えば道徳はホモ・サピエンスたちが利益衝突を回避すべく構成するものであったわけだが，異星人たちについて同じことを考えるならば，異星人たちの「道徳」の主体の範囲に異星人と同じ地位でホモ・サピエンスが入ってくるとは思えないだろう。ホモ・サピエンスが圧倒的実力を備えた異星人の利益にとってなんら脅威にはならないだろうからである。その限り，異星人の「道徳」に於いて —— それを道徳$_A$と呼ぼう —— ホモ・サピエンスとエゾシカは同様の扱いを受けることになるだろう。我々が示したのはホモ・サピエンスが作り上げる道徳 —— 道徳$_H$と呼ぼう —— がホモ・サピエンス（と普遍化可能性から異星人）の「人権」を正当

化する余地があるということであり、我々が「道徳」という語で指すのは我々の道徳$_H$のことだから、いわゆる「人権」の道徳的正当化可能性が示されたことにはなる。しかし、それが道徳$_A$に於いて正当化されることは期待しがたい。圧倒的存在である異星人たちは行為指針として道徳$_A$を採用することも道徳$_H$を採用することもできる。だが、彼らが道徳$_A$ではなく道徳$_H$を採用す́べ́きであることを我々は彼らに説得的に示すことができるだろうか(そもそも道徳$_A$や道徳$_H$の外側で何によってそのようなことが可能だろうか)？　ことは、理性的主体たちが物理的能力に拘らずその理性のゆえに共通に従うべき規範の体系などあるのだろうか(そしてそれが我らが道徳$_H$と一致するだろうか)、という道徳哲学の根本問題のひとつへと差し戻されざるを得ないのである。

法哲学と**倫理学**の対話

コメント
江口 聡

「権利」と「人格」
—— 倫理学からの応答

Ⅰ. 人と動物の権利とその基準

　法哲学者のみならず，生命倫理や動物倫理といった具体的な規範的問題に関心をもつ我々倫理学畑の者にとっては，対論第1テーマの人間特有の生存権，そして人間以外の存在者の道徳的権利と，それに対応する我々の道徳的義務についての議論はなじみ深いものである。我々の定跡ではだいたい次のような話になる。

　一方で妊娠中絶や脳死や臓器移植等の道徳性という生命倫理・医療倫理の問題群がある。我々は（自己防衛のような特別な事情がなければ）罪のない人間を殺さない義務を負っており，また罪のない人間は皆等しく（ほぼ最優先の権利として）殺されない権利を

もっている。しかし，現在多数おこなわれている妊娠中絶は，まだ胎児とはいえ人間個体の生命を奪うことである。また脳死患者からの臓器移植は，まだ身体としては十分に生命活動をおこなっている人間を死に至らしめ臓器を取り出し利用する行為である。もしこうした行為が法的・道徳的に正当化されるとすれば，その根拠はなんであるのか。

他方で，我々は他の動物を殺しその肉を食らい，皮革を加工し，使役や閉鎖飼育によって苦しめ，さらには単に「現状の生態系を維持する」程度の理由から駆除している。人間を同じような理由から苦しめ殺すことが許されないにもかかわらず，動物に対してそうした扱いをすることが道徳的に正当化されるとすれば，その根拠はなんであるのか。

我々には，生命と道徳性をめぐるこの二つの問題群に対して，どちらにも整合的に適用できる原則が必要である。もし我々が人間を特別扱いしようとするならば，その特別扱いの基準や理由を明確にする必要がある。ここで一案として提出されるのがいわゆる「パーソン論」，あるいは生命体の道徳的地位についての議論である。これは，各種の道徳的な配慮の対象となり，また生存権その他の権利をもつとみなされる「人格（人）」とはどのような特徴をもっているのか，またなぜその特徴が，そうした道徳的な特別扱いを正当化するのか，をめぐる議論である。

たとえば古典的には，M. トゥーリーは，道徳的権利をもつためには，その権利の対象に対して利益をもちうることが必要であり，自己意識をもたない存在者は自分の生命の存続に対する利益をもちえないため生存する権利をもちえないと言う[1]。また M. A. ウォレンは，我々が所属しているような互いの権利や利益を尊重しあう「道徳的共同体」を想定するならばそこに属する個体はど

のような性質をもっているか，を問う[2]。道徳的共同体の典型的な成員は，意識・感覚，コミュニケーション能力，自発性，推論の能力，自己意識などをもっていることが認められるだろう。ウォレンは，これらの特性や能力のどのような組合せが道徳的共同体メンバーであることの必要条件や十分条件となるかは明確ではないが，少なくともこれらの特徴・能力のどれをももたない存在者，たとえば妊娠初期の胎児は，共同体のメンバーではないだろうと主張する[3]。

一方で，P. シンガーのような倫理学者は，他の動物も快苦に代表される各種の利益をもっていることはほぼ明白であるのだから，彼らが人間とまったく同等の道徳的配慮を受けるに値するとは言えないにしても，その生命やその他の利益をまったく無視してしまうことは，過去の人種や性を基準にした差別と同様の不当な「種差別」の可能性があると主張する[4]。

ここで，もしホモサピエンス個体の特別扱いを「人類のエゴイズムであり，それでしようがない」として認めるならば，同様に，たとえば宗教，文化，皮膚の色，国籍，性など，あらゆる差別も，有利な，あるいは「圧倒的な」実力をもった集団による「エゴイズム」として認めざるをえないように思われる。なぜホモサピエンスであるという生物種が特別で，皮膚の色や性はそうした基準にはならないのか。単に「人類のエゴイズムだがしようがない」とするわけにはいかない論点である。こうした医療と動物に関する問題意識に板挟みにされて，倫理学者は生命体の道徳的地位の問題に関心を抱かざるをえない。

欧米を見ても，こうした倫理学者たちの問題意識と議論は，法哲学者たちに無視される傾向がある。たとえば中絶問題をあつかった R. ドゥオーキンの『ライフズ・ドミニオン』ではこの種の

議論はほとんど触れられていない[5]。「人権」をめぐる議論の一部が，どんな存在者が権利をもつ「人格(パーソン)」であるかをめぐる争いであることについては安藤が言及しているにせよ，法哲学と倫理学のあいだにあるように見えるこうした断絶は残念なことである。

II．権利の衝突

　しかし大屋の提題のポイントは，「人権」にもとづく思考は，集団的な利益や権利と，個体の権利との衝突があったときに，それをうまく調停する方法がない，というものであるのかもしれない。こうした権利の衝突もまた，法哲学者にとっても，倫理学者にとっても，目新しいものではない。たとえば R. M. ヘアは，道徳的思考を，理想的な状況下で厳密な道徳的推論をおこなう批判的レベルの思考と，現実の日常的世界でおこなう直観的レベルの思考とに分けた上で，権利はすべて直観的レベルの概念であると主張する[6]。我々は人間的な能力の限界や，情報不足などによって常に批判的レベルで思考することはできないのだから，日常的な指針となる比較的単純な権利や義務を定め，それを尊重しそれに従う必要がある。こうした立場からすれば，とても我々には状況を把握しえない SF 的仮想的事例で，「人権」やその他の権利にもとづいた思考がうまく問題を扱うことができないのは当然のことである。そうした場合には我々はいったん「人権」のような現実世界で使うための指針を捨てて，その状況下でどうするべきかをしっかり考える必要がある。

　もちろん，もし権利が衝突するような状況が現実にしばしば生じることが予想されるならば，どのような原則に従い，どのよう

な権利を優先するかをあらかじめ考慮しておく必要がある。たとえば船が難破したときに船長や船員がどのように振る舞うことが許されるかを原則として定めておくということになるだろうし，そうした原則は実際に存在していると思われる。またたとえば，「宇宙船のなかでは乗組員は一蓮托生であり，どのような危機に瀕しても誰をも見殺しにすることも犠牲にすることもない，誰かが死なねばならないときは全員が死ぬときだ」といった原則が，道徳的に高貴であり，「人権」を保障するのみならず，連帯と士気を高めるなどの理由から高い価値のある原則とされることは十分にありうる[7]。こうした権利の葛藤を解決しようとすれば，権利そのものにもとづいた思考だけでは解決できず，権利の順序づけなどの他の原則が必要であるのはほぼ自明である。法哲学者はどのような原則を提案するだろうか。

III. もう一つの思考実験

筒井康隆の「ポルノ惑星のサルモネラ人間」では，異星で原始的な生活を営むママダルシア人と人類は理解しあい，登場人物は重要な世界観・人生観を彼らから学び敬意さえ払うようになる。しかし登場人物たちは，この惑星の他の住人たち，動物のヤブサカワニやタタミカバ，植物のクジリモやドワスレグサに対しては道徳的な配慮はほとんど必要ないと考えているようだ[8]。このことは道徳的に正当化できるだろうか。これは実は先にあげたウォレンがすでに立てていた問いでもある。我々人類が異星に到着したとき，食糧その他の資源として道徳的な咎めを感じることなく使用できる生物はどのようなもので，使用を差し控える道徳的義

務がある（あるいは使用されない権利をもつ）とみなすべき生物はどのようなものだろうか。その基準はなんだろうか。もし「ホモサピエンスだけに認められる生存権」としての人権の是非や有効性について考えようとするならば、法哲学者たちがまず問うべきだったのはこちらの思考実験だったのではないかと思われる。

1) Micheal Tooley, "Abortion and Infanticide," *Philosophy & Public Affairs*, Vol. 2 (1972), pp. 37-65.

2) Mary Anne Warren "The Moral and Legal Status of Abortion," *The Monist*, Vol. 57 (1973), pp. 43-61.

3) ただしこれらの論者は、胎児のような生命体が、絶対的な（最優先の）生存の権利をもつことを否定しているのみで、それらに対してなんの道徳的配慮も必要ないと主張しているわけではないことには注意しておく必要がある。上のトゥーリーとウォレンの論文（邦訳）は、江口聡編・監訳『妊娠中絶の生命倫理——哲学者たちは何を議論したか』（勁草書房、2011年）に収録。

4) ピーター・シンガー（山内友三郎＝塚崎智監訳）『実践の倫理〔新版〕』（昭和堂、1999年）。

5) ロナルド・ドゥオーキン（水谷英夫＝小島妙子訳）『ライフズ・ドミニオン』（信山社、1998年）。

6) R. M. ヘア『道徳的に考えること——レベル・方法・要点』（内井惣七＝山内友三郎監訳）（勁草書房、1994年）。

7) しかしこうしたものを今、たとえば津波からの避難の原則とすることは無理だろう。そうした原則はあまりにも多くの犠牲を生むことになるからである。そして、見殺しにすることと積極的に死なせることとは道徳的な意義が違うと考えるのであれば、行為と不行為（act and omission）というこれまたおなじみのテーマに辿り

つくことになる。

8）筒井康隆『宇宙衞生博覽會』（新潮社，1982 年）。

リプライ1
大屋雄裕

　そもそも大屋によって（あるいはそこに安藤を加えても）法哲学の一般的な姿を捉え、それと倫理学の視点を対比することがどこまで適切かについて、我がことながら相当の不安を覚えるところである。その両者の内部にも見解や立場の違いがあることを考慮すれば、なおさらそうなのではないだろうか。たとえば、人間を特別扱いするならばその基準・理由を考える「パーソン論」が必要になると評者が指摘している点は実に正当なのだが、安藤がまさにこの点に言及していることを踏まえると、この種の議論を法哲学者が無視する傾向があるという評価については疑問なしとしない。

　また、評者は権利の衝突問題においてヘアを援用し、直観レベルで解決できないケースが生じるのは当然でありその際には批判的レベルで思考する必要があると指摘している。だがそもそも人権がそのような権利一般に属するものかどうかが（法哲学的な）議

論の対象だったのだし，本稿で言及した日本国憲法やウィーン宣言などの実定法規範は人権の実在性を主張しているように思われる。あるいはドゥウォーキンやノージックも，そもそも権利一般が（ここで言う）直観レベルの概念に過ぎないことを否定し，理想的な状況下で利益衡量を十分に行ったような場合においても優越的な地位にあると主張しているのだから，それにヘアの立場を対置することにどのような規範的意義があるかは明らかでない。ヘア的な二層理論が倫理学において絶対的な地位を占めているのでないならば（筆者にはそのように思われるが），なおさらであろう。

　もう一点，率直に言って評者のコメントに戸惑いを覚えたのが，「もう一つの思考実験」まで含めて全体が選ぶものとしての視点に貫かれているように思われることである。本稿において筆者は，我々の動物に対する扱いを我々自身は受容することができるのかという視点，すなわち逆転可能性を常に意識して議論を進めたつもりでいる（提題Ⅱにおいて異星人が個体数調整を行っている可能性について注記した点を想起しよう）。それがテクストに十分表現し得ているかについては読者の評価を待つよりないが，これはパーソン論がしばしば我ら人類の外に向けられる一方で内側を免責するように思われる点への疑念でもある。

　たとえば評者が「動物を殺しその肉を食ら」うことの正当性について，あるいは異星において「道徳的な咎めを感じることなく使用できる生物はどのようなもの」かを考えるときに，我ら人類が逆に選ばれるものとなる可能性は意識されているのだろうか。そうでないとすればその視点自体が「ホモサピエンス個体の特別扱い」なのではないだろうか。倫理学という学それ自体がそのような視点に立脚していると，我々は考えるべきなのだろうか。

リプライ2

安藤 馨

　江口のコメントの趣旨は，（おそらく）法哲学者がホモ・サピエンスの道徳的権利を当然のことと考えすぎており，生命倫理を扱う局面に於いてすらホモ・サピエンスでない動物たちの道徳的地位に関心を寄せていないのではないか，というものであるだろう。もしそう読んでよければ，提題に於いて大屋が ── そしてそれに応答する必要から私も ── まさにその問題を扱おうとしていたということも問題はないだろう（大屋がいわゆるパーソン論によってではなく普遍化可能性・立場交換による反転可能性を中心に議論を組み立てている点が生命倫理学に於ける潮流とは毛色が違うということはあるとしても）。しかしながら，それは一般に法哲学研究者とされる人々の中で私がかなり道徳哲学に寄った位置からものを見ているからかもしれず，私を法哲学者の代表例とするわけにもいくまい。

　大屋と私を措くとして，しかし法哲学者の傾向に関する江口の診断が的外れだというわけではないようにも思われる。江口が例としてロナルド・ドゥウォーキンを挙げている点がここでは示唆的だといってよい。たとえば『ライフズ・ドミニオン』に於けるドゥウォーキンが，死への自己決定権の範囲を確定しようとする際に，専らホモ・サピエンスの道徳的権利 ── とりわけ自律と自己決定の権利 ── のみを前提的に想定しているのではないか，と

いう指摘はおそらくその通りなのだろう。ドゥウォーキンのそうした傾向性の淵源は、彼の法哲学的・政治哲学的主張があくまでもアメリカ憲法の最良の解釈理論として提示されるという点に求められるかもしれない[1]。アメリカ憲法の起草者たちが道徳的権利の宣言に於いてホモ・サピエンスでない動物たちをまるで考慮に入れておらずホモ・サピエンスのそれをしか考えていなかった以上、アメリカ憲法の解釈理論としてのドゥウォーキンの政治哲学に於いて、ホモ・サピエンスの道徳的権利が疑われる契機はなくホモ・サピエンスでない動物の道徳的権利も問題にならない。要するにドゥウォーキンは哲学的方法に熟達してはいても常に「法律家 jurist」なのである。

　法の内在的機能は範囲内の紛争に対し自力救済によらない解決をもたらし、そのことによって国家による暴力の独占と政治社会の存立を確保する点にある[2]。だから、私たちとの間で紛争が社会の存立に関わるような問題にならない限り、非ホモ・サピエンス種の動物たちが法的権利主体として扱われないことは当然でもある[3]。たとえば、高度に発達したAI（人工知能）に私法上の権利能力が認められるか、という問いに対して多くの私法学者は「現行法ではそのような権利能力は認められない」とそっけなく答えるだろう。それは私法学者が権利能力の本質について真剣に考えているとかいないとかの問題ではなく、彼らが扱っている現行の実定法がそうしたAIたちのいない社会の存立のためのものであって、それらが現行法の埒外にあるからである。もし本当にAIたちと私たちの間で国家的実力によって解決せねばならぬような紛争が将来生じたならば、それを解決できるような形で立法がなされることになるだろう。道徳は不易の静的規範体系だと多くの道徳哲学者・倫理学者は考えるだろうが、法は本質的に動的

な規範体系であって，既存の法によって処理できない問題が起きたときには新たに法を作れば済むし，だからこそ法律家たちは専ら現実に生じうる紛争問題に関心を集中することができるし現にそうしてもいる。法哲学に対する江口の困惑は，法哲学者と呼ばれる人々の中に，法に対して関心を持つ哲学者——私はこちらに属する——と，哲学的方法に関心を持つ法律家とがいるということから生じていよう。この後者の人々——法律家——と倫理学者との間に断絶があるとしてもそれはさほど不思議なことではないし，その断絶が解消する見込みもあまりないように私には思われるのである。

1) ドゥウォーキンの理論のこの性格については R. Dworkin, *Freedom's Law: the Moral Reading of the American Constitution* (Harvard U.P., 1996) を見よ。
2) 法がその特性を持つことが法を含む社会構造全体の存続を可能にしそのことによって法の存続が可能となるような，そういう特性が法の内在的機能である。このように理解された法の内在的機能は「（客観的な）道徳の執行」ではない。対象の外部にある誰かの意志や欲求を参照することなく（つまり外在的にではなく）何らかの対象の「機能 function」を語ることがそもそも可能なのかという興味深い問題——生物学的談話が機能帰属に溢れていることによって生物学の哲学の分野でしばしば論及されている問題——が生ずるのだが，ここでは立ち入らない。
3) しかも，法が調停できる紛争は法を理解し従うことの可能な主体たちの間のそれに限られるから，ホモ・サピエンスとそのほかの動物たちの間の紛争はほぼ問題にならない。ただし，たとえば熱烈な動物保護主義者たちが社会の無視できない割合を占めるようになれば，彼らと彼ら以外の人々の紛争を調停する方策として，非ホモ・サピエンス種の動物たちに権利主体性を賦与するような法改正が生じうるだろう。

第2テーマ　団体が、そして団体のみが

提　題

安藤　馨

Ⅰ. 団体が存在する

1. 問題の所在

　団体は存在するか。些か突拍子もなく響く問いではある。では，こう問おう。団体は主体として実在するか。団体は行為するか，認識するか，欲求するか。このように問われるならば，多くの読者は躊躇いを感ずるに違いない。大学生にとってはお馴染みであるに違いないサークルや同好会がいったいなにを認識しなにを欲求しうるというのだろうか。行為し，認識し，欲求するのはあくまでも団体の成員であって団体それ自体ではない，と言いたくなるはずである。団体は行為主体や心的主体として真には存在しないように思われないだろうか。本書第1テーマの大屋「提題」を思い出そう。そこでは「集団的利益」としての「種の利益」が問題になっていた。だが，集団の成員の利益に帰着しないような集団

それ自体の利益などあるだろうか(大屋が種の利益を挙げた直後にまさにホモ・サピエンスたちの集団的利益を個体の利益の集積とみなしていたことを思い出そう〔大屋・第1テーマ「提題」Ⅲ〕)。ある集団がその成員のそれに帰着しないような固有の *sui generis* な権利を有するならば，権利の利益説を採っても意志説を採っても，そのような集団はそれ自体として意志する或いは欲求する能力を持たねばならない。意志説はむろん利益説でも「利益 interest」はまさにそれに対して「肯定的な態度 pro-attitudes」を抱きうる心的主体にしか帰属し得ないだろう。だが，成員全員の個人的境遇を悪化させる場合でもなお守られねばならぬような集団的権利・集団的利益なるものが，全体主義と観念連合的に結びついた階級的利益や民族的利益を想起させるのはゆえなきことではない。それ自体としての権利主体・意志主体である「プロレタリアート」や「ドイツ人」など存在して貰っては困る，という呟きが聞こえる。だが，もういちど問おう。なぜそれ自体として行為主体・心的主体であるような集団的・団体的主体の実在をそれだけで直ちに疑うのか。その疑いの根拠はなにか。

2. 還元不能なものとしての団体

　集団的主体についての上述のような懐疑的態度は，個人主義的傾向を有する多くの社会科学者や法学者に共有されているように思われる。だが，その懐疑的態度が正確にはどのような論拠に基づいているかを同定することは意外に難しい。それが「だってそもそも個人以外には存在しないんだからさ……」といったようなものだとすれば，それは単なる論点先取であって論証ではない。集合的信念・集合的欲求のようなものの不存在を主張すべき積極

的理由はどのようなものだろうか。

　一般になにかの存在・不存在について主張するために用いうる道具立ては決して多くない。外界の存在についての包括的懐疑をとりあえず脇に措くとすれば(そもそもそうした包括的懐疑を始めてしまえば個人も集団も等しく疑わしい，つまり等しく疑わしくないことになる)，直接に「触知可能」でないような対象については，その存在(ないし不存在)を仮定すると矛盾が生ずる——2の有理平方根——とか，その存在を仮定しないと説明のつかないことがある，といった形式の論証くらいしか使えるものはない。前者は数や神のような存在者についてしか用いられ得ないだろうから，ここでの我々の目的には使えないだろう。使えるのは，後者の「最良の説明への推論」である[1]。その典型例はこうである。海王星の存在を仮定しないと天王星より近い諸惑星の軌道を説明できないとして(当時の望遠鏡では仮に存在したとしても遠すぎて観察できないにも拘わらず)海王星の存在を信じていた天文学者は海王星が存在するという信念について認識的に正当化されていたであろう。逆に，仮にその存在を想定しなくても我々の諸経験の説明に欠損が生じないならば，そのような存在の想定はムダであり，それは最善の説明とは言われ得ず，それゆえそのようなものの存在を信ずることは正当化されないだろう。

　仮に集団的主体なるものが成員に還元できないものとして存在するとしよう。諸個人の信念・欲求・行動にまったく相違がないような二つの世界 w_1 と w_2 を考えてみる。このとき，これらの世

---

[1] この推論形式は「演繹 deduction」や「帰納 induction」とならんで「アブダクション abduction」とも呼ばれている。推論の分類については，たとえば戸田山和久『科学哲学の冒険』(NHKブックス，2005年) の第2章を見よ。

界にそれぞれ当該の集団的主体が存在するとして，両者の集団的な信念・欲求・行動に違いが存在しうるだろうか。成員である諸個人の信念・欲求・行為に違いがない場合に，それらからなる集団的主体の有無や行動に違いが生ずるということはあり得ないように思われるであろう。つまり，成員である諸個人の行為者性は彼らによって実現される集合的行為者の行為者性を決定するのである。成員の性質に差がないならばそれから構成される集団的主体の性質にも差はあり得ない。このことを集団的主体はその成員に対して「随伴する supervene」という[2]。しかし，もし集団的主体が *sui generis* に存在するとしたらこの随伴性を説明することが困難になるように思われるだろう。集団的主体性が各成員の信念・欲求・行為に還元できないものだとすれば，w_1とw_2があくまで諸個人についての複製でしかない以上は，集団的主体に関して両者に成員の相違に還元できない相違がある可能性を認めるほかないように思われるだろうからである。

> [2] 規範的なもの・価値の事実に対する随伴性，精神の物質に対する随伴性，真理の存在者に対する随伴性，など，随伴性は哲学の様々な局面で頻繁に生ずる。前者が後者のある一定の事実と同一のものであるとする還元主義を採れば——たとえば精神と物質について信念や欲求などの心的事象の生起は脳に関する物理的事象の生起そのものであるとするならば——随伴性が存在するのは当然のことである（というのも物理的事象を固定すればまさにその一部分としての心的事象を固定したことになるからである）。それゆえ，随伴性を巡る議論は，たとえば魂のようなものを持ち込むことなく，あくまでも物理的世界に物理的性質に還元できないような精神の独自の地位を確保することができるかどうかといった，反還元主義の可否の問題を中心に展開している。

だが，次のような状況を考えてみてほしい。たとえば，ある団体が多数決によって意志決定を行い行動したとして，その際の得票数や賛否の投票者の違いなどは，この団体の団体としての行動になんら相違をもたらさないだろう。また，この団体が形式的な手続による意志決定過程を経ることなく成員達の「なんとなく」の行動によって行動したとしても，団体としての行動という水準ではなんら相違はもたらされないだろう。成員の行動として見た場合にはまったく異なったものが，団体の行動としては同じである，ということは団体についての我々の常識的把握である。とすれば，先に見たような，成員である個人的主体に関して等しい集団は必然的に集団的主体としても等しくなければならないという随伴性の要請は直ちに還元主義を要求するわけではないことになる。集団的主体の信念・欲求・行為が，個人的主体のレベルでは相異なる異質な —— その共通点が集団的主体の信念・欲求・行為であるということしかないような —— 性質によって実現されているということは可能だからである（これを上位性質の多重実現という）。この場合，随伴性要請は充足されるが集団的主体性は個人的主体性に還元できない。というのも，どのような集団的主体のどのような行動も必ず成員の行動によって実現されている一方で（したがってこの意味ではあくまで成員の存在が集団的主体の存在のために十分であって「民族精神 Volksgeist」のような胡散臭いものを想定する必要がない一方で），そうした集団的主体の行動に共通するのはまさにそれがそのような集団的行動であるということだけだからである。仮に，そうした集団的行為者性の存在の想定が我々の経験の最善の説明を構成するならば，そのような想定は正当化されるであろう（海王星と同じように）。

3. 方法論的個人主義と余剰因果

　これに対して，集団的主体に対する懐疑主義者は次のような消去主義的見解を提出することができる。仮に集団的主体性が存在するとすれば，それが我々の経験に対する最善の説明 —— なかんずく因果的説明 —— を構成するのでなくてはならない。そのためには，集団的主体が存在するということがその成員が存在するということとは別の因果的作用を持たねばならない。しかし，そのようなことは可能だろうか。集団的主体と目される諸個人の有様についての事実の因果的説明にはまさに成員の信念・欲求・行為があれば十分であり，集団的主体性がそれ以上にする因果的仕事は残されていない —— それゆえそれ自体として有する因果的作用など存在し得ない —— だろう（これを余剰因果排除原理という）。とすれば，仮に集団的主体の実在を想定せずとも成員の行動さえあれば社会現象の因果的説明に欠損は生じ得ない。したがって，集団的主体の存在を想定することは我々の経験に対する説明能力をそもそも有し得ない。それゆえ，個人的主体へと還元できない集団的主体の存在を想定すべきでない（それは人間の身体的挙動が物理的に完全に説明がついているところに理由なく魂の存在を持ち込むこととたいして変わらないだろう）。これこそが，社会的事象の説明の単位は個人でなければならないとする方法論的個人主義の典型的な理路であり，また多くの法学・政治学研究者にとって，強い説得力を有するものと捉えられているだろう。

4. 消去主義の過剰

　ここではまず次のことに注意しておきたい。この議論は生物学や心理学のようないわゆる「特殊科学 special science」を巡る以下のような議論と類比的である。たとえば，ある様々な生物種がある地域に棲息していることについて，それらの生物種がある一定の捕食者から効率よく逃れることができるといったようなある生物学的特徴 ── それは毒腺を備えることや翼を備えることやそのほか様々な物理的構造によって実現されておりそれらの共通性はまさにそのような生物学的特徴を実現しているということにほかならない ── を備えているからだ，というような生物学的特徴に依拠した説明を与えることができるとしよう。しかし，そのような生物諸個体 ── つまるところ有機化合物のかたまりの集合 ── がその場所にあるということを因果的に惹起したのは，あくまでも物理的粒子の挙動を支配する物理法則によって説明されるようなミクロレベルでの物理的因果である。物理的粒子が果たした因果的仕事の後に，生物学的特徴が果たすべき因果的仕事など残されてはいない。したがって，こうした生物学的「説明」は，見かけに反して，それらの生物がその地域に棲息していることについての因果的説明能力を有しない。還元不能なものとしての生物学的性質は *sui generis* な因果的影響力を有し得ず，消去されざるを得ないことになるだろう[3]。

　集団的主体を消去するための議論が特殊科学に対するこのよう

---

[3] 生物学のような特殊科学と還元主義の問題に関してはたとえば Elliott Sober, "The Multiple Realizability Argument Against Reductionism," *Philosophy of Science*, 66: 542-564 (1999) を見よ。

な議論と類比的だとすれば，我々は集団的主体の実在性についてそれほど懸念を抱かないかもしれない。というのも，因果的排除に関する限り，集団的主体の存在は原理的には生物学的性質と同程度にしか疑わしくないからである。しかも，消去主義のこの論法は，特殊科学どころか「日常的対象」をすら消去してしまうのである。読者が座っているイスを考えよう。それはイス状に集まっている粒子の集合である。粒子の集合は集合であるからその成員が変われば同一性を失う。他方で，刻々と摩耗し諸粒子の集合の成員が変動しているにも拘らず我々がそれを「同じ」イスである――イスは摩耗による変化を生き延びる――と考えるならば，我々は諸粒子の集合へと還元できないものとしての「イス」の存在を信じていることになる。しかし，この「イス」にそれ自体としての因果的作用があると甚だ困ったことになるだろう。というのも，イス状の諸粒子が床に対して大きさ N の力をかけているとして，更にイスが因果的作用を持っているとすれば，床には $2N$ の力がかかっていることになるだろうから。余剰因果排除原理が正しいと考えざるを得ないとすれば，諸粒子の集合に還元できないものとしての「イス」は消去されざるを得ない。つまるところ，我々が常識的にその存在を信じているような「イス」は決して存在しない（他方で諸粒子の集合へと還元できるような意味での「イス」は存在はするものの刹那ごとに異なったものとして生滅していることになる）。

　この話の教訓は，仮に存在論的レベルでイスを消去することに賛同するとしても（本当のところは世界には殆どなにも存在しない！），存続するイスについての我々の日常的言明が不当だとは考えにくいということにある。「私たちはイスに座っている」という言明は，仮に厳密には偽なのだとしても「真であるのと同じぐ

らいもっとも nearly as good as true」であり正当であるだろう[4]。生物学を初めとする特殊科学が厳密には —— 存在し得ない生物学的性質に依拠する説明を中心とすることによって —— 常に偽だとしても、それは「解明的 illuminating」でありえ、それを抛棄すべき理由もない。物理学的な基本粒子の水準での説明が殆どの場合に利用不能であることを考えれば、むしろそれを抛棄してはならないだろう。集団的主体の存在の想定もまた、原理的には特殊科学や日常的物体と同程度にしか疑わしくはない。あとの問題は、それぞれの個別の集団について、その固有の主体性を想定することが我々の経験に対する説明能力を有するかどうかに尽きるのである[5]。

5. 方法論的個人主義の行方

さて、上述の点に関する私自身の見解は、集団的主体の実在性の想定は強力な説明能力を有し「イス」と同じくらい切実に必要とされているというものである。なぜか。それは、我々が自身のことを「私」として考えるとき、そこで思惟されているところの「私」が集団的主体にほかならないからである。私が冷凍庫に入っ

---

[4] 日常的対象についての消去主義を採った上で実際的には日常的対象を含む談話を許容しようという立場の代表例として Trenton Merricks, *Objects and Persons*, Oxford U.P., 2001, ch.7 を見よ。

[5] 社会科学の哲学に於いて、集団的主体に対する一律の消去主義を退けるこのような態度は実際に近年になって勢力を得つつある。近時の最もまとまった議論として Ch. List & P. Pettit, *Group Agency: The Possibility, Design, and Status of Corporate Agents*, Oxford U.P., 2011 を見よ。

ているグラッパを飲もうとする。戸棚からグラッパグラスを取り出すことに始まり嚥下に終わるこの行為を構成する一連の動作がこの動作中の各時点に於けるタンパク質と脂肪の集塊の時間的切片たちの行為から構成されていることに注意したい。「私」の成員たる諸切片たちが協調することによって初めて私は一定の時間的幅を有する行為を遂行することができる。諸切片たちが非協調的であるとすれば，「私」はおよそ日常的な意味で「行為」と呼ばれるようなものを為し得ないであろう。個々の諸切片たちは原理的に別個の行為者であることに注意したい。我々は各時点に於いて信念を有し欲求を有し各時点に於いて行為する。そして，無数の時間的諸切片たちの相互作用として飲酒を説明することは原理的にはむろん不可能でないとしても，我々にとって有用な説明方式を提供するものでは到底あり得ない。「私」が冷凍庫の扉を開けた ── それは膨大な諸切片集団の集団的行為である ── のは，「私」が冷凍庫にグラッパがあると信じかつ「私」がグラッパを飲みたかった ── それらはそれぞれ膨大な諸切片集団の信念と欲求の織りなす全体的パターンである ── からである。「私」の信念と欲求を参照しての「私」の行動に関するこの日常的・常識的な因果的説明は徹頭徹尾集団レベルでのものである。つまるところ，いわゆる「個人」は端から集団的主体なのであって，殆どの方法論的個人主義者が，彼らが「個人」に依拠する説明の解明性を信じているからには，集団的主体の実在性を既にして信じているに違いないのである。もしそうでなければ，方法論的個人主義を支える余剰因果排除原理が「個人」に対しても同様に適用されざるを得ず，方法論的個人主義は自壊せざるを得ない。そして，方法論的個人主義の成立にとって必要な，一般に「個人」と呼ばれるような単位による説明が解明的である一方で，それらの集合

を単位とする説明が解明的でないという主張は,それ自体経験的なものであるしかないだろう。ところが,そのような経験的主張を確かめること自体が社会科学の枠内に入るとすれば —— 実際それ以外の可能性があるだろうか？ —— 方法論的個人主義は社会科学全体の方法論的基礎ではあり得ない。

　なるほど「人類」やら「ドイツ民族」やら「プロレタリアート」やらを *sui generis* な主体として想定することについて我々が拭い切れない胡散臭さをなおも感じるとはしても(そしてその感覚を私自身も共有するけれども)[6],ことはそれらに対して集団的主体性を認めることが果たして社会的諸現象の説明にとって必要なものであるか否かという実質的な経験的問題に委ねられているのであって,方法論的個人主義からア・プリオリに拒絶しうるようなものではないのである。

---

6) たとえば清々しいほどに有機体説を徹底している筧克彦『皇国行政法 上巻』(清水書店, 1920 年)の記述と種々の図表を真顔で読むことはいまとなっては難しいだろうが,それでもそれはなお団体と成員の概念的関係についてよく整理された体系的概観を与えているには違いない。団体主義の理論的意義は,「日本」ないし「日本人」のようなものが *sui generis* な集団的主体として存在しているかどうかという問題や有機体説の胡散臭さとは切り離して考えられるべき問題である。

II. 団体のみが存在する

1. 団体を真剣に考える

　団体の実在性に対する一般的疑念を払拭したならば，団体をそれ自体として「真剣に捉える taking seriously」可能性が拓かれてくるだろう。特に法について反団体的偏見を拭い去って眺めてみたときになにが見えてくることになるだろうか？

　反団体的な還元主義の視点からは，たとえば，私法上の法人に関する諸規定や共有・合有・総有はそれぞれ一般に「団体の権利」と観念される傾向にあるものを成員の権利へと還元する相異なった方式を与えているように思われるだろう。そこでは「団体の権利」がそれ自体として存在するものではなく，成員たちの個別の権利の織りなすパターンとその相異なった類型として，異質なものをノミナルにまとめ上げたに過ぎないものとして観念される。つまるところ，法に於いて「団体」はいつでも成員へと還元し消去できるような名目的擬制に過ぎない[7]。

　他方で，団体の行為主体・権利主体としての実在性を認めるならば，そのような擬制主義的態度にはなんら理由がない。法に於

---

[7] たとえば ロス・グランサムは，会社が「様々な参与者を結ぶ契約の網の目に対する集合名詞にほかならない」とし，会社法の機能はあくまでも当事者の取引の円滑化に過ぎず，「本質的には，会社は個人の権利と義務へと還元され，私権の観念に既に内在している以上の正当化を要するものではない」としている (Ross Grantham, "The Doctrinal Basis of the Rights of Company Shareholders," *Cambridge Law Journal*, 57: 554-558, p. 579 (1998))。反団体主義的な還元主義の典型的態度をよく示していよう。

ける団体はまさに社会的実在としての団体そのものであり，団体の法的権利は文字通りに団体の権利であるといってよい。そもそも団体が団体として普通に存在している状況で，持分権や分割請求権などが問題になるだろうか。それは成員が離脱しようとするときなどの，団体に動揺が生じている例外的な状況に於ける後始末の話に過ぎないだろう。このような視点から見た場合にたとえば法人や共有・合有・総有といった諸形式が有する意義は，団体からの離脱・団体の解散といった事態が生じた際に成員がなにを得られるかを明示したり，その選択肢を複数用意したりすることによって，社会に於ける人々の団体形成を容易にし「円滑化 facilitate」するというものである。持分権や分割請求権は成員の個人的利益をそれ自体として —— 絶対的な財産権として —— 保護しているのではなく，法が団体形成を促進することのいわば反射的効果に過ぎない[8]。

視線を契約に転じて，契約法の諸規定が契約の履行に問題が生じた場合の後始末を規律していることを考えてみよう。そうした諸規定が問題となる状況は契約という関係にあってはあくまでも異常事態であり，現実の圧倒的多数の契約関係には関係がない。だが，異常事態の後始末が事前に明示されることによって，人々は安心して契約関係に入り社会的協働を達成することができるようになる。この観点からは契約はまさに目的を共有する当事者を成員とする団体を構成するものであると理解することができるだろう。

近代法 —— ここでは特にその私法 —— が個人の自律的決定や個人的利益としての個人的財産権の保護を理念としている，ということはしばしば言われていることである[9]。だが，このようにして見れば，法はむしろその通常の作動様態にあっては団体の形成

こそを促進しまたその利益を保護していると理解することができるのであって，近代法が個人とその権利を最重要のものとして保護しているといった謂は反団体主義的先入観に基づく論点先取でしかないことになるだろう。そしてこの反団体主義的偏見に根拠がないどころかそれが根本的には自壊的であることはⅠ5に述べた通りである。

8) 民法は（狭義の）共有をあくまでも例外的なものとして取り扱い，単独所有へと早期に解消しようとしている，としばしば言われる（民256条参照）。だが仮にそうだとしても，その理由が「法律関係が複雑になることを避けるため」といったものだとすれば，それは反団体主義に基づくものではないし，「共有状態のままだと人情として所有物の管理が疎かになるため社会的利益を損なうことになるから」というものだとすれば（参照，梅謙次郎『民法要義巻之二 物權編』〔有斐閣，1984年（1911年版完全復刻版）〕205頁），まさにそのような虞がないことが経験的に明らかな団体の場合には当てはまらない（なお梅が契約の更新によって5年を越えて不分割を継続できるとする〔同書206頁〕—— これは梅が説明する法の趣旨をまったく掘り崩してしまうだろう ——ことを考えるとそこでの梅の意図が共有に対して非好意的なものなのかどうかは必ずしも明らかではない）。むしろ，そうした問題が生じないような堅固な団体の存在を要求していると考えられ，また共有の早期解消を推進することの反面として，共同所有の形式としてはより強く団体的な合有・総有が推奨されているのだと考えられるだろう。

9) たとえば我妻榮『民法総則（民法講義Ⅰ）』（岩波書店，1951年）11頁。我妻はまた，近代法は共同所有を可能な限り個人的所有のそれに近いものとして理解するとする（同『物權法（民法講義Ⅱ）』〔岩波書店，1952年〕208頁）。

2. 個人は団体である

　さて，こうした団体主義的視点を徹底して「個人」をも団体として理解することができるとしたら（団体一元論！），私法に対する団体主義的理解は法を理解するためのより統合された説得力のある枠組を与えるものとなるだろう[10]。とはいうものの，過去の「私」の法律行為とその効果を現在の「私」に帰属することを当然のこととするような目下の私法が「個人」をⅠ5で述べたような時間的切片の集団的主体として理解しているということは明らかに困難である。ここでは，むしろそれとはまた別の観点から，「個人」が団体にほかならないと論じてみることにしたい。

　まず法に於ける「団体」の形式的構造について考えてみよう。まず，それを通常の（数学的な意味での）集合と比較してみよう。ある団体について別の団体がその成員であるということは珍しくない。これは数学的集合であれば要素に集合が含まれるような集合に対応する。たとえば $A = \{p, \{q, \{r, s\}\}\}$ といった集合を考えてみよう（A の要素は p と集合 $\{q, \{r, s\}\}$ である）。この集合 A は次のような有向グラフで表現することができる（矢印は要素・成員関係を表現している）：

> [10] 団体主義はたとえば *bona fides* を，団体の成員が他の成員に対して団体の成員であることによって要求されるもの――各成員は団体の集団的主体性と協働の目的を損なわないように振る舞わねばならない――として理解するだろう。そこで更に個人が団体だとすれば，自己に対する *bona fides* の理念的等価物を観念することもできるし，プリコミットメントや成年後見のような制度がその下でよりよく――個人主義に対するパターナリスティクな例外的修正ではなく本来的なものとして――理解されうるかもしれない。

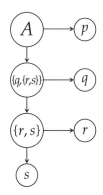

　集合を表現するグラフについて，当然ながらあるノードからグラフ上の路を辿って自分自身に戻ってくることができないことに注意しよう（より正確に言えば集合を表現するグラフは「木 tree」になる）。成員を持たない末端のノードがいわゆる「個人」に対応することにも注意したい（成員がいないので解散できない＝分割できない＝ in-dividual）。これに対して，団体ではこの木構造が必ずしも成り立たない。たとえばお互いに株式を持ち合っている会社 $A = \{p, B\}$ と $B = \{q, A\}$ はこうなる[11]：

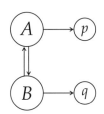

この場合には自分自身に戻ってくる路があることになる。つまり、団体は成員の集合ではない[12]。さて、どうせ自分自身に戻ってくる路の存在を認めるならば、1ステップで自分自身に戻ってくる路があってもよいだろう。実際、自己株式を取得した会社 A は団体としては次のようになる：

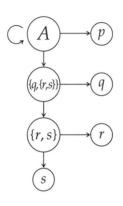

[11] 社会的実体としての会社は株主だけでなく従業員などからも構成されていることに注意しよう。もちろん、団体に於ける両者の機能も団体に関する両者の法的地位も大きく異なったものだが、それは団体の成員性とは別の問題である。

[12] より細かく言えば、通常の数学的集合を成員関係に基づいて表現したグラフが閉路を持たず木構造になるということは、集合論の「基礎の公理 axiom of foundation」に対応し、閉路を有するグラフは基礎の公理を欠いた「非整礎的集合 non-well-founded set」を表現する。非整礎的集合は団体の成員性に限らず「嘘つきパラドクス」などのような循環的現象一般を表現することに用いることができる（参照、ジョン・バーワイズ＝ジョン・エチェメンディ〔金子洋之訳〕『うそつき —— 真理と循環をめぐる論考』〔産業図書, 1992年〕）。

自己が自己の成員であるような団体が可能であるのだから、更に徹底して、そのような自己再帰的な路しかないノードを考えてみよう：

　これは自身が自身の成員でありかつ自分自身以外に成員を持たない団体である[13]。この団体は解散しても自分自身がもういちど現れてくるという構造を持っておりその点で特異であるが、まさにその点によってこれがいわゆる「個人」の団体としての表現に対応する。解散はできるが自分自身が再帰してしまうのでそれが実質的意味を持たないという点に注意すれば、これが「個人」に対応する団体であることは首肯できよう。この意味において個人は団体であると考えられ、ということはつまるところ、団体のみが存在する、といってよい。個人は団体であって原理的には団体としての同一性を失わずに成員の変動を許すことになる（ただしそれはもはや「個人」ではなくなるけれども）[14]。ともあれ、反団体主義が全てを個人に還元しようとしたように（だがそれは自壊的であるのだった）、我々はいまや全てを団体に還元してみせたことになる。

　団体主義は団体としての個人の実在とそうした個人から構成

---

13) 敢えて集合風に書けば個人は $\cdots\{\{\{\{p\},p\},p\},p\}\cdots$ という無限の入れ子構造になっていることになるだろう（自分自身が自分自身の要素になっていることに注意しよう）。

される非個人的な団体の実在をともに認める。したがって、個人を超えた団体を認めないような個人主義が説明できることは団体主義でも説明できる。他方で、そもそも個人が集団的主体・団体であって個人主義が自壊を避けるために一般的に集団的主体・団体の実在性を認めなければならないとすれば、個人を単位にして法を理解しようとする個人主義は、ある特定の構造を持つ団体のみを法に於いてもっぱらに特権化しようという、団体主義の特異な一構想として団体主義の内部に埋め込まれて把握されることになる。我々は個人主義者に、なぜそのような特異な構想を採らねばならぬのか、なぜ個人という団体のそのような構造がそれだけでそれ自体として特権的取扱いを要求することができるようなものであるのか、を正当に問うことができるのであり、個人主義が有するコミットメントの実質は団体主義の枠組に於いてこそ初めて明らかになるだろう。そして実際にそのように問うてみれば個人主義者が論点先取をすることなく提示しうる支持論拠はごく薄弱なものに過ぎないのではないか、というのが私の予測である[15]。

14) 読者はこれがテクニカルな牽強付会に過ぎないと思うかもしれない。だがそうではない。個人を団体であると考えることの意義は、たとえば「相続」を考えるときに明らかになるだろう。相続は考えてみると不思議な制度である。両当事者なかんずく債権者の同意がなくとも被相続人の債務が当然に相続人に帰属するなどということがそもそもなぜ許されるのだろうか。様々な説明が可能ではあるものの、最も簡明直截であるのは、被相続人と相続人たちが団体として同一であるから、というものであろう。相続は被相続人が自分自身という団体から離脱して相続人が新たに自発的に――相続抛棄をしないことによって――その団体の成員となるという団体内部での成員の変動であって、被相続人を成員としていた当の団体そのものの同一性には変動を

もたらさない。そうだとすれば、相続はなんら不思議な現象でない。遺産分割はあくまでもその後でのこの団体の解散にほかならず、この相続団体の解散を共有的に或いは合有的にといったようにどのように規律するかは法政策上の便宜の問題である。たとえば分割の前に被相続人の債権と債務を団体に帰属する権利義務として一元的に整理してからその残余について相続抛棄や遺産分割を考えるほうが被相続人に対する債権者が害されないとすれば、私法上はそのような処理が望ましいように思われるだろう。現在の日本に於けるようにそれらが当然に分割されるべきものとして考えられているそのことが実際には反団体主義的先入観の産物だとすれば、団体主義は現状の法制度をよりよく説明しうるのみならず、より柔軟で妥当な解決の可能性を選択肢として与えるものなのである。実際、家父長的相続が家族団体による家産の所有とその承継だとすれば（参照、我妻榮『民法研究Ⅲ物権』〔有斐閣、1966年〕269頁）、現在の相続は家産とその所有主体である団体が家長とその財産に一致するまで縮小したものだと考えられるのであって（共同体範囲の家族から個人への歴史的縮減に関しては安藤馨『統治と功利』〔勁草書房、2007年〕277-278頁をも見よ）、そこにあるのは団体主義から個人主義への断絶ではなく団体主義内部での連続的変化なのである。

15) 個人主義を擁護する際に単純に「自律」の価値に訴えることができないことに注意しよう。個人という団体の「自律」に価値があるとすれば、素直に考える限り非個人的団体の「自律」にも価値があるはずだからである。もし個人というある特定の構造を有する団体の「自律」のみが価値あるものだと主張したければ、もっぱらその構造にこそ「自律」の価値の源泉があるのだといわなければならないことになるだろう。だが、果たしてそのようなことが可能だろうか。

応　答

大屋 雄裕

　第二次世界大戦のさなか，日本の陸軍は中国の経済を混乱させる謀略として大量の中華民国紙幣を偽造し，当時の 30 億円にも相当する量を大陸へ流通させたと言われている。だが嘘か真か中国側の経済はすでに混乱して物価が高騰し，円滑な流通確保のために大量の紙幣を必要としている状況だったので，持ち込まれた偽造紙幣はこれ幸いとそのまま利用されてしまい，物価安定に貢献する結果に終わったとか。さてこの話の真偽はさておいて，紙幣の製造にも当然ながら一定のコストが必要となるところ勝手に日本軍がそれを代行してくれることに味を占めた中華民国政府が正規紙幣の発行を止めてしまった場合を想定してみよう。市場に流通する紙幣はすべて日本軍の持ち込んだ偽札であり，真札が一枚も存在しないという状況に至ったとして，その偽札は本当にニセモノなのだろうか。ホンモノの存在しないニセモノは，存在し得るのだろうか。

　団体が，そして団体のみが法における実在として存在するとい

う安藤の主張は，安藤自身が繰り返し言及しているように「国益」「民族精神」「労働者階級の利益」といった過去の歴史の負の側面を想起させる面があり，ショッキングに響くかもしれない（それが当然ながら安藤の狙いでもあろう）。しかしその中心的な意義は，個人と団体のあいだにホンモノ／ニセモノの関係は存在しない，双方が同じ種類の存在だということを確認する点にある。そして我々が考えるべきなのは，仮にすべてがこれまではニセモノと考えられてきたカテゴリーに属することがわかったとしたならば，そのときそれをニセモノと考え続けることはできないのではないかということなのだ。

Ⅰ．分割不能な存在としての個人

——法的な「団体」と「個人」はやはり違うものであろう。
団体は実定法があってはじめて存在するが，個人は
前-国家的／前-法的に存在しているではないか。

法的人格を持つ団体が実定法なしには存在し得ないものであるとするならば，法的な個人もまた当然に法が成立してはじめて存在するようになるものではないだろうか —— という混ぜ返しも可能かもしれない。仮に法的な権利義務の帰属点として人格を捉えるのであれば，個人であれ団体であれ法とともにしか存在しないことになるだろう。他方，法などなくとも個人は —— あるいは特にこの私は —— 存在するという実感も根強いものであるに違いない。だが法的人格性という問題を抜きにして言えば，人間のあるところ一定の集団や共同体もまた存在してきたのではなかったろ

うか。どちらにせよ，両者のあいだに決定的な差異を導くことは難しいように思われる。

それでも我々に強く残される個人へのこだわりの根拠はおそらく，それが肉体的・精神的な個物（individual），分割不能な（individual）一塊のものだという点にあるのだろう。だがもちろんそれもさほど自明なものではない。たとえばノンフィクション『24人のビリー・ミリガン』[1]で有名になった解離性同一性障害（多重人格障害）の場合はどうだろうか。当事者の主張が事実だとすれば，外見的には一つの肉体の内部に複数の人格が並存し，脳内空間の特定の場所に立った人格が肉体をコントロールするというのであった。このとき，彼は1人なのか複数人なのか。

我々の肉体的同一性もまた明らかではない。全身を構成している細胞は絶えず入れ替わっており，代謝によって物質を取り込んだり排出したりしているだろう。つまり厳密な意味で我々の肉体が同一である状態はまったく続かないのだが，にもかかわらずそこには一つの肉体があると，我々は認識している。

たとえ細胞が入れ替わっても私の感覚の範囲は変わらないと反論されるだろうか。私の身体が他のもの，特に誰かの身体と区別されるのは，前者に属するものが傷つけられればこの私が痛みを感じる一方，後者はそうでないからである。他者の苦痛を私は想像できるだけであって，実際に体験することはできない。この感覚が帰属する範囲が私なのだと考えてみてはどうだろうか。だがこの論理はそれ自体からただちに，この私にとって他者と他者，あるいは他者とモノの境界線は区別できないという結論を導くこ

---

[1] ダニエル・キイス（堀内静子訳）『24人のビリー・ミリガン(上)(下)〔新版〕』（早川書房，2015年）。

とになるだろう。私が感覚する範囲が私でありそれ以外が私でな
い。他者の痛みは感覚できない。したがって私には他の私の境界
線、あるいはそもそも他の私が存在するかどうかすら知ることが
できないということになる。

　あるいは幻肢痛と呼ばれる現象、すなわち手や足を切断した患
者の多くが経験するという、失われたはずの手足が痛むという症
状について考えてみよう。もちろん我々は、そこにすでに手足が
ない以上感覚も存在するわけがなく、報告された痛みは「誤り」
であると言いたくなるだろう。実際には存在しない痛みを患者
が偽って報告しているというのでなくとも、何らかの異常・間違
い・トラブルがそこにはあるはずだ、だからあるはずのない痛み
が発生したのだ、と。

　だが痛みという感覚の帰属する範囲からこの私を切り出そうと
したのであれば、幻肢痛があるときその痛む手足もまた実在する
のだと、痛みがある以上この私の一部として存在するはずだと、
そう言うべきではないだろうか。このように考えると私の同一性
は再び──今度はつながりを持って見える肉体の範囲から広がる
方向へと──曖昧になっていくことになる。

Ⅱ．個人の特権性と法

> ──たとえば、水が水素原子と酸素原子の集まりに還元で
> きても、水の存在についての語りが認知能力の制約を
> 持つ私たち人類には有用で捨てられるべきでないとす
> れば、個人を特権視することも私たちが現にそう見て
> (しまって)いる以上、許されるのではないか。

そしておそらく安藤自身はこのような疑問を特には否定しないだろう。繰り返して言うが重要なのは個人もまた団体としての性格を持ち・団体の一部として理解できるという点にあり、ある特殊な性格を持つ団体がその性格に応じた特別の取扱いを受けるべきことが退けられているわけではない。したがって仮に我々が個人を認識の単位として重視しているという事態があり、それをもとに個人に他の団体とは異なる重要性を付与することによって適切な社会のコントロールが実現するという状況があれば、個人にある種の特権性を与えることにも反対はしないものと思われる。

　すると問題は、個人にそのような意味での特権性・重要性があるのかということになり、安藤自身はこの点において懐疑的な予測を示している——「個人主義者が論点先取をすることなく提示しうる支持論拠はごく薄弱なものに過ぎないのではないか」（提題 II 2）。我々がこの私の行為と捉えがちなものも、消去主義を徹底すれば「動作中の各時点におけるタンパク質と脂肪の集塊の時間的切片たちの行為から構成されている」ことになる。それらが協調的に動作することによって我々ははじめて一定の行為を遂行することができるのであり、「個人」とは本質的に集団的主体である、と。したがって方法論的個人主義は必ず集団的主体性に立脚しており、である以上は団体の実在性を否定できない。

　だが個人と団体に向けた我々の視点には本当に違いがないのだろうか。たとえば友人にちょっと金を貸してくれと頼んだとして、快く貸してくれた場合と「妻からも文句を言われてるんだがね」と不承不承貸してくれた場合とでは、何か差が生じるだろうか。あるいは政党Aと政党Bが協定により合同することにしたとして、政党Aの議員総会が満場一致だった場合と紛糾の末の強行採決だった場合に、違いはあるだろうか。

いずれの場合も法的には(de jure)変わらないというのが確かに一つの答だろう。重要なのは(前者の場合において)金銭消費貸借契約の申込みと承諾があったかどうかであり，一旦承諾があった以上その強度や背景は問題にならず有効な契約としての拘束力を持つというのが法的な議論の筋道であるように思われる。だが社会的，経済的，政治的……といった事実上の(de facto)関係についてはどうだろうか。さらなる資金の必要が生じた場合に融通を依頼する先として期待できるのかどうか，返済が滞った場合にどのような対応が予想されるかといった面において，承諾をしたにせよその際の態度や背景は問題にならないだろうか。あるいは政党のケースで言えば，紛糾のあげく合同に成功しても党内で不服従が横行し党議拘束が一向に効力を発揮しないかもしれないし，議員50人の勢力を持つ政党Bの併合に成功したつもりでいたら45人が大挙離党・新党結成に動き，政党合同という法的効果は得られたものの勢力拡大という政治的効果はまったく得られないということになってしまうかもしれない。

　このことが示唆するのは，法が多様性を縮減する手段の一つであるということだろう。現実の出来事や概念はさまざまに多様かつ複雑な要素を含んでいるのだが，それをごく単純に「あるかないか」へと要約して扱い，それによって処理を容易にしたり予測可能性を向上させる技術という性格を，法は持っている。だがそれは同時に，法的にどのようであるかという取扱いと実際にはどうであるかという現実のあいだに必然的な関係はないということでもある。たとえば20歳未満の未成年者が婚姻した場合には成年に達したものと擬制されるが(民753条)，当然ながら婚姻当事者の物理的な年齢がその瞬間に20歳になるわけではない。安藤は「ある団体が多数決によって意志決定を行い行動したとして，

その際の得票数や賛否の投票者の違いなどは、この団体の団体としての行動になんら相違をもたらさないだろう」(提題Ⅰ2)と言うが、それはあくまで法的な人格としての団体と個人に差異がないという主張に留まり、それ以上の意義を持たないように思われる。

Ⅲ. 統一性とその欠如

さらに安藤は、「団体の権利」と観念されるものをその成員の個別の権利へと解消する手段を法が提供していることは団体が法的擬制に過ぎないということではなく、むしろ団体からの離脱・団体の解散といった例外的状況における処理方法を事前に明示することによって団体形成を促進しているのだと指摘する——「そもそも団体が団体として普通に存在している状況で、持分権や分割請求権などが問題になるだろうか」(提題Ⅱ1)。だがその一方で法が、個人を対象としたそのような制度を備えていないことに着目すべきではないのだろうか。

つまりここに現われているのは、統一性(integrity)を欠くことを通常の事態と考えるかどうかという問題である。指摘されたように団体についてはその構成員(membership)の変更が認められているが、それはそのような処理が必要な事態が一定以上の頻度・確率で起こるだろうし起こって当然だと考えられているということを意味するだろう。すべてが順調に進んでいる「日常」とは異なるという意味で例外状態かもしれないが、あらかじめ想定もされていないような異常事態ではない。統一性を欠く状態(構成員のあいだの意思不統一)は想定内の・しかし放置しておくことができない事態であり、だからこそ団体的意思の決定ルールを通じて

統一した意思が構成されるか，構成員変更によって統一し得ない意思の持ち主を外部へと放逐することにより，その解消が図られるということになるわけだ。

 だが我々は個人についても同様の対応を考えるだろうか。言動が一致しない人物のことを我々は「理解できない」「信用できない」と位置付け，彼自身を異常な主体として抑圧するのではないだろうか。「コーヒーが飲みたいなあ」と言いながら動こうとしない友人がいて，どうしてか尋ねたところ「切らしてるんだよ」という答があれば我々は納得するだろう。一方，質問によっても観察によってもそのような阻害要因が発見できない（さらに言えば別に返すべき借りもなく「買ってこい」という趣旨の婉曲な要求でもなさそうである）にもかかわらず，「ああコーヒーが飲みたい」と言い続けるとしたらどうだろうか。彼の精神的な健康か会話に対する誠実さを疑い，あるいはもう彼を友人として扱うのを避けようと決意することになるかもしれない。我々は，個人という存在は統一性を備えているものであると考え，それに反する意思の不統一や統一性の欠如を抑圧し，健全な主体であればあり得ないことだと位置付けているのではないだろうか。

 しかしもちろん，その統一性は創られるものである。事実としては，我々が相互に矛盾する欲望を抱いたり（減量しなければならない／おやつが食べたい），意図的であれ意図せざるものであれ統一性を欠いた行動を取ってしまうことは十分にあり得る（そしてやはり甘いものを食べてしまう）。だがそれは意思の弱さによる誤った選択であるとか，無意識の行動であるといったように，自らの選択によって行動を律することのできる「自己決定的な人格ある個人」という像からの逸脱と位置付けられるだろう。それは，少なくとも私自身がそうであるように締切に追われる状況でも酒を

飲んでしまうような「意思の弱さ」がむしろ通常であったとしても、なおそうなのである。言い換えればここでは、個人の人格は統一的であるべきだという信念・規範が先行的に存在し、事実を正常・不正常へと振り分ける規準2)となっているのであって、概ね確率的には統一的であるといったような事実から規範が導かれているわけではない。

IV. 基盤としての信念

ルートヴィヒ・ウィトゲンシュタインに倣って、このような信念を「基盤 bedrock」と呼んでおこう。『哲学探究』において彼は、推論・言明の正しさの規準を与えるものは人々の共有する生活形式、すなわち言語使用のあり方を決定する周囲の状況・要因であると考えた ——「ある言語を想像することは、ある生活形式を想像することなのである」3)。そのなかで特定の信念は原則として他の探究すべての基盤となり、疑われることがない。たとえば物理実験に臨む科学者は、自分が扱う実験器具が存在することを疑おうとはしないだろう。そのことに疑問を抱く哲学者は、実験を

---

2) 中期以降のウィトゲンシュタインは、「あなたは何故そう言えるのか」といった質問に対して答えられるような規範的説明のための定義たる「規準 criterion」と、行動主義的に一定の事態に必ず随伴して起きる現象を示す「徴候 symptom」を区別している。前者は行為の「理由 reason」を扱う意味連関、後者は「原因 cause」を示す因果連関についての概念なのである。

3) ウィトゲンシュタイン（藤本隆志訳）『哲学探究（ウィトゲンシュタイン全集 8)』(大修館書店、1976 年) §19。

まともに遂行することができない。基盤となる信念は探究の枠組となるものであり，それを正当なものと受け入れることによってのみ，他の信念や事実について考察することが可能となるのだ。「すべてを疑おうとする者は，疑うところまで行き着くこともできないだろう。疑いのゲームはすでに確実性を前提としている」[4]。

　だがそれは，さきほどの例で言えば実験器具の実在，あるいはこの世界の実在が疑いようのないものだということを意味しているわけではない。たとえば豆 12 粒と 13 粒を混ぜたはずなのに，どうにも 24 粒しか見つからないという場合を考えよう。我々の日常生活は「12 ＋ 13 ＝ 25」であり・モノは勝手に消えたりしないという信念を基盤として営まれているだろうから，1 粒がどこかに転がり落ちたのではないかと探したり，そうに違いないと決め込むことによって，我々は眼前の矛盾を解消しようとするだろう。だがどれだけ懸命に探しても失われた 1 粒が出てこないという場合，我々は「12 ＋ 13 ＝ 24」と考えるよりはむしろ，モノが突然消えることもあり得るという信念を採用するかもしれない。ここでは現に豆 1 粒が行方不明になったという事実が規準となって，それまでは基盤と扱われていた信念が検証されていることになる。

　重要なのは，何も疑いから免れているわけではないが何かを疑うためには他の何かを基盤にする必要があり，すべてを同時に疑うことはできないということである。「我々がドアを開けようとする以上，蝶番は固定されていなければならない」[5]，だが蝶番

---

4) ウィトゲンシュタイン（黒田亘訳）『確実性の問題（ウィトゲンシュタイン全集 9）』（大修館書店，1975 年）§115。
5) 前掲注 4) §343。

を修理するためにはドアを固定する必要がある[6]。

　そして、どのような存在を「心あるもの」と看做すかもこのような我々の探究の基盤としての信念であり、通常の状態においては、つまり我々がそれを前提に営んでいる社会の内側からは、疑い得ないものではないだろうか。安藤は、「意志説はむろん利益説でも『利益 interest』はまさにそれに対して『肯定的な態度 pro-attitudes』を抱きうる心的主体にしか帰属し得ないだろう」と言う。だがある対象に心があることを、我々はどのようにして確認することができるのだろうか。心ある者と心なきモノの区別は、それほど自明だろうか。

V. 心あるものの創出

　ジェームズ・フレイザーは、自然に一定の法則性がありその法則性に従った行為によってそれを適切に操作できるとする呪術の論理（その意味で、結果として正しくないという点を除けば科学と共通している）と対比する形で、自然の背景に人格があると考える宗教の論理を示している。「彼〔未開人〕にとって世界は、多く超自然的な能作者によって動かされる。すなわち、彼自身の衝動や動機と同じものにもとづいて働き、彼と同じように憫れみ、希望、恐怖を訴えられることによって動かされがちな人格的存在の手によって支配されているのである。このように観ぜられた世界においては、彼自身の利益のため自然の運行に影響を及ぼす力に制限

---

[6] この問題を中心的に扱ったものとして、参照、大屋雄裕『法解釈の言語哲学——クリプキから根元的規約主義へ』（勁草書房、2006年）、特に 4.1.2 節。

は認められない。祈禱，約束，あるいは威嚇は，よい天候と豊かなみのりを彼に保証するであろう」[7]。

　古代人が雨を求めて犠牲を捧げ，天に祈った場合を例に取れば，彼はそのとき天を「心あるもの」と見る前提に立っていたと言うことができる。そしてあるときには実際に雨が降り，天が喜んだと人々は考えただろう。別のときには雲一つ現われず，犠牲が足りないか天の怒りを招く要素が伏在しているかと疑心に駆られたかもしれない。いずれにせよここで古代人は天を心的主体と考え，そこに固有の利益を想定していたということになるだろうし，さらに権利をも認めていたかもしれない。たとえば「年に羊5頭の犠牲により豊作がもたらされる」と古代人が言うとき，この犠牲の羊は天の権利ではないだろうか。

　山や川に意思はなく，そこに利益を帰属させることも不当だと考えるだろうか。しかし，では全身麻酔中で意識を喪失している患者に（したがって当然に意思はないと想定されるのだが）利益とそれに基づく権利を認めるわけにはいかないと，我々は言うだろうか。それは一時的な喪失に過ぎないと言われるなら，脳死者はどうだろうか。子供はお気に入りの人形に人格を見出し，真摯に対話を試みないだろうか。我々の多くは犬や猫に魂の片鱗を認める一方で，鯨やイルカにも苦痛を感じる能力はありそうだが我々との対話は成り立たなさそうだと考えているかもしれない。積極的な捕鯨反対派が，それとは逆に鯨やイルカに魂があると考え犬猫には受苦能力のみを認めることもあり得るだろう。いずれの場合も何か特定の属性・要件が満たされているものが人格の主体とし

---

7) フレイザー（永橋卓介訳）『金枝篇(1)〔第3刷改版〕』（岩波書店，1966年）53頁。

ての資格を与えられているというよりは、我々がとにかく一定の存在を「他者」だと規範的に措くことによって、それを前提とした世界を認識していると考えた方が実態に近いように思われる。

　つまりここでは、我々が他者であると考える対象に私とは異なる私の存在を託し、そのことを前提に世界を把握することによって、他者たちのいる世界が現われているということになるだろう。「他者が存在する」という思いが対象を主体へと為すのだが、この二つの要素は「思うことによって為す」というような手段・目的関係にある二つの異なる行為ではなく、思うことがすなわち為すこと、思うことにおいて同時に為しているという一つの行為の二側面になっている。そして、どのように世界が描写されるかはその前提となる基盤としての信念、何に心が存在するかをめぐる我々の見方に依存しており、論理的には同時に決定されている。すなわち、何が実在する他者であり何がそうでないもの、単に想定される擬制なのかということから中立的な観点は存在しないのである[8]。

　哲学者・大森荘蔵は、このように我々が（より正確にはこの私が）主観的に他者の実在に賭けて世界を見る態度を、アニミズムと呼んだ——「アニミズムは決して迷信や虚妄ではない。森や湖に心を付することが迷信ならば、人間仲間に心を付することもまた迷信でありアニミズムなのである。それは何者かを等しく『私に擬して』心あるものと理解することだからである」[9]。

---

[8] このような他者認識の問題を中心的に扱ったものとして、参照、大屋雄裕「他者は我々の暴力的な配慮によって存在する——自由・主体・他者をめぐる問題系」『RATIO 01』(講談社、2006年) 240-260頁。

[9] 大森荘蔵「知の構築とその呪縛」『大森荘蔵著作集(7)』(岩波書店、1998年) 3-178頁、19頁。

VI. 擬制としての人格

　借金の事例を思い出そう。友人が金を貸すのを承諾してくれたという事実は，その背後に対立や葛藤が存在しなかったということを意味するのではなく，そういった問題があったにせよなかったにせよ法的には･････それが契約の効果に影響することはないという効果をもたらすのであった。内的な不統一・不整合があったかどうかを問題とせずないものとして扱･････････う擬制によって，責任や義務，その前提となる権利の帰属点としての人格が姿を現すことになる。

　言い換えれば，ある対象が個人と措かれるのはその内部にある因果的関係を切り捨てる・無視することが規範的に許されるからであって，何ごとか事実に基づいて証明・正当化されているというわけではない。そのような見方を我々が採用することにおいてこの社会が構成されているからであり，この社会を超えた特権性などないと言うべきである一方，この社会における地位は自明であると言うこともできるだろう。団体についても同様に，正常であればその内部に不統一・不整合が存在しないと規範的に想定されることにおいて，その存在が我々の認識へと組み込まれることになる。どちらも我々の基盤たる信念の産物，あるいはそれと同時に生起した認識の対象であり，その外側にあるものではないのである。

　　　──法における「個人」や「団体」が（のみならず権利や義務
　　　　も）等しく擬制なのだとすれば，それらについて「実在
　　　　するか」と問うことがそもそも的外れではないか？

結論的には，したがって，私は安藤の見解に賛成する。実在と擬制の境界線を団体と個人とのあいだに引くことはできず，両者は存在として同等であるという意味において。このとき，団体と個人の双方が(あるいは区別できない両者を統合した概念が)ともに実在であると言うか擬制であると言うかは，多分に趣味の問題であろう[10]。そしてあらゆる世界の見え方から中立な外部に存在する神の視点に立てばともかく，すでにある特定の世界(この私を含む世界)の内部にいる私の観点からは，この私の特権的な地位を前提にする以外の結論を取ることはできないのではないかというのが，もう一つの結論である[11]。

---

[10] 一応付言すると，安藤は自己株式を取得した会社との類比から自己そして自己のみが成員である団体としての個人を想定するのだが，第一に会社が自己株式を保有し得るかは地域的にも歴史的にも変動が大きく，我が国においても1890年から1938年までは取得自体が完全に禁止，その後も処分を前提とした取得のみが例外的に許容されていたに過ぎない。継続的な保有(金庫株)が解禁されたのは2001年以降に留まることを考えると，自己が自己の成員たる団体の存在自体が例外事象なのではないか(その意味でそれが通常である個人とは構造的に異なるのではないか)との疑問は出てくるだろう。

[11] この問題について述べたものとして，参照，大屋雄裕「功利主義と法──統治手段の相互関係」日本法哲学会編『功利主義ルネッサンス──統治の哲学として(法哲学年報2011)』(有斐閣，2012年) 64-81頁。

法哲学と**民法学**の対話

コメント

水津 太郎

団体一元論と民法・民法学における個人・団体

I.「団体のみが存在する」── なにが問題なのか

　団体が，そして団体のみが存在する，と主張する安藤の提題は，民法学者にとっては，── おそらく安藤のねらいどおり ── 挑発的なものである。

　以下では，この団体一元論（提題Ⅱ 2）を，民法・民法学の文脈に位置づけることを試みる。これに対し，大屋の応答については，総論的な議論のなかで付随的に，── 民法学の理解を助けるものとして ── 言及するにとどめざるをえない。

1. 擬制か,実在か

　最初に問題となるのは,「団体は主体として実在するか」(提題Ⅰ1),といった問いの立て方であろう。

　かつて民法学では,法人の本質について,法人とは,社会的実在としての団体に権利主体としての資格が与えられたものなのか(法人実在説),そうではなく,あくまで自然人に擬して権利主体としての資格が与えられたものにすぎないのか(法人擬制説)が争われた。けれども,今日では,法人本質論に対する関心は高くはない。その理由にはさまざまなものが考えられるが,ここでは次の批判が重要である[1]。

　それによると,ある意味において社会的実体がなければ,その法的取扱いはそもそも問題とならない。他方で,法人格が法によって与えられたものであるのは,当然のことである。つまり,法人本質論に関する二つの学説は,法人の異なる側面を捉えたものにすぎず,実在か擬制かを問うのには意味がない。大屋の言葉を借りるならば,実在というか,擬制というかは,「多分に趣味の問題」だというわけである(応答Ⅵ)。

　これに対し,自然人が主体として実在するのは,疑いがないことのようにもみえる。だが,自然人の法人格も,前法的に認められるものではけっしてない[2]。このことは,奴隷が人間でありながら,動物と同じように,他人の所有物として取り扱われていたことを考えれば明らかであろう。すべての人間は平等に権利能力を有する,という原則(権利能力平等の原則)は,そうすべきである,という規範的な命題にほかならない。

　ここでも大屋のいうとおり,法的人格性は,個人であれ団体であれ,法とともにしか存在しないし(応答Ⅰ),法において語られ

るのは,事実としてどうであるかではなく,規範的にみて許されるかどうかである(応答Ⅱ・Ⅲ)。

2. 個人か,団体か

　安藤によると,個人も団体と同じように,集団的主体であるとされる――「個人は団体である」(提題Ⅱ2)。そのおもな論拠は,個人を集合的主体と捉えないと,グラッパを飲むといった個人の行動について,日常的・常識的な因果的説明を与えられない(提題Ⅰ5),あるいは,団体の形式的構造を数学的な意味での集合によって分析すれば,個人の団体を観念することができる(提題Ⅱ2[3]),というようなことである。

　これらの理由づけは,それ自体としては興味深いけれども,民法上の評価とかかわりをもつものではない。団体一元論は,民法3条1項を改正して,個人も団体と同様に,「出生」だけでなく,「法律」によらなければ法人格を取得できない(民33条1項参照)とすべきだとしたり,自然人を法人になぞらえ,民法3条の後に,自然人の権利能力は出生の際に定められた目的の範囲内に制限される(民34条参照),との規定を設けるべきだとしたりする見解ではなさそうである。また,この考え方によっても,法人の構成員である自然人がその法人に吸収され,その者は自然人としての権利能力を失う,とされてしまうわけではない。むしろ安藤は,個人も集団的主体であるという構成と,「ドイツ民族」や「日本人」を *sui generis* な主体として想定することの「胡散臭さ」とを切り離したうえ,後者の懸念に共感を示している(提題Ⅰ5および注[6])。

　「個人は団体である」という定式が,行動の因果的説明や集合論上の分析を考慮に入れたものであり,民法とのかかわりにおいて

規範的な意味を有しないのであれば，民法学者としては静観していてもよいのかもしれない。だが，団体一元論の射程は，民法の基礎理論ないし解釈論にも及んでいる。項をあらためて考察しよう。

II. 団体一元論と民法上の諸問題

安藤は，団体のみが存在するという立場から，民法全体についてこれを集合基底的に捉え直そうと試みている。以下ではそうした試みのうち，所有法（→1），契約法（→2），団体法（→3）に関するいくつかの問題をみていこう。

1. 共有と共同所有の類型

安藤によれば，共有はなるべく早く単独所有に解消されるべきである，との見方は退けられなければならない（提題II 1および注8))。共有物分割請求権（民256条）が認められていることは，そのような考え方をとる理由にならない。また，安藤は，共同所有を共有・合有・総有の三つに類型化する見解について，これを硬直的であると批判し，共同所有の形態を集団的主体の実情に応じて柔軟に捉える方向を目指している[4]。

しかしながら，今日では，民法学の側においても，安藤が批判したような考え方は維持されていない。立法沿革からみれば，「共有を，単に，個人主義的共同所有とすることは，適切な理解ではない」[5]。解釈論としても，共有のなかには，共有物の分割を予定していないものがあると考えるべきである。また，現実に存在する多様な共同所有の形態を，共有・合有・総有のどれか一つ

にあてはめ，そこから演繹的にルールを引き出す，という思考様式には批判が強い[6]。この領域では，団体一元論から導かれる規範的提言は，現在の有力な考え方と方向性を同じくするものと受け止められるであろう。

2. 契約の基本原理

　契約法においては，債務不履行に関する規定が設けられている。安藤によれば，このように「異常事態の後始末」が事前に明示されることで，人びとは安心して契約を結ぶことができるようになる。そして，安藤は，「この観点から」，契約とは「目的を共有する当事者を成員とする団体」を形成するものであると理解する。ここでは，「個人の自律的決定」の尊重に対するアンチテーゼ，「反団体主義的偏見」の払拭が目指されている（以上，提題Ⅱ1）。

　しかしながら，契約法の規定によって契約の締結が促進されること（任意法規の意義や典型契約論に関する問題）と，そこでの契約を団体主義的に捉え直すこと（契約の概念・構成や基本原理に関する問題）とは，区別されるべき事柄である。後者のうち，基本原理に関する問題については，現代において契約をとりまく状況に大きな変化が生じたことを受けて，私的自治・契約自由に代わる，新たな契約の基本原理を構想するものが登場している。たとえば，関係的契約理論[7]によれば，契約の源は意思ではなく「関係」にあると捉えられ，共同体の内在的規範による紛争解決が志向される。これに対して，現代においてもなお，私的自治・契約自由を原則に据えるべきであるとする見解も，有力に主張されている[8]。

　安藤の団体主義的契約観は，このような原理的問題について，一定の主張を含んでいるようにもみえる。もしそうであるならば，

その内容について，私的自治・契約自由との関係を意識しつつこれを明らかにすることが望まれるであろう。

3. 団体と個人の関係

団体と個人の関係は，①団体のなかの個人と，②団体をつくる個人とに区別することができる[9]。①において問題となるのは，団体の行為がその構成員の自由・権利と対立する場合に，どちらを優先させるかである。たとえば，八幡製鉄政治献金事件，南九州税理士会事件，群馬司法書士会事件[10] において取り扱われた問題がここに属する。他方，民法学においては，近年の法人・団体法制の変化を受けて，「結社そのもの（団体）の自由」ではなく，「結社（団結）する自由」に関心が集まっている[11]。この②の視点からは，多様な団体の形成を促進するには，むしろ個人の自由な活動をできるだけ尊重すべきだということになろう。この文脈では，個人と団体は，前者を基底とした協調関係にある。

団体一元論によっても，団体の内部で，団体としての個人と，非個人的な団体とを区別して，両者の関係を問うことができる。安藤はこの問題につき，個人主義者の反論を見越して，個人という団体の「自律」に価値があるとすれば，非個人的団体の「自律」にも価値があるはずではないか（提題注15）），と述べている。かりにそうだとすると，①のタイプの紛争は，いかなる判断枠組みのもとに，どのように解決されるのだろうか。また，安藤のように，①と②の局面を区別しないで個人主義と団体主義を鋭利に対置すると，個人が団体をつくる，という営みをうまく位置づけることができなくなってしまうように思われる。

1) 星野英一『民法概論 I（序論・総則）』（良書普及会，1971年）121 頁。

2) 我妻榮『新訂民法総則（民法講義 I）』（岩波書店，1965 年）44 頁，46 頁。

3) これについては，大屋の批判（応答注 10））も参照。そこでの指摘は，一人会社の許容性にもあてはまる。

4) 安藤馨「集団的行為主体と集団的利益 —— その実在性を巡る短い覚書」民商 150 巻 4 = 5 号（2014 年）587-608 頁，602 頁。

5) 山田誠一「共有者間の法律関係(1)〜(4・完) —— 共有法再構成の試み」法協 101 巻 12 号（1984 年）1855-1900 頁，102 巻 1 号（以下は 1985 年）74-138 頁，3 号 492-538 頁，7 号 1292-1368 頁。引用は，(4・完)1353 頁。次に述べる共有のタイプについては，(4・完)1362 頁。

6) 星野英一「いわゆる『権利能力なき社団』について」同『民法論集(1)』（有斐閣，1970 年）227-314 頁，312 頁〔初出 1967 年〕，鈴木禄弥「共同所有の状況の多様性について（上）（下）」民研 483 号 12-25 頁，484 号 11-18 頁（ともに 1997 年）。

7) 内田貴『契約の再生』（弘文堂，1990 年），同『契約の時代 —— 日本社会と契約法』（岩波書店，2000 年）〔初出 1990-1999 年〕。

8) 山本敬三「現代社会におけるリベラリズムと私的自治(2・完) —— 私法関係における憲法原理の衝突」論叢 133 巻 5 号（1993 年）1-29 頁，2-7 頁，同「公序良俗論の再構成」同『公序良俗論の再構成』（有斐閣，2000 年）9-109 頁，18-37 頁〔初出 1995 年〕など。

9) 能見善久「団体 —— 総論」ジュリ 1126 号（1998 年）48-52 頁，51 頁，大村敦志「法人 —— 基礎的な検討」同『もうひとつの基本民法 I』（有斐閣，2005 年）139-150 頁，

148 頁〔初出 2003 年〕。

10) それぞれ順に，最大判昭和 45・6・24 民集 24 巻 6 号 625 頁，最判平成 8・3・19 民集 50 巻 3 号 615 頁，最判平成 14・4・25 判時 1785 号 31 頁。

11) 大村敦志「『結社の自由』民法学的再検討・序説」同『学術としての民法Ⅱ 新しい日本の民法学へ』(東京大学出版会，2009 年) 16-31 頁，22 頁〔初出 2003 年〕。

リプライ 1

安藤 馨

　法哲学者が実定法学に関係がある(ように見える)議論を展開する場合に，その理論的動機は様々なものであるだろう。私が本提題で試みた作業のそれは次のようなものであった。「悪法もまた法か？」或いはより正確に言い換えて「道徳的に悪しき法に従う道徳的義務はあるだろうか？」という古典的な問いを考えよう。それにはまず法が「道徳的に悪い」或いは「道徳的に適切である」とはどのようなことかを考えなければならない。第 1 テーマでの私の応答でも触れた通り，法が道徳的に適切なものとして正当化されるその様態を「自然犯モデル」と「法定犯モデル」へと二分す

ることができる(同インターリュード参照)。その上で，道徳と法の構造的合致を要求する前者のモデルが —— 人々によってその法体系が道徳的にそこまでおかしなものではないと考えられている現実の社会に於いて —— どこまで維持できるのか，ということが私の理論的関心のひとつであり，したがって，法によって定められた自然人と法人という二種類の法人格について，それが世界の客観的道徳的構造 —— 私は自然主義的な道徳実在論者である —— と合致しているかどうかが私にとっての問題となったのであった。

共同所有の問題について

さて，実定法学に於いても，提題で引用したように(提題注7)を参照)，法的団体があくまでも個人の権利と義務に還元され個人の私権の正当化以上の正当化を要求しないかどうか，が関心の対象となっており，それがしばしば還元主義的な法解釈を支えていることには注意が必要である。私は諸個人の集合へと還元できない集合的主体が前法的に実在すると考えているから[1]，水津が指摘するように民法学に於いて還元主義的傾向が既に衰微しているとすればそれはもちろん喜ぶべきことだが，実際にはそれは非還元主義的法解釈が個人主義的に正当化される —— そうした方が結局は諸個人の利益の保護に資する —— というもののように思われるのであり[2]，私の目指したところはむしろそうした迂回的正当化の背後にある方法論的個人主義それ自体の覆滅であった，ということには注意を促しておきたい。

契約の基本原理の問題について

「契約法の規定によって契約の締結が促進されること」と「契約を団体主義的に捉え直すこと」が区別されるべきだという水津の指摘は正しい。提題に於ける私の書きぶりはこの区別を失していると判断されても仕方のないものであった。契約が社会的協働を促進するとしても、そこで促進される協働の様態は様々であり、それが常に団体主義的な取扱いを特に要するような型の社会的協働であるとは限らない。どんなに弱い社会的協働も —— したがって契約を含む私法が促進しようとするどのような社会的協働も —— 常にある程度まで還元不能な団体性を帯びると考えるとしても、その団体性が個人主義的なそれと有意に異なった法的取扱いを常に要求するとまで主張するつもりはない。集団的利益の要保護性と成員の利益の要保護性の秤量は、個々の協働の実態に本質的に依存すべきものである。

契約の拘束力の源泉 —— 契約がなぜ国家的実力によって強制されることが正当化されるのか —— について、私はそれが生み出す様々な「利益 interest」が保護されることが道徳的に望ましいからだ、と考えている[3]。契約によって一方当事者が他方当事者に対して抱く期待・信頼といったような成員レベルでの利益も、協働それ自体の団体レベルでの利益も、ともに契約の拘束力の源泉である。したがって、契約の具体的事情ごとに、個人主義的に処理されてよい場合もあれば、団体主義的に処理されるべき場合もあるだろう。契約の背後に濃厚な団体が存在するところでは集合的利益が優越するだろうし、そうではないところでは成員の利益が優越することも多いだろう。

団体と個人の関係について

なお,強制加入団体については次のことが注意されるべきである。もし当該個人が,他の成員との協働関係に入るつもりがないにも拘らず法的には成員とされている場合,その個人は当該の法的団体の基礎となるべき社会的団体の成員ではない。だから,法がこの個人が(法的に)団体の成員であることを理由として団体の決定に伴う様々な負担を強制しようとするならば,それは道徳的に疑わしく思われるだろう(もし道徳的には成員でない当該個人に負担を課すことが正当化できるとすれば無関係の人々一般に等しく負担を課すことも正当化できるように思われるだろう)。他方で,法が当該個人を本人の意思に関わりなく強制的に法的成員であるとすることによって団体とその成員たちに・こ・の・特・定・の・個・人・が負担を負うことへの期待が生じている場合,この期待の利益の保護が,当該個人の利益の保護よりも道徳的に望ましい場合もあるだろう。水津の指摘する区別に即して言えば,強制加入を定めるような法がそもそもない方が望ましいのだとしても(これは「団体をつくる個人」の局面に対応する),現にそうした法があるという現実の状況下では,それを強制することが望ましいということがあるのである(これは「団体のなかの個人」の局面に対応する)。

1) 水津が法人本質論に対する批判として挙げる「ある意味において社会的実体がなければ,その法的取扱いはそもそも問題とならないのだから法的団体に社会的実体があるのは当然だ」という理路には問題がある。その「社会的実体」は単に諸個人が自己利益に基づいて行っている協調(co-ordination)に過ぎないかもしれない。その場合には,それは行為のパターンに過ぎず,集合的行為ではない。対照的に,諸個人の行為パターンに還元

できないような集合的主体は，単なる諸個人の協働とは異なった法的取扱いを受けてしかるべきであろう。問題は法的取扱いを要求するような「社会的実体」の中での根本的差異なのである。
2) 実際，法に於ける非個人主義的な集合的取扱いを正当化の局面ではあくまでも個人主義的に処理できるとする理窟をなんとしてでも構築しようという強い意志と傾向を，私は同僚の実定法研究者とのやり取りの中でしばしば見出してきた。水津が挙げる山田誠一──私が同僚として知遇を得て日々その謦咳に接し尊敬している民法研究者──もその例外ではないと私の個人的経験によって言うことを許してもらえるだろうか。
3) 意思主義の背後にある，同意に拘束力を認めることが同意主体の人格性・行為者性を尊重することになるのだ，というカント主義的発想は私にはまったく説得力がないように思われる。

リプライ2

大屋 雄裕

　リプライの紙幅はすでに安藤に費消されており，また評者からいただいたコメントには直接応答すべき余地があまりないように感じられるので，以下では安藤のリプライに一点のみ言及したい。

　評者の紹介する法人本質論批判に対し安藤は，「社会的実体」が諸個人の行動の協調によるパターンに留まるか，それに還元されない集合的主体として存在するかという違いがあり得ると主張しているのだが（リプライ1注1）を見よ），問題はその集合的主体の存在を誰がどのように確認するのかという点にあるだろう。安藤は存在とその認識可能性を自明の前提とするのでおそらくはこれが問題だと認識しないのだが，我々に観測可能なのはあくまで生起する行動のパターンのみであり，そこに「社会的実体」があると我々が読み込むという関係にあるのだから，安藤が考えるような差異は我々にとって無意味である。存在それ自体は我々の知覚の彼方にあるという（筆者のような）立場からは，安藤の指摘自体が，帰結として導かれるべき存在を議論の前提として先取りしているに過ぎないということになるだろう。

第3テーマ
平等の平等か、不平等の平等か

提題

大屋 雄裕

　たとえば「平等な課税」とは，どのようなものだろうか。小説家の塩野七生は，代表作『ローマ人の物語』の中で繰り返し古代ローマの単純で明快な税制を称揚している。税率は1％から10％という低い水準に抑えられたし，「収入から経費を差し引いた残りに課税する」のではなく収入全体を課税標準とする単純な税制によって徴税機関の肥大化も避けられた。「税理士の必要もなく，小学生でも計算できる程度にとどめておいた方が，税制としてはより健全ではないかと思ったりする」[1]。ここではシンプルな定率課税こそが平等かつ効率的であり，人々が納得して支払うようなものと考えられている，ということになるだろうか。

　だがもちろん，我々が現に採用しているような累進課税制度，つまり所得額が増えるに従って税率自体が高くなっていくタイプ

---

1) 塩野七生『ローマ人の物語 15 パクス・ロマーナ㊥（新潮文庫）』（新潮社，2004年）132-133頁。

の税制もまた,平等を実現することを一つの目的として導入されたものだったはずだ。そこでは税率の均等ではなく負担能力に応じて負担すること（したがってより余裕のある高額所得者ほど余分に税を負担すること）こそが平等だと理解されていることになるだろう。

あるいは逆に,能力に関係なく均等に負担することこそが平等だと考えるなら,定率課税より人頭税,すなわち所得や財産の高低にかかわらず全市民が一定の金額を負担する制度の方がより平等だということにはならないだろうか。だがイギリス・サッチャー政権がその導入を提唱したところ政権の人気が急落し,退陣の一因となったことを思い出す必要もあるだろう。税制としての望ましさの問題は別として政治的に不可能だというのが,多くの論者の見解であるようにも思われる。いったい我々は平等を望んでいるのだろうか,いないのだろうか。平等な制度とは,どのようなものなのだろうか。あるいはそもそも社会制度には平等である必要があるのだろうか。

I. アマルティア・センの平等論？

だが少なくとも後者の問いは重要でないと,経済学者であるアマルティア・センは考えた。彼によれば「社会制度に関する主要な倫理理論はそれぞれ異なった『焦点変数』を選択しているが,いずれの理論もその理論が『焦点変数』と見なすものについての『平等』を支持するという共通点を持っている」[2]。平等とは常に特定の属性・数値に比例して対象の扱いを決めることであり,違うのはその属性・数値として（それを彼は「焦点変数」と呼んでいる

のだが)何を選んでいるかに過ぎないというわけだ。たとえば累進課税は負担能力あたりの課税額,定率税は税率を焦点変数として選び,その変数を均等にすることによって平等を実現しようとする制度だと理解することができる。ロバート・ノージックが提唱したようなリバタリアニズム,すなわち国家の権限を最小国家の範囲にとどめ,それによって個々人の享受可能な自由を最大化しようと提唱する思想であっても(したがって累進課税を通じた所得再分配のように経済活動に対する国家の介入は禁止されるべきだということに当然ながらなるのだが),広範な自由の等しい保障を結果の平等よりも重視する視点だと考えることができる。功利主義も,社会を構成する全主体の効用の合計である総効用を最大化することを求める考え方ではあるが,効用においてすべての人を無差別に扱い・すべての人の効用に均等に配慮するので,やはり平等の一形態だと考えることができるというのだ。

すると結局のところ,まともなものであって人々に受け入れられるような政治思想は必ず平等を少なくともその一部として含んでおり,その是非について論じる必要はない,ということになるだろう[3]。「いかなる理論も,ある『焦点変数』に関しては平等主義的」[4]だからだ。センによれば,したがって,問題は平等に分配する対象(何の平等か),そして何を基準として分配するか(何による平等か)だということになる──「問われなければならないのは,『何の平等か』ということである」[5]。

だがこれを平等主義の勝利と考えることは難しいかもしれない。セン自身が認める通り,何を・どのように平等にするかとい

---

2) アマルティア・セン(池本幸生ほか訳)『不平等の再検討──潜在能力と自由』(岩波書店,1999年)4頁。

う問題がただちに争いを招くからである。社会を構成するすべての個体が個別のもの，相互になにがしか異なった存在同士であるということを前提にする限り，ある平等は常に他の不平等を帰結することを認めざるを得ないはずだ——「中心的な領域で平等などの秩序を守るために，周辺と見なされる変数に関する不平等は受け入れなければならない」[6]。あらゆる政治思想が平等主義に立っているとしても，あるいはそれ故にこそ，ではどのような平等を目指すのかを我々は選択する必要があるし，すべてが平等である以上，一方の思想がより平等だとか不平等だという形で差をつけて議論することはできないということになるのではないだろうか。

さらに，センが指摘する通り次の段階の議論として何の・何を基準とする平等かを我々が考えなくてはならなくなったとしよう。そもそも平等に配慮することがあらゆる政治理論に求められるのはそのように人々に受け入れられる必要があるからだとは，セン自身も認めている。「ある特定のレベルですべての人に等し

---

3) ただし実存的エゴイズムはその主体にとって同等な他者の存在を想定しないため，センのように考えても平等論を含むものとは言えないことになるだろう。もちろんセンは，実存的エゴイズムや唯我論はまっとうな政治思想ではないと答えるかもしれないが。実存的エゴイズムについては参照，井上達夫『共生の作法——会話としての正義』(創文社, 1986 年) 第 2 章, 住吉雅美『哄笑するエゴイスト——マックス・シュティルナーの近代合理主義批判』(風行社, 1997 年)，大屋雄裕「エゴイズムにおける『私』の問題」名古屋大学法政論集 193 号 (2002 年) 1-28 頁。
4) セン・前掲注 2) 5 頁。
5) セン・前掲注 2) 5 頁。
6) セン・前掲注 2) 4 頁。

い配慮をすることがなければ，その倫理的理論が社会的に受け入れられることは困難である」[7]。だがそこで我々が思い出さなくてはならないのは，その問題に関する選択を我々が行うこと——社会的選択の基礎となる政治的権利は，社会的に非常に特殊な配置を取っているということではないだろうか。

II. 政治的権利の特殊な配置

たとえば日本の公職選挙においてはすべての有権者が一票ずつ・そして一票のみの選挙権を有しているし，我々はそれを世界的に標準的な制度だと信じている（並立制を採用しているために実際にはそれぞれの制度において一票ずつを投じることになるが，それはここでの問題ではないだろう）。どれだけ社会的に貢献していたり財力を誇っていたり政治行政に関する専門的知識を持っていようとも行使可能な投票数が加算されることはないし，一定の年齢に達してさえいれば（そして実刑に付されていたり収賄・選挙違反など参政権の悪用と位置付けられる犯罪に関与した経験さえなければ）その一票が奪われることもない。「精神上の障害により事理を弁識する能力を欠く常況にある」成年被後見人（民7条）からでさえ参政権を奪うことは不当であるとの訴えが提起され，地裁判決を受けて権利制限規定が撤廃されるに至っている[8]。さらにその一

---

[7] セン・前掲注2) 5頁。
[8] 東京地判平成25・3・14判時2178号3頁。公職選挙法改正により「選挙権及び被選挙権を有しない」者を定める11条1項のうち，成年被後見人に関する部分（1号）が削除された（平成25年法律第21号，議員提出法案）。

一人一票という点についても単に形式的に達成されていればよいというわけではなく、実質的な価値の平等、「議員の選出における各選挙人の投票の有する価値の平等」が求められると判断されてきたところである（最大判昭和58・4・27民集37巻3号345頁）。我々はこれほどまでに政治参加への権利の均等な分配を尊重していると、そういうことになるだろうか。

だがもちろんそれは歴史的に見ればごく最近の現象に過ぎない。我が国において25歳以上の男性全員に投票権が保障されたのは1925年、女性も含めた権利保障が実現したのは1945年のことである。イギリスでは1832年から84年に至る三次の選挙法改正により腐敗選挙区[9]を廃止し、次第に中産階級から労働者階級へと有権者を広げていった。それ以前は身分・財産など特定の条件を満たす場合にしか参政権は与えられなかったし、逆に複数の場所に財産を所有している場合など、二票以上の投票が認められることもあったことには注意しなくてはならない。いわゆるフランス人権宣言（1789年）も、その正確なタイトルは「人と市民の権利宣言」（Déclaration des Droits de l'Homme et du Citoyen）であり、法に基づかない逮捕からの自由のような受動的権利がすべての人に認められる一方、参政権などの能動的権利は「市民」のみに認められるという形で、両者のあいだに差異を設けることが前提されていた（1791年憲法において能動市民・受動市民の区分という形で

---

[9] 産業革命による人口移動以前の状態で議席が配分されていたため、極度に有権者の少なくなっていた選挙区。極端な場合では有権者7人により2名の議員を送っていたとか（ウィルトシャー州オールド・セイラム）、街の大部分が水没したにもかかわらず選挙区として存続していた（サフォーク州ダンウィッチ）例が知られている。

現実化する)。このような差異化のシステムをすべて退けることによって我々は厳格な一人一票の制度を確立してきたということになるだろうが、政治を実現するコストとしての租税負担については人頭税を嫌う一方で政治参加の権利については単純な均等を志向するという態度は、相互に矛盾するものとして感じられるかもしれない。

確認しておけば団体の意思決定一般について、貢献度や能力に基づく決定権の分配ができないわけではまったくない。企業の場合、株主総会では保有している株式数に応じて議決権を行使することができる(会社308条)。会社の運営により強い利害関係を有し、出資という形でより深く関与していればいるほど強い発言権を持つべきだという考え方がそこにあると言うことは許されるだろう。公的組織でも、国際通貨基金(IMF)総務会の投票権は、出資比率に応じて与えられている[10]。このような意思決定方法を政治的問題において採用することは、許されないのだろうか。

集合的意思決定のトピックに合わせ、より関連の深い主体ほど大きな決定権を持つという仕組みも、(実際にどのようにその判定を行い・どのように議決権へと反映するかという問題はともかく)考えられるだろう。たとえばいま、LGBT[11]と呼ばれる人々は人口の5%程度を占めるのではないかと言われており、そういった人々のためにも同性間の婚姻を認める国・地域が広がっていることはよく知られているだろう。フランスでは、従前から認められてきた民事連帯契約(PACS)に加え、2013年に同性間の婚姻が正

---

10) 世界銀行、アジア開発銀行(ADB)、アジアインフラ投資銀行(AIIB)なども、概ね同様の原則を採用している。
11) 女性同性愛者(Lesbian)・男性同性愛者(Gay)・両性愛者(Bisexual)・トランスジェンダー(Transgender)の総称。

式に認められたし，2015年5月にはアイルランドでも国民投票で同性婚導入が認められることとなった。日本でも同様の手段を講じるべきではないかとの議論がある一方，日本国憲法24条が「婚姻は，両性の合意のみに基いて成立」すると定めていることとの関係が問題になっている。

　この点をめぐる国民的議論が高まり，あるいは選挙の争点に浮上するとか，憲法改正案の一部に組み込まれて国民投票の対象となったとしよう。前述の人口比をとりあえず前提すれば約95%の人々はこの問題に直接は無関係だということになるだろうが——ある同性カップルの関係が婚姻として公認されるかどうかという問題がそれ以外の人々の利害に大きな影響をもたらすとは考えにくい——その無関係な大多数の意思表示によって結果はほぼ決まってしまうということになるだろう。これは正しい，あるいは望ましい事態なのだろうか。

Ⅲ. 投票以外の可能性

　そもそも国民の意思・利害を政治的意思決定へと反映させるために，投票は必要不可欠の手段だろうか。「〔市民が〕自由なのは議員を選挙する間だけのことで，議員が選ばれるやいなや（……）人民は奴隷となり，無に帰してしまう」というルソーの指摘には一定の正しさがあるだろう[12]——現実的にはどうあれ一旦選出されれば議員は「全国民を代表する」（憲43条1項）ものなので，

---

12) ルソー（桑原武夫＝前川貞次郎訳）『社会契約論（岩波文庫）』（岩波書店，1954年）。

選挙区の人々の言うことにただちには従わなくなることについても一定の理由があるとは言えるかもしれないが。いや選挙の際ですらそれは，個々の論点や政策ではなく政党あるいは政治家を単位としたパッケージのあいだでしか選べないような，いわば抱き合わせ販売に過ぎなかった。自民党の経済政策は大歓迎だが外交政策は気に入らないという人がいたとして，そのような選好を投票へと適切に変換することは難しいのではないだろうか。

であれば，「投票」という意見集約の方法自体を放棄しようという提案も，近年真面目に提唱されている。我々の消費履歴・行動履歴のように膨大な情報をデータベース化して政策決定の基礎とする取組みは，たとえば車載 GPS の位置情報をもとに新しい道路の建設効果をシミュレートするという形で，すでに実現し始めている。ビッグデータとして収集されるような，人々が自覚的に表明する選好ではなく実際に選択した行動を基礎にすることによって，投票価値の平等性や関連性の議論を避けることもできるだろう。より頻繁にある場所を訪れある種の商品を買う主体ほど，その場所・商品に関する意思決定に関連する多くの情報を残すことができ，結果に対して自動的により強い影響力を持つことができるというわけだ。そしておそらくその先には，鈴木健が実際に示唆しているように，我々自身に取り付けたセンサーを通じて行動以前の欲求が把握される可能性も示されるのではないだろうか[13]。

13) 鈴木は，たとえば胃袋に取り付けたセンサーによって各主体の欲望を測定・集計する「胃の集合知」が可能なのではないかとも示唆している。参照，鈴木健『なめらかな社会とその敵——PICSY・分人民主主義・構成的社会契約論』(勁草書房，2013 年) 第 7 章。

もちろん我々としてはこのような提案にさまざまな違和感を覚えるだろう。我々の無自覚な行動がどこかで勝手に集計・分析され，その結果が「民意」だとして我々の社会のあり方を決めることからは不気味さが拭えない。政治的権利の獲得や民主化へと向けられた先人たちの営々たる努力を無駄にしてしまうのかといった類の批判も当然あるだろう。

Ⅳ．整合性をめぐる問題

　だが前者に対しては，集計・分析のプロセスを透明化すればよいと答えることが可能かもしれない。後者については所詮サンクコスト（すでに投下し，事業を中止しても回収できない費用）の問題であり，これから未来へと向けた合理的意思決定を試みるのであれば無視されるべき要素だと主張するものもいるだろう。これまでとは相当に異なる制度が実現するということに対する違和感や忌避感を除いて考えた場合，それでも残る最大の問題は，決定の整合性・首尾一貫性（integrity）への不安ということになるのではないだろうか。
　多くの場合，人々は社会福祉が豊富に供給されればよいと思う一方で，租税や社会保険料負担は軽くなることを望んでいるだろう（私もその例外ではない）。だがもちろん後者を財源として前者が供給されている以上，一般的な条件の下では両者は均衡せざるを得ない[14]。可能なのは「高福祉・高負担」から「低福祉・低負担」に至るバランスのどこかを選択することで，「高福祉・低負担」のような夢想を追求することではないだろう。政党や政治家を単位として投票することを考えれば，掲げた公約が少なくとも相互

に矛盾しないか・両立可能かということを当事者も気にかけるだろうし,社会の側でも検証しようとするのではないだろうか。「高福祉・低負担」をマニフェストに堂々と掲げる政党があれば,マスメディアや世論から強くその問題性を指摘されるかもしれない。だが各人のそのとき・その状況における意思や利益が把握・集計され,ただちに社会的決定へと反映されるのであれば,その把握の対象となるアジェンダ相互の関連・論理的関係は無視されてしまうのではないだろうか。税率の高低を人々の行動によって決定することによって低負担が選ばれる一方,別のときの別の行動から高福祉が選択されるということにはなってしまわないだろうか。

　ここにあるのは,アジェンダ・セッティングの恣意性という問題である。社会的選択理論における投票のパラドックスが示すのも,この課題に他ならない[15]。何をどのように決定手続にかけるかというメタレベルの意思決定を人為的に行う場合,そこに人格的な判断が必要になってくるだろう。誰が・どのような正統性によってその判断を行えるかを,我々はビッグデータ分析とは異なる手続によってあらかじめ決めておかなくてはならない。それらも自動的に行うことをビッグデータ理論が提唱するならば,上述したアジェンダ間の整合性が問題となって現れることになる。

14) 中東の産油国のように,資源に基づく不労所得 (rent) が外部から膨大に供給される「レンティア国家」が典型的な例外として挙げられる。参照,松尾昌樹『湾岸産油国——レンティア国家のゆくえ(講談社選書メチエ)』(講談社,2010年)。

V. 平等論の構造転換？

　平等な社会制度のあり方を考えていた我々はここで，どのような平等が望ましいかという選択以前にある，選択システム自体の正当化という新たな問題に直面することになる。もちろんこれに対して，人格間の対等は平等とまったく異なる理念によって支えられていると考える可能性も残されているかもしれない。「個の尊厳」は自然法の一部だとか我々の社会の前提だと答えるような対処法が，ここに属するだろう16)。

　それとは別に，平等という概念の機能を考え直すことが可能かもしれない。すでに述べたように，センによれば何らかの基準に

---

15) 典型的にはコンドルセのパラドックスと呼ばれる例が挙げられる。選択肢が A・B・C の 3 種あり，投票者 3 人がそれぞれ A＞B＞C・B＞C＞A・C＞A＞B という選好順序を持っていたとする。この場合，すべての選択肢が同等の支持を得ており単純な多数決では決着が付かないが，まず B と C の二択で投票し（2 対 1 で B が勝つ），勝者と A とで二択にすると決定に至る（2 対 1 で A が勝つ）。最初の二択を A・B で行うことにすると最終的な結果が変わること（C が勝つ）からわかるように，このとき最終的にどの選択肢が選ばれるかは投票の順序に依存していることから，投票手続の決定権が結果を左右すると考えることができる。この問題については，たとえば参照，坂井豊貴『多数決を疑う――社会的選択理論とは何か（岩波新書）』(岩波書店，2015 年）第 2 章。

16) たとえば井上達夫は，「個の尊厳」こそが近代人権思想の基礎であり，その内容については見解が分かれるものの「この抽象的命題自体には，ほとんど異論はないだろう」とし，それを前提としてパターナリズムや卓越主義を警戒対象として名指している。参照，井上達夫『法という企て』(東京大学出版会，2003 年）第 7 章。

照らして等しいものを・それが等しい故に・等しく扱うのが平等ということであり，それを達成するために他の基準に立った場合に生じる不平等は受け入れられなくてはならないというのであった。だがむしろ，そこで本来的には等しくないものが等しいものと扱われること，差異が捨象され，たとえば「国民」「個人」「人格」といった抽象的存在が作り出されることにこそ，平等概念の意義があると考えることはできないだろうか。

このように考えるとき，たとえば厳格な一人一票の要求は，投票以外の場面において存在し機能するだろうさまざまな社会的地位や資源の差異を持ち込ませず，どれだけの人数が支持しているかという要素にのみ着目して我々の代表選びを行おうという提案として理解することができる。代表民主政のプロセスが動き出したのち，議会の審議や政党への働きかけ，官庁へのロビイングといった過程では資金力・団結力・専門性といったさまざまな要素が機能するだろう。だが彼ら代表に対する評価として再選を許すかどうかという判断を行う過程についてだけは，それらの要素が入り込むことを許さないことによって「国民」が顕現すると考えるわけだ。

投票による選択についても，評価対象と評価主体の双方において整合性を備えた個人の人格を要求するシステムと捉えることになる。すでに指摘したように，選ぶ対象が政党・政治家となることによって，彼らの主張にはその単位における整合性が要求されるだろう。高福祉・低負担を両立させようとするような主張に問題性があるかどうかは，それが同一の人格のなかに矛盾なく存在できるかと問うことによってチェックできると考えるわけだ。同様に投票者の内部においても，自分の内部にある矛盾し得る要求を相互に検討し調整することを通じて単一の投票行動へと統合す

る努力が求められることになる。

　平等とは,事実として同じであるという実態があるから正当化されるものではなく,むしろ事実としては等しくないところに等̇し̇い̇も̇の̇,判断単位としての人̇格̇を人為的に創出する社会システムだと考えるべきではないのだろうか。もちろんそのとき,そ̇の̇よ̇う̇な̇平̇等̇を作り出すことが正当かどうかは,それによって構成される社会が望ましいか・一定の政策目的の実現に資しているかどうかによって判断されなければならない。言い換えれば,個̇の̇尊̇厳̇を当然の前提としてさまざまな政治思想が評価されるというのではなく,政治思想によって想定される良̇き̇社̇会̇を実現するための手段として個の尊厳が捉えられなくてはならないということになるだろう[17]。

　平等なものの平等ではなく不平等なものの平等へと,平等論の構図を転換することが試みられるべきなのである。

[17) このような主張の例として,参照,大屋雄裕『自由とは何か——監視社会と「個人」の消滅(ちくま新書)』(筑摩書房,2007 年) 第 3 章。

応　答

安藤　馨

Ⅰ．問題となっていることはなにか

　まず，様々な具体的事例に彩られている大屋の議論の理論的骨格を整理するところから始めよう。

　アマルティア・センに従って，大屋は「まともなものであって人々に受け入れられるような政治思想は必ず平等を少なくともその一部として含んでおり，その是非について論じる必要はない〔傍点大屋〕」としている。そこで，平等を要求するそうした規範理論は「何を」平等にしようとするのかを巡って争うことになるわけだが，ということは，まともな政治思想の間での対立（の少なくとも一部）は，平等の「通貨・指標 currency/metrics」——大屋はセンに従ってこれを「焦点変数」と呼んでいるが——を巡る対立であることになる。しかし，どの指標を選択するかがまさに政治的決定・政治的問題であることを思うならば，そこでの決定手続・政治的権利に関する平等が，指標の問題に先行して問われざ

るを得なくなる(提題Ⅰ)。

　歴史的に見れば，一人一票という政治的権利の均等配分 —— 政治的権利の均等配分からはまた投票の結果選出される議員について見た場合の一票あたりの影響力としての投票価値の均等配分が導かれる —— は決して普通ではない。特に決定対象に深く利害を有する主体の決定権をより重くする，といった発想は理に適ったものでもあるように思われるだろう。或いは投票とその集計という形式で集合的決定を行うことをやめてしまう，といった発想も技術的進展とともに不可能ではなくなってくる。したがって，どのような決定手続を選択すべきか，という新たな問題が生ずる(提題Ⅱ，Ⅲ)。

　どのような決定方式が望ましいかについての判断を決定方式それ自体に委ねることは循環を招き寄せる —— たとえば民族的対立がある政治体制下で過半数を占める民族が多数決によって「多数決こそが適切な決定方式である」と決定することのあからさまな欺瞞を考えてみればよい —— から，大屋は決定方式に関する実質的な評価基準を示す必要があることになるだろう。そして，この点に関してまず大屋が挙げているのは決定方式の「首尾一貫性 integrity」という基準である(提題Ⅳ)。さらに，大屋は人頭的な政治的権利の配分の正当化根拠を，その機能に見出そうとする(提題Ⅴ)。すなわち，政治的権利の人頭的配分根拠について，社会的地位や判断能力や資源の差異を「無関連 irrelevant」なものとして排除し，具体的な選挙権者たちからこれらの属性が排除されたあとに現れてくる抽象的な「国民」「個人」「人格」を作出することこそがその機能であるとしつつ，そのような作出がもたらす社会が望ましいか・政策目的の実現に資するかによって，そうした配分の正当性が評価されることになるとする。また，政党・議員を

選出する投票という形式についても，個人が自身の首尾一貫性を問いつつ政党・議員の政策主張とそのパッケージの首尾一貫性を問おうとする制度として理解され，投票という制度の正当性は，首尾一貫性のそれに根拠を有することになる。最終的に大屋はこうした諸機能を有する目下の人頭的な政治的権利の配分の正当性の有無を，開かれた実質的な問いとして我々に提示し，それこそを「平等」に関して問われるべきものとするのである。

II. どこにいこうとしているのか

――「どのような決定方式が正当であるか」は本当に
　先決問題なのか？

　このように大屋の議論を順を追って整理してみると，それが整然としていると同時に奇妙な構造を有していることに気がつくだろう。平等の指標の問題について大屋は様々な平等の構想の実質的な正当化根拠を迂回して集合的決定とそれに関わる手続的問題に焦点を合わせる。しかし，大屋はさらに様々可能な決定手続の正当化根拠を問題にし，しかもそこで（明言されてはいないのだが恐らく）選択方式の正当性を（先ほどと同様に実質的正当化を迂回しつつ）選択方式についての選択方式の手続的正当性に依拠させることの不当な循環を避けようとして，選択方式の機能とそれがもたらす結果に基づく実質的根拠による正当化を要求している。

　だが，大屋が結局のところ政治的権利の人頭的均等配分について，実質的正当化を問題にするのだとすれば，そもそもなぜ初発の――均等化されるべきは厚生か資源かそしてそれ自体かそれ

ともあくまでそれらへの機会かといった —— 平等の指標問題について，その実質的正当化を迂回する必要があるのだろうか。いまや，あるもの —— 票とその政治的影響力 —— を均等配分しようとすることの正当化をそのような配分がもたらす結果とそれが作出する社会とに求めるのだから，なぜ同じことを政治的権利ではなく厚生や資源といったものの均等配分について求めることができないのだろうか。こう考えてくると，大屋の立場からは集合的決定とそれに関わる手続的な権利の均等配分が通常の指標問題に対して先行する問題だとは言えないはずであり，そうだとすれば「平等なものの平等ではなく不平等なものの平等へと，平等論の構図を転換することが試みられるべきなのである」という大屋の結論は，分配的な平等指標問題と同じ階層に立っているはずの，政治的権利の人頭均等配分という問題を不適切に特権化してしまうものであるというしかないだろう。

　もちろん，この不適切に導出された結論のみによって，大屋「提題」の意義が尽くされているわけではない。「何の平等か？」の問題を民主的決定に委ねつつその民主的決定の正統性の条件を探るという方針自体は —— 私は採らないが —— 筋の通ったものではある。以下では，最初に決定手続が「国民」「個人」「人格」を創出する機能を持つことの規範的評価を巡る問題を，そして次に大屋が迂回した平等指標の問題と，また論ずる必要のない問題として差し措かれた「なぜ平等が重要なのか」という問いを論ずることにしたい。

Ⅲ. 主体の問題

――「人格」の創出・維持は「良き社会」のための手段
　であると言うが，それは誰にとって，いかなる意味
　で良いのか？

　大屋は「〔人格を人為的に創出するような〕平等を作り出すことが正当かどうかは，それによって構成される社会が望ましいか・一定の政策目的の実現に資しているかどうかによって判断されなければならない〔傍点大屋〕」と主張する。だが，そこで判断基準とされる「望ましさ」や「目的」は，いったい誰にとっての望ましさ，誰の目的なのだろうか。いままさに「人格」という主体を創出しまたそれを正当化しようとしているのだから，これに対してそこで創出されるような「人格」にとって，と応答するならば，それはあからさまな論点先取を構成してしまうことになるだろう。

　望ましさや目的が主体相関的であると考えるのならば，決定手続によって創出されるのではないような特権的な主体の単位が参照点として先行的に存在しなければならない。他方で，もし望ましさや目的が主体相関的でないと考えるのならば，社会に存在する・存在することになるような主体とその単位がいかなるものであれそれによって変化しないような望ましさ・目的が存在するのでなくてはならない。結局のところ，「平等とまったく異なる理念によって支えられている」(提題Ⅴ)ようななにかがここでは必要なのである。

　第一の可能性から考えよう。ここで手がかりになるのは，本書第1テーマ「権利と人権のあいだ」である。人間を動物一般から区別された特殊な権利主体として区分することの正当性がそこで

は問われていた。そこでの大屋の提題に対する私の応答は，道徳的構成主義によって，道徳に同意しそれを理由としてそれに従う能力を持つもののみが——そうではない動物と別して——道徳の構成に際して参照される主体なのだというものであった[1]。まったく同じ方策がここでも用いられうるだろう。集合的決定手続の正当化に際して特に参照されるべき主体は，まさにその決定手続の正統性を気にするような主体，つまり，決定に対してそれを理由としてそれに従って行為する能力を有するもの——すなわちそのようなものとしての理性的人格——にほかならない。この見解によるならば，幼児や動物などが政治的権利を享受しないことも容易に説明がつくし，そうした理性的人格が首尾一貫性を求めることは理性の最低限の内容としての道具的合理性の要請から説明がつくことになるだろう。

　第二の可能性は，主体の単位から独立な「望ましさ」を同定し，この望ましさの促進を主体の単位から独立な「目的」とする，というものである。善についての快楽説をそうした見解の端的な実例として挙げることができよう。快楽説に従えば世界の望ましさとは世界が含む快楽の総体のことである。快楽は，各個体の各時点の心的状態に存する。注意すべきは，集合的決定に於ける決定権の均等配分の対象となるような主体の単位を個体の時間的切片に置こうが，その集合としての「個人」に置こうが，さらにそれらの集合としての「国民」に置こうが，世界の含んでいる快楽の総体——つまるところ時間的切片の快楽の総和集計——には何の変化もないという点である。快楽説の下では，非ホモ・サピエン

---

[1] 道徳的構成主義の詳細については安藤・第1テーマ「応答」Ⅱ1を参照のこと。

スの快苦も決定方式の望ましさ如何に貢献することになる。またその決定方式も，全ての感性主体の快苦の集計を最大化するために適切なものであればよいのだから，「人格」性を特権化するようなものではなくなるだろう。大屋自身が触れているように（提題Ⅲ），センサーを通じた快苦や欲求の自動集計に基づく集合的決定が正当化される可能性が多分にあるだろう。そこでの政治的権利は投票権ではなく，快苦を測定されさらにそれを不偏的に算入される権利である。大屋の謂に従えば「平等」はここで「人格」や「個人」ではなく「受苦的存在者」をこそ作出することになるのである（そして私は功利主義者としてこの選択肢こそが正しいものだと考える）。

　大屋がこれらの二つの選択肢のどちらを選択するかを今回の大屋「提題」のみから窺い知ることは難しいが，この問題については最後に戻ってくることにしたい。

Ⅳ. 反差別としての平等

　　　── 平等主義は富の格差の是正や財の再分配を目指すものではなかったのか？　大屋が言うように「平等論の構図を転換」するならば，伝統的に平等主義者が気にしてきたような「平等」の理念が拋棄されることにならないだろうか？

　富や幸福の格差の問題と政治的権利の問題との間で，扱われている事柄が大きく異なっているのではないか，いったいそれらを「平等」の名の下に同種のものとして扱うことがそもそも可能な

のだろうか，という問いはもっともなものである。この問いに関する私のここでの推測は，大屋が二つの異質な概念ないし規範的理念を混同しているのではないか，というものである。

　誰かが「私には云々の正当な権利がある」と主張するとしよう。このとき，この人の主張がそもそも道徳的に正当な権利の主張という形式を取った正義の主張であるために満たさなければならない形式的条件がいくつかあるように思われる。たとえば，まず「万人がそれと同じ権利を有するということがそもそも可能か？」という問いが問われ，次に「それが可能だとして，万人がそれと同じ権利を有しているということを，あなたはどの人の立場からも受け入れることができるか？」と問われることになるだろう。簡単にいえば，前者は「もしみんながそうしたらどうなるか」，後者は「相手の立場に立ったならどうか」という問いかけである[2]。

　たとえば「私には万人の生殺与奪についての正当な決定権がある」という主張は第一のテストを通過しない。万人が万人の生殺与奪についてお互いに決定権を有するということは概念的不可能事に属する。これに対し「私が貴族である場合には他の貴族に反対されない限り平民の生殺与奪についての正当な決定権がある」という主張は第一のテストを通過する。平民についても前件が偽であることによってこの主張は空虚に成立するから，平民もこの権利――平民であることによって行使し得ない空虚な権利であるが――を等しく有するといってよい。だが，平民には貴族と平民とを含む万人がこのような権利を有するということを受け入れる理由はまったくないだろうから（もしあなたが平民だとしたならばあなたはそれを受け入れられないだろう），第二のテストをパスしない。一般になにかについて万人の立場からそれが受け入れられるかを考える場合に，個々人の偶然的属性に依拠することはでき

ない。そこでここでもまた道徳的構成主義のトリックを利用しよう。このテストは立場交換の相手方がなにかを「受け入れる」かどうかを判断しそれに従って行為できる主体であることをそもそもの前提にしているから，そうした能力——理性的能力——のみに依拠して，当該の権利主張が受け入れられるかどうかを考えれば充分である。つまるところ，抽象的な理性的人格が意志し欲求する，そしてまた万人がそれを有することが論理的に可能な限りに於ける最大限が，権利主張として正当化される。人格の尊厳とはすなわち理性的人格の意志が尊重されるべきであるということにほかならないから，人格の尊厳が可能にする権利については全人格が同内容の権利を有することになる。しかし，全人格が同じ権利を享受するというこの帰結は，特に(分配的な)「平等」によっ

---

2)「もしみんながそうしたらどうなるか」のテストは古代から知られた基本的な道徳的原理であり，「一般化論法」や「普遍化原理」と呼ばれる。「個体指示を本質的に含み普遍化不可能な判断は正義判断・道徳判断ではない」という「普遍化可能性原理」と「普遍化原理」の関係は微妙な問題を含む。「全ての x は～である : $\forall x$」と「～という事態は許容される : P」という記号を用いて書けば，「私は Φ してよい」という判断について前者は「万人について，その人が Φ することは許容される $\forall x P[\Phi x]$」と判断する用意があるかを問い，後者は「万人が Φ することは許容される $P[\forall x \Phi x]$」と判断する用意があるかを問うのだが，この両者は見ての通りよく似通っているからである。だが，ここではまずは両者が異なった原理であると理解しておくのがよいだろう。後者は脱税などの「フリーライディング」を排除する原理であり，正義それ自体というよりは「公正性 fairness」の要求を直截に表現する原理である。もう一つの「相手の立場に立ったときに受け入れられるか」のテストは反転可能性のテストと呼ばれ，普遍化可能性原理から導かれる。

て導かれたものではない。それはあくまでも「もしみんながそうしたらどうなるか」と「相手の立場に立ったならどうか」という正義と公正性のテストから導かれているのである。

とすると、もし大屋が示唆するように人格の尊厳とその対等性から政治的権利の人頭的配分が導かれるとすればそれは正義と公正性の問題であって、大屋の「平等論の構図の転換」は、結局のところ富・境遇の格差を巡る「平等」の問題を拋擲して正義と公正性の問題に関心を集中せよ、という主張として理解されるべきだということになるのではないだろうか。そして実際のところこの解釈を支持すべき強い理由がある。Ⅲで見たように、大屋の言う「平等」の実質的正当化は、結局のところ道徳的構成主義による「人格」という主体単位の特権化か、「人格」を含むあらゆる主体単位の無関連化かのいずれかに行き着かざるを得ない。そして、この両者の対立こそは大屋が先の第1テーマで、正義概念の要請である「普遍化可能性」と「普遍化不可能な差別の禁止」を巡る問題として扱おうとした当の事柄である。つまるところ、大屋にとって扱われるべき「平等」の問題は、大屋自身から見ても正義概念と公正性の問題そのものなのである。「法の下の平等」のように、大屋が用いているような「平等」という語の用法があることを認めつつ、「普遍化不可能な差別」の問題を分配的正義に於ける「平等」の問題と明瞭に区別しておくためには、正義概念と公正性を巡る普遍化の問題を指すものとしてそれを「反差別としての平等」と呼んでおくのがよいだろう。両者は同じ「平等」という概念についての異なった構想ではなく、そもそも別の概念なのである[3]。

V. なにのゆえになにの平等を

——「なぜ平等か？」の問いは本当に論ずる必要のないような自明の問いなのか？

次に，大屋によって扱われなかった，財や福利の再分配とそれらを巡る「分配上の平等」の問題に簡単に触れておこう。しかし，実はこの問題を扱うには（センとそれに従う大屋の想定とは異なって）なぜそもそも平等を気にしなければならないのかという問題の検討が不可欠なのである。

現代の分配的正義論——特に分配的な平等論——では，なぜ我々が平等主義的再分配を気にしなければならないのかについて「価値論的平等主義」と「当為論的平等主義」という二つの考え方が対立している。前者は分配上の平等が達成されることを「善い good」ことだと考え，我々が世界を改善すべしという善の促進の義務——目的論的ないし帰結主義的な義務——を負うことから再分配への義務を負う，とする。後者は再分配への義務は分配上の平等が達成されるからではなく（平等主義的分配それ自体は決して目的でなく），それに先行する，他者の幸福を配慮する義務から派生して生ずる，とする。だが，この区分にどのような意味が

> 3）ここでは「概念 concept」と「構想 conception」を区別しなければならない。概念は，それを共有していないと——字面が同じなだけの異義語として——話がすれ違ってしまうような意味内容のことであり，構想はある概念についての特定の考え方や見解のことである。たとえば正義論は正義の概念を——願わくは——共有しつつその正義についての相異なった構想が対立する領域だということになる。

あるのだろうか。

　後者の場合には，財や幸福の「分配・分布 distribution」の平等度それ自体は道徳的意義を持たず，先行する当該の義務の副産物に過ぎない。たとえば，我々が他者の苦境に対して「共苦 compassion」する徳とその義務を有するとき，我々が負う分配義務は分布の平等度とは必ずしも関係ないだろう。というのも，他者が当該の苦境を脱する程度に我々が支援を行ったならば，それ以上には「共苦」は働かないからである。他者がもはや苦しんでいないならば，自他の幸福や財産上の格差などはもはや関係がなくなる。したがって，このタイプの平等論は ── その名に反して ── 格差それ自体を気にしていないし，資源の不足それ自体は苦境をもたらさずそれがもたらす不幸・苦痛が人を苦境に陥らせるのだから，人々の幸福度が絶対水準で見て一定の程度を超えていればよしとするだろう（厚生の充分主義）[4]。これに対して，前者の価値論的平等主義は均等分布それ自体が価値あるものだという。だが，何の分布が均等であってもそれらの均等分布それ自体が善いとは考えられないから（たとえば諸個人の間で人体を構成する細胞の数が均等であるかどうかはどうでもよいことだろう），均等分布が善いためにはそこで何か価値あるものが均等に分布しているのでなくてはならない。資源はそれ自体としては価値ではなくあくまで幸福・厚生が価値であるから，厚生の均等分布が善いものとして要求されることになるだろう（厚生の均等主義）。もちろん様々な議論がありうるのだが，いずれにせよ分布の正義性に関する基準（たとえば充分性・均等性）と指標（たとえば資源・厚生）に関する含

---

[4] この見解を採る論者として Roger Crisp がいる。参照, R. Crisp, "Equality, Priority, and Compassion," *Ethics* 113 (2003): 745-763.

意が，なぜ我々が再分配を気にしなければいけないかの理由付けから導かれることに注意したい。結局のところ，「なぜ平等か？」の問いを抜きに「なにの平等か？」という問いは問われ得ないのであって，「なにの平等か？」に関する大屋の無関心は，まさに「なぜ平等か？」の問いを自明とする大屋の態度の反映であるといってもよいかもしれない。

VI. 分配の平等と反差別としての平等

――だが，分配の問題と反差別の問題は本当に別の問題なのか？

これらのことを確認した上で，最後に分配上の平等の問題と反差別としての平等の絡み合う局面を瞥見しておきたい。現在の分配的平等論の主流を占める見解に「運の平等論 luck egalitarianism」と呼ばれるものがある[5]。運の平等論は，次のように主張する。我々の人生はどのような環境に生まれ落ちたか，どのような身体や才能を備えて生まれ落ちたか，という自分で自律的に選択したのではない道徳的に恣意的な要因――剥き出しの運――によって左右されるべきでない。自律的選択の結果――選択された運によって――生ずる厚生や資源の不平等は許容されうるが，そうでない限り，財や幸福のデフォルトの分布は平等でなければならない。したがって，ある個人が自律を備えた「道徳的成人」に

---

5) 運の平等論については，たとえば瀧川裕英＝宇佐美誠＝大屋雄裕『法哲学』(有斐閣，2014年) 116-117頁以下を参照のこと。

達した時点で，開かれている人生の善さの見込みが平等でなければならない（それを人生を営む「元手」の平等と考えてもよいだろう）。幸福の見込みの平等を取るか資源の平等を取るかといった差異が陣営内で争われているが，運の平等論それ自体の理解にとって重要なのは，自律的選択とその結果を尊重しそこには再分配の要請を及ぼさない，という点と，個人の自律的選択によらない生得的な差異を再分配によって補填しようという発想である。この発想は，道徳的構成主義と重要な関連性を有している。道徳的構成主義の下で理性的人格たちが理性的人格であることのみによって正義の要求を同定することを考えれば，正義の原理は理性的人格にとって偶有的な非本質的特徴に依存することができないだろう。他方で，人格の自律は理性的人格にとって本質的に重要だろう。したがって，道徳的構成主義の下でなんらかの形態の平等主義が仮に正当化されるとしたら，そのような平等主義が自律の尊重と道徳的に恣意的な要因の除去という運の平等論の形態を取るだろうことは想像に難くない[6]。

　他方で，「反差別としての平等」を重視しつつ反差別の義務に基づいてある種の再分配を擁護する当為論的平等主義は，その立場から運の平等論を批判する。たとえば容貌に難がある人を考えよう。この人が容貌の難によって人々から交際を避けられてしまいそれゆえ人生の見込みが低下するとしよう。運の平等論はこの人の容貌を道徳的に恣意的な要因とみなし，この低下を（もちろん金銭的・物質的な）再分配によって埋め合わせようとする。だが，ここには酷い違和感があるだろう。運の平等論は「あなたの容貌は気味悪すぎるので，お付き合いはできません。しかし，それであなたの人生がうまく行かなくなるのはあなたのせいではありませんから，金銭的埋め合わせをしましょう。」と言っているに等

しい。我々が求められているのは「あなたの容貌は気味悪すぎるので，お付き合いはできません。」の部分を改めることであろう。我々には道徳的に恣意的な「抑圧」を除去する義務があるのであって，差別的抑圧が産物（厚生上の不利）を生み出すのを待った上でそれを補正するのは倒錯的である[7]。「反差別としての平等」に基づく分配的正義論は一般に道徳的恣意性の除去に反対するわけではないが，それを専ら分配的正義の問題として考えることを批判する。

この反差別的抑圧型の分配的正義論は，大屋「提題」の理路に大筋に於いて相似する見解を生み出しうる。財や幸福の分配に関してなにのゆえになにの平等を求めるかは民主的決定に委ねられ

---

6) だが，ここで注意をしなければならない。正義に適った世界に於いて道徳的に恣意的な要因を除去したときのデフォルト分布が厚生の見込みにせよ資源にせよその均等分布である，ということはなんら立証されていない。たとえば，デフォルト分布が功利主義的なものであってはいけないのだろうか。道徳的構成主義それ自体から後者ではなく前者こそを導くことは困難であるように思われる。もしデフォルト状態で理性的人格が一定量の分配に対する権利を有するとしたら公正性と普遍化可能性の要請から全ての理性的人格が同一の権利を有することになるだろう。だが，そもそもそうした分配への権利があるかどうかが問題にならざるを得ないのである。運の平等論は究極的には均等分布それ自体に道徳的意義があるという価値論的平等主義を密輸入しなければならないかもしれない。

7) この見解の主唱者は Elizabeth Anderson である。参照, E. Anderson, "What is the Point of Equality?" *Ethics* 109 (1999): 287-337。運の平等論に対しては，他にもたとえば Samuel Scheffler によって同様の批判が向けられている (cf. S. Scheffler, "What is Egalitarianism?" *Philosophy & Public Affairs* 31 (2003): 5-39)。

るべき事柄である。しかし，この民主的決定の正統性を確保する——諸主体がそれに服従する道徳的義務を負う——ためには，当該の政治共同体が成員をフェアに配慮することが必要である。そこでは反差別的抑圧の除去と，民主政という競技に於いて諸個人が対等なプレイヤーでありまたその競技結果が差別的抑圧とならないために必要な限りでの——我々がスポーツ競技においてプレイヤー間の身体能力の差異の存在を一般的にアンフェアであるとは思わない一方で身体障碍者にとってはアンフェアに不利であるとみなして障碍者スポーツに意義を認めることを思えば恐らくそこでプレイヤーが対等であるために必要とされる身体能力について採られているだろう充分主義的な基準と同様の——権利保障と分配的援助が要求されるだろう[8]。その上で，この充分主義的な分配の下で正統性を確保された民主政体に於ける集合的決定によって更なる再分配がなされるかどうかは政治の問題として民主政という競技の結果に委ねられる[9]。

このように考えてくると，分配上の平等の問題と集合的決定の正統性を支える反差別としての平等の問題は概念的には明瞭に区

8) この観点からは，大屋が挙げているLGBTの権利——たとえば同性パートナーとの婚姻能力——の問題は，民主的決定に先行してその正統性基盤として保障されていなければならないはずの事柄であることになるだろう。この権利保障と充分主義的再分配は，民主的決定に先行してその正統性基盤とそのための制約を与えようとする立憲主義の要請に該当する。この問題に関して，民主的決定に於ける利害関係者ではない人々の影響力が不必要に大きいとはしても，その解決は決定方式の不備の問題としてよりは民主主義を掣肘する立憲主義とその権利保障の問題として司法府こそが果たすべきものであることになるだろう。

分されねばならないが,決して独立の問題ではない。したがって,後者が前者に先行しそれを決定するという見解それ自体は——既に見たようにこの二つの「平等」の間の関係は大屋がそう診断するよりも複雑なものであるのだが——筋の通らないものではないだろう。

Ⅶ. 復路へ

本書もこれで折り返し地点に到達した。ここまでそれぞれの執筆は僅か3回に過ぎないが,それでも大屋の議論の底に流れるモティーフを感じ取ることはできる[10]。大屋の「個人」や「人格」に対する態勢——のひとつ——は第2テーマ「団体が,そして団体のみが」の大屋「応答」末尾:

---

9) このような見解の実例としてはたとえば, E. Anderson, "Justifying the Capabilities Approach to Justice" in Harry Brighouse and Ingrid Robeyns (eds.), *Measuring Justice: Primary Goods and Capabilities,* Cambridge U.P., 2010 を見よ。もちろん,分配的平等に関する正義論がそこで無意義になるわけではない。民主的な集合的決定に際して人々が理に適った選択をするためにはそれらの議論が人々によって適切に参照され議論されるべきであるだろう。むしろ,このようにして差別的抑圧が除去された環境でこそ,運の平等論はその欠点を解消し優れた分配的正義の構想として受け入れられることになるだろう。

10) 私の議論になにかそうしたものがあるかどうかはよくわからない。自分のことはよくわからないものである。

> あらゆる世界の見え方から中立な外部に存在する神の視点に立てばともかく、すでにある特定の世界（この私を含む世界）の内部にいる私の観点からは、この私の特権的な地位を前提にする以外の結論を取ることはできないのではないかというのが、もう一つの結論である。（傍点大屋）

に見て取ることができる。だがこのように自らの認識枠組によって世界の有様に必然性を押し付けようという超越論的な —— 時にほとんどカント的にも見える —— 方法によって近代的理念としての「個人」や「人格」を特権化する一方で、大屋が提題した第1テーマ「権利と人権のあいだ」がまさに人間と動物との差異を疑うものであったことを思い出そう。今回の大屋「提題」に於いても、大屋が超越論的方法によって「個人」と「人格」を特権化しさえすれば、「個人である大屋」の視点からは、政治的権利の人頭的均等配分を疑う理由はなかったはずである。懐疑主義者としての大屋は、正義論について —— どうせ成功する見込みのない —— 実質的な議論を提起することよりはそれが集合的に「決定」される局面により大きな関心を持っている[11]。アナキズムを退けるべく、大屋が根拠なき「決定」を支える正統性の源泉を抽象的理念としての「個人」と民主的決定に求めるとき、それらはまさに懐疑さ

---

11) 懐疑主義はともかくとして、この点は私達の双方が学恩を負う井上達夫の法哲学から大屋が引き継いだ —— そして私が引き継いでいない —— モティーフでもあるだろう。なお、この点に関しては大屋雄裕「『法という企て』—— 人格への卓越主義？」（瀧川裕英＝大屋雄裕＝谷口功一編『逞しきリベラリストとその批判者たち —— 井上達夫の法哲学』〔ナカニシヤ出版、2015年〕91-104頁）をも見よ。

れてはならない基盤として位置付けられ超越論的特権化の対象とされる。にもかかわらず，普遍化可能性を要求し普遍化不可能な差別を禁止する正義と公正性の理念によって，大屋は特権化された「個人」を自ら疑う。しかしまた同時に，正義と普遍化可能性に対する疑いがエゴイズムへの言及に於いて仄めかされもするのである（提題脚注3））。

なるほど哲学には懐疑がつきものである。私自身も —— 哲学研究者としてはむしろ極めて常識主義的な陣営に属すると思うのだが —— 他人から見れば不必要に懐疑的なのだろう。だが，こうした大屋の様々な懐疑の間に果たして一貫性があるのだろうか。大屋が「個人」や「人格」に基づく決定手続の正当性ないし正統性の基盤として決定者たちの「一貫性」を求めていたことを思い出そう。大屋は自身を「個人」ないし「人格」であると考えているのだろうか。或いは，その一貫性の不在すらも大屋の「個人」と「人格」に対する懐疑の実践的帰結なのだろうか[12]）。

---

12) 大屋の懐疑主義は大屋雄裕『法解釈の言語哲学 —— クリプキから根元的規約主義へ』（勁草書房，2006年）に於ける，語の「意味」とその「規範性」に対する懐疑に端を発している。大屋は「重要なのは，何も疑いから免れているわけではないが何かを疑うためには他の何かを基盤にする必要があり，すべてを同時に疑うことはできないということである」としているが（提題Ⅳ），大屋が各時点での懐疑の全体を通時的で「首尾一貫した integral」信念として保持する「個人」であろうとする限り，大屋の懐疑主義はまさにそのような全面的懐疑という不可能事をこそ大屋に要求するのである。

法哲学と**政治哲学**の対話

コメント

井上 彰

平等論と政治的権利をめぐって
―― 政治哲学の見地より*

I．平等をめぐる二つの問い

　平等ほど，今日の政治哲学で議論され，いまなお主たる争点となっている価値はないように思われる。平等が政治哲学の中心的論点となったのは，ジョン・ロールズの『正義論』(1971年)以降である。ロールズは，今日リバタリアンとされる自由のみを等しく保障する立場や総効用（ないし平均効用）の最大化を謳う功利主義に代わりうる正義原理を構築すべく，生来の能力差や社会的地位の違いを道徳的に恣意的な要因だとして，それらを原理選定にあたって排除しなければならないとする「公正としての正義」を提起した。「無知のヴェール」というロールズの代名詞ともなった

思考実験によって、正義の二原理が合理的に選定され、その下で諸々の権利や自由、機会、権力、所得、富、そして自尊（の社会的基礎）から成る「基本財 primary goods」が配分され、安定した秩序ある社会が実現する――以上がロールズの正義論の概要である。

大屋も援用するアマルティア・センの議論は、基本財を分配の指標とすることで財へのアクセシビリティの多様性が無視されてしまうとして、ロールズの正義論を批判するものであった（提題Ⅰ）。センのこの議論は、大屋が正しく指摘するとおり、「何の平等か」をめぐる論戦の土壌を築いた。かの「ケイパビリティ capability」は、基本財では反映しえない人間の「機能 functionings」の多様性をもふまえて打ち出された指標である。この平等の指標をめぐる論戦は、その後「資源」や「厚生（や有利性 advantage）への機会（アクセス）」をふまえた運の平等論の登場を経て、いまなお続いている[1]。

だが平等をめぐる議論は、この論戦だけで汲み尽くされるものではない。平等は「何の平等か」で問われる分配の指標のみならず、分配パターンの問題にも関わってくるからである。もし平等が道徳的に重要であれば、単に分配指標に照らして均一の保障を実現するだけでは不十分であり、それにより均等分配がどれだけ実現しうるのかも問われてくる。スーザン・ハーリィはそれを、平等に関する「パターン制約 patterning constraint」と呼んだ。それは、「ある原理が平等論としてみなされるためには、他の事情が等しい場合に、あるXについて、Xのあまり均等でない分配よりもより均等な分配を相対的に支持するものでなければならない」というものである[2]。

パターン制約が重要なのは、当の（正義）原理が平等論の範疇に

入るのかどうかのテストにもなりうるからである。たとえば，大屋が言うように「何の平等か」を軸にすれば，「効用において人を無差別に扱い・すべての人の効用に均等に配慮する」ことをもって，功利主義の正義構想を平等(主義)の一形態と捉えることも可能となる[3]。しかし，効用のカウントを無差別に行うことは，分配パターンの相対的な均等化を保障するものではない。むしろ分配パターンの相対的な均等化は，たとえば最不遇者への分配をそうでない者への分配よりも重みづけしてカウントした方が果たしうるし，現にその観点から，「優先主義 prioritarianism」や「十分主義 sufficientarianism」がわれわれの道徳的直観に適合する立場として提示されている[4]。

　以上をふまえると，大屋が提唱する平等論の構造転換(提題V)は，そもそも平等論を一つの問い，すなわち「何の平等か」のみに関わる立場として捉えることを前提としていると言えよう。これは，構造転換の目論見を説得的なものにするための矮小化を伴っているとの疑念を抱かせるものである。平等論の基本的な考え方からすると，大屋が言うところの「平等という概念の機能」は，分配パターンの問題に関与する点を無視しては汲み尽くすことなどできないからである。もちろん，パターン制約の道徳的重要性を否定する立場はありうるし，実際，価値論的にみれば，均等化のパターンそれ自体に価値を見出すことの困難性はよく知られており，平等論を正義論として正当化することは容易ではない。しかしその困難性は，平等概念が分配パターンにも関わってくる点を否定するものではない。

II. 投票権の平等をめぐって

　大屋が目論む平等論の構造転換が、私が言うように平等論の矮小化を伴うものであったとしても、大屋の積極的主張それ自体はそのことと切り離して検討されるべきである。実際、代議制デモクラシーの根幹を支えている投票権の平等を、「良き社会」を構想するうえで不適切と思しき要因を関わらせずに、一貫した判断を行うと想定される「（個人の）人格」によって根拠づけようとする試みは、オリジナリティに溢れる興味深い試みである。大屋の議論が標準的なものと異なるのは、個人の尊厳を前提に等しい地位を公的に保障するための投票権の平等という主張ではなく、むしろそうした尊厳が「良き社会」を構築するうえでの手段であるとする観点から投票権の平等を扱っている点である。すなわち、投票権の平等の道徳的意義は、個人の尊厳をその担い手とするのではなく、「良き社会」の構想によって担保されているのである。「（個人の）人格」は、投票において整合的な行動をとるように人々を縛る概念として規定されている。

　注目したいのは、大屋がこの主張を展開するにあたって、デモクラシーのあり方を検討するうえで「社会的地位や資源の差異」を不適切な要因として排除すべきだと考えている点である。この手続は、われわれが（無知のヴェールの背後に置かれることにより）平等な当事者となることで、正義原理を公正に選定しうるというロールズのものと大きく重なる。問題は大屋が、そうした要因の排除を正当化するものとして、いかなる「良き社会」の構想を考えているのか、である。先にみたようにロールズは、生来の能力差や社会的地位の違いが正義原理の選定に関わってこないようにすべきだと主張した。その理由は、最不遇者も含めたすべての人

に理に適ったものとして受け入れられる正義原理でなければ，秩序ある社会は安定的なものにならないからである。大屋の場合はどうだろうか。

　ここで注意しなければならないのは，「良き社会」はわれわれが探求すべきものであって，その責任ある実践を導くのが（「人格」の構想によって支持される）投票権の平等である，という論法は使えない点である。それは循環論法である。（「人格」の構想を経由しての）投票権の平等は，大屋の議論において正当化する当の対象だからだ。それゆえ，大屋は「良き社会」の構想を提示する必要がある。

　翻って，安藤はこの投票権やデモクラシーについて，どのような議論を展開するのだろうか。功利主義者を自認する安藤が，ロールズのような契約当事者の道徳的地位を所与とする議論に訴えるはずがない。そのことは，彼の快楽説ベースで保障される政治的権利の位置づけにもあらわれている。その権利の主体は，あらゆる「受苦的存在者」である。それゆえ，成人だけでなく子どもや動物の快苦をそのままカウントし，その評価に照らして権利を保障する制度的仕組みが求められることになる。このときどういう政治的権利が，どのような仕組みの下で保障されるのだろうか。たとえば，快苦の大小に従って政治的権利のあり方が決まるとしたら，投票権の不平等を前提とするデモクラシー（？）のようなものが，安藤にとって望ましい政治制度になるのだろうか。

＊本研究は，JSPS 科研費 16K13313, 15K0202
　および 26285002 による研究成果の一部である。
1）詳しくは，井上彰「運の平等と個人の責任」橘木俊詔＝宮本太郎監修・後藤玲子編著『正義』（ミネルヴァ書房，2016 年）157-167 頁，159 頁以下を参照されたい。

2) S. L. Hurley, *Justice, Luck, and Knowledge*, Harvard U.P., 2003, p. 147.
3) 現にそれは，ウィル・キムリッカの主張でもある。参照，ウィル・キムリッカ（千葉眞＝岡﨑晴輝訳者代表）『新版 現代政治理論』(日本経済評論社，2005 年) 第 2 章。
4) 優先主義，十分主義については，広瀬巌（齊藤拓訳）『平等主義の哲学――ロールズから健康の分配まで』(勁草書房，2016 年) 第 4 章，第 5 章を参照されたい。

リプライ 1

大屋 雄裕

　紙幅の制限（と筆者の能力の限界）から，本稿が平等論を矮小化しているという指摘については認めざるを得ない点があろうと思われるのだが，ただパターン制約を根拠とする批判については率直に言って理解しかねるところがある。評者はパターン制約を考慮しないと功利主義が平等論の一構想になってしまうから問題だと主張するのだが，功利主義を「効用計算において参入・配慮される可能性」を分配する基準として考えればまさにその均等な分配を支持するものであり，パターン制約を満たすということになるのではないだろうか。無論，ここで言う平等な配慮に基づいても集計最大化のみが目的となるのであり，効用のより均等な布置

がもたらされないのは間違いない。だがそれがパターン制約に抵触するというのは，配慮される地位ではなく効用の量的分配が平等の基準になるべきことが暗黙のうちに前提されているからではないだろうか。仮にそうだとするならば，それは「何の平等か」の結論を先取りすることでその問題の範囲を制約しようとする循環論法に陥っているのではないだろうか。そもそも功利主義を平等論の1パターンとして理解しようというのは（評者の言及するキムリッカだけでなく）セン自身が主張した立場であるということも注記しておきたい。

その上で，筆者の主張を評価していただきつつ「良き社会」の構想は何かと問われている点に進むが，実のところこの点については評者が「使えない」とされている循環論法が想定されているとお答えすることになるだろう。この点については，ケルゼンやハートも採用したように，「概ねそのようなものを受け入れてこの社会が機能しています」という意味での実効性が基礎に置かれるという法哲学のある伝統を継承していると目くらまし的に答える方法もあるだろうが，より理論的にはそもそも筆者が基礎付け主義全体を否定し，議論が循環しつつ再検討や批判にさらされて変化していくというモデルを採用していること[1]，実際にも社会制度はそのように変革されるものである／でしかないと指摘していること[2]，そもそも我々は特定の論理的循環のなかにすでに生きている存在であり，それと無縁にまったく自由な立場で立脚点を選択できるわけではないと考えていること[3]をご参照いただければと思う（それが評者にとって満足のいく回答ではないという可能性については，十分に覚悟している）。

1) 大屋雄裕『法解釈の言語哲学——クリプキから根元的規約主義へ』(勁草書房, 2006 年) 4.1.2 節。
2) 大屋雄裕「配慮の範囲としての国民」中野剛志編『成長なき時代の「国家」を構想する——経済政策のオルタナティヴ・ヴィジョン』(ナカニシヤ出版, 2010 年) 171-185 頁。
3) 大屋雄裕「功利主義と法——統治手段の相互関係」日本法哲学会編『功利主義ルネッサンス——統治の哲学として(法哲学年報 2011)』(有斐閣, 2012 年) 64-81 頁。

リプライ 2

安藤 馨

パターン制約について

　まず井上が指摘する, 任意の平等論が充足すべき極小条件としての「パターン制約 patterning constraint」について考えよう。この概念をスーザン・ハーリィが持ち出したのは, 私が応答でも触れた「運の平等論」に対する批判の文脈に於いてであった。当人の責任に帰することのできない運は道徳的に恣意的であってそれが諸個人の生に与える影響は無効化されなければならないという「運の中和 luck-neutralisation」という理念が運の平等論の核心で

ある。だが,ハーリィは運の中和という理念それ自体はパターン制約を満たすものではなくそれ自体としてなんら平等主義を正当化するものではないとし,運の平等論の支持者は平等要求に対して独立の正当化を与えなければならないと指摘したのであった(ハーリィには言及しなかったがこの点は応答注 6)でも触れた)。こうしたハーリィの目的から言っても,大屋の立場に対してパターン制約からの批判が突き刺さるかどうかは疑われてよい[1]。実際,もし大屋が政治的権利の分布を平等化しようとしているのだと理解するならば,ロールズの正義の二原理がその第一原理(平等な基本的諸自由)に於いて政治的権利の分布を平等化しようとしていることがロールズの理論の平等主義的性格を基礎付けていることを否定し難いのと同じ理由で,大屋の見解の平等主義的性格も否定し難く思われるだろう。

やはり平等論ではない

　他方で,功利主義が平等論の一類型であるという(センに依拠した)大屋の指摘にも問題がある(提題Ⅰ)。我々は万人の生を等しく重要なものとして考慮すべきであり,それゆえ万人の幸福,すなわち幸福の総和集計を増進すべきである,という功利主義——当為論的功利主義——を考えよう。当為論的功利主義は確かに人々に平等な配慮を与えようとする平等主義の一類型かもしれない。これに対して,幸福は善いものであるから,したがって世界に存在する幸福の総量を増大させるべきである,という功利主義——目的論的功利主義——を考えることができる。この目的論的功利主義は見ての通りなんら平等主義的でない。この立場

は、幸福を世界に増大させるためのいわば「容器 receptacles」として人間を扱っているのであり、幸福の増大に必要な限りで人間を世界に作出しようとするのである（作出された結果だけを見れば人々が等しく配慮を受けているように見えるだろうが）。だが、そうだとすると、大屋の「人格を作出しよう」という構想（提題V）が実はその根本的性格に於いて目的論的功利主義と親しいことがわかるだろう。それは人格の作出に先行して存在する諸対象に対してしかるべく等量の人格的尊厳を保有せしめようという構想ではなく（そもそも大屋の描像の下で平等な人格たちの作出前の彼らは事実としても権利としても平等ではない）、差異を捨象された諸人格の作出そのものを目的としており、ホモ・サピエンスたちはこの作出のために必要とされる「容器」に過ぎないからである（結果として作出された人格たちは差異を捨象されているために平等に見えることになる）。とすれば、実は井上の懸念は正しかったのではないだろうか。大屋の「平等論」は、目的論的功利主義が平等論でないのと同じように、平等論ではないように思われるのである。

功利主義と民主制

次に井上が私に問うている功利主義と民主制の問題に触れよう。民主制や立憲主義のような政治体制の基本構造の問題について何事かを主張する際の（法哲学研究者としての）私の立脚点は大きく二つに分けられる。ひとつは当然ながら、自分自身の正義論（＝功利主義）であり、もうひとつは、そのような正義論の外側から、そのような正義論を採用することもできれば採用しないこともできるような人格としての私にとって民主制や立憲主義がどの

ように望ましいかを論ずる立場である。後者については第5テーマのリプライに譲るとして、ここでは井上の求め通り前者から民主制について言及しよう。

　私は功利主義の中でも、最大化されるべき幸福の正体を快楽であるとする快楽説的功利主義を採用している。だが、その快楽説は感覚的快楽説ではなく態度的快楽説と呼ばれる立場であって、志向的な命題態度の能力を経験主体に要求するから、快楽経験を帰属できる対象が比較的限定されることになるだろう。その上で、一定のホモ・サピエンスでない動物たちが道徳的考慮の範囲に入ってくるのはその通りである。だが、そうした動物たちに現在の我々が知るような投票をさせることは不可能であるから、動物たちは普通選挙が達成される前の女性や現在の幼年者たちと似た地位にあり、しかも幼年者の場合と違って——私は選挙権・被選挙権の年齢制限撤廃を主張しているのだが[2]——この問題は解消し得ない。女性や幼年者の利益を家族内の成人男性が代表するという古典的な理窟の欺瞞は明らかだが、非ホモ・サピエンス動物に関してはそもそも投票行動が不可能である以上、致し方のないことである（不可能なことを為すように義務付けることはできない）。

　さて、仮に科学技術の発達によって快苦の量を測定するある種のセンサーが開発されたとしよう。この場合、このセンサーはホモ・サピエンスでない動物にも利用できるかもしれず、また快苦の量が測定できる以上、この情報を用いない理由はないから、一人一票制は棄却されなければならない。だが、そのような技術が存在しない現状で（或いは存在するようになった後でも）、功利主義は一人一票制を必ずしも消極的にのみ支持するわけではない。古典的功利主義の代表者ジェレミー・ベンタムは、その代表民主制構想に於いて、一人一票制の集計を私益の総和ではなく様々な私

益を有する人々に共通の普遍的利益——各個人がそうした様々な私益を達成する際に前提として普遍的に必要とする社会的諸条件——を示すものとして捉えていたことが知られている[3]。そのベンタムの代表民主制構想はまた、悪しき為政者の馘首を中核的理念とする、いわゆる批判的民主制であったが、私も現状ではその顰に倣って一人一票の代表制を伴った批判的民主主義を功利主義に基づいて、とりあえず一応は支持可能なものだと考えている[4]。

> 1) 細かいことだが、井上が優先主義と充分主義をパターン制約を充足する平等論の類型としていることはやや奇妙である。パターン制約は「平等論は相対的平等(relative equality)を支持事由(favourer)としなければならない」というテーゼだが、通常の優先主義と充分主義は絶対水準に依拠しており相対的格差すなわち不平等をなんら気にしていないからである。充分性閾値以上での充分主義はパターン制約を明らかに満たさないし、優先主義がパターン制約を満たすかどうかも疑わしい。功利主義は経済的資源の限界効用逓減に基づいて資源の平等分配に好意的だから平等論の一種だ、と言えるだろうか。もし井上が功利主義の平等論的性格を否定したいならば、優先主義についても事情は同じである。優先主義は福利の限界道徳的価値逓減に基づいているのであって、それが福利の平等をもたらすように見えても、井上はそのことによって優先主義に平等論的性格を認めるわけにはいかないだろう。
> 2) 参照、安藤馨「世代間正義における価値と当為」杉田敦編『岩波講座現代(4) グローバル化のなかの政治』(岩波書店、2016年) 31-52頁、37-40頁。
> 3) たとえば、John Bowring ed., *The Works of Jeremy Bentham*, (Simpkin, Marshall & Co., 1843), vol. ix, p. 127 を参照。
> 4) 参照、安藤馨「統治と監視の幸福な関係——ベンタムの立憲主義を巡るひとつの非歴史的随想」深貝保則 = 戒能通弘編『ジェレミー・ベンサムの挑戦』(ナカニシヤ出版、2015年) 310-331頁、322-330頁。

第4テーマ
法と危険と責任と

提 題

安藤 馨

I. 不能としての未遂

　刑法から話を始めよう。「不能犯」は犯罪の企行の中でもその意図された犯罪の結果を生じせしめることが不可能であるような場合を言うのであった。不能犯の可罰性を巡っては様々な議論があるところだが，その処罰を回避すべき最も典型的な例として迷信犯が挙げられるということもよいだろう。いわゆる「丑の刻参り」のような呪術的手段を以って人を殺そうとした場合に，この呪術的行為が可罰でないのは，それが企図された結果──対象の死──をもたらすことが不可能であり，それゆえなんらの危険性も有しないからだとされるだろう。まず，ここでの「不可能」が「論理的不可能性」ではないことに注意しなければならない。丑の刻参りによって対象者が死ぬ──呪殺される──という事柄それ自体には「独身者の配偶者」の如き概念的矛盾があるわけではないからである。したがって，それはこの現実世界で成立している自

然法則の下で生じ得ない，という「法則論的不可能性」の問題でなければならない。

　だが，もしそうだとすれば，そもそも未遂犯一般がこの意味で結果を発生させることが不可能であって，不能犯であることになるのではないだろうか。未遂に畢った企行について考えよう。この行為の結果がどうなるかは行為時に自然法則によって決定されているのだから，実際にそうなった未遂という結果以外の結果は，この行為からは自然法則上生じ得なかったはずである。ということは，この企行は丑の刻参りとまったく同じ様態で危険性を欠いていることになるだろう。もし危険性が欠けることによって迷信犯の可罰性が否定されるべきなのだとすれば，およそ未遂犯一般の可罰性が否定されるべきだということになる。

　ここで我々の取りうる選択肢は三つあるだろう。第一に，未遂犯一般が不能犯にほかならないとしつつ，後者に合わせておよそ未遂の可罰性を否定する。第二に，未遂犯一般が不能犯にほかならないとしつつ，したがっていわゆる不能犯も未遂犯一般と同じく処罰すべきだとする。第三に，未遂犯一般と不能犯との間に「危険性」に係るなんらかの差異を見出し，なお前者が不能犯とは違い処罰に値すると主張する。

　第一の選択肢は一見すると馬鹿げているように見えるが決して捨てたものではない。実際のところ，既遂だけを処罰するとしてもその刑罰の程度を必要なだけ強くすれば予防効果には違いは生じないだろう。また，私法についてはある行為によって他者の財産権を侵害しようとした場合でも実際に侵害という結果が生じない限りは損害賠償義務が生じないことを考えてみれば，私法はいわば既遂についてのみ国家権力の発動を許していることになる（仮に私法に刑法に類した抑止効果を求めるとしても懲罰的損害賠償

でよいだろう）。そうだとすれば，刑法もまたそうであってはならない理由があるだろうか。とはいえ，ここではこの選択肢を脇に措いておこう。

　第二の選択肢もまた決して不合理なものではない。たとえば，禁じられた行為の企てこそが刑法規範に対する違背として違法であるとすれば，それはそれ自体としては結果発生如何とは関わりのない事柄だからである。処罰の根拠を法規範の命令に違背して行為しようとしたその意志に求めるならば，これは筋の通った見解である。実際，刑法学説・刑事実務に於いて死体に対する殺人未遂の成立と可罰性を認める諸国が多くあることを考えればこの見解は ── 未遂犯を不能犯であると殊更に言い立てるかどうかはともかく ── 既に実質的には広く採用されているといってもよいだろう[1]。ただし，この場合には理論的一貫性を保持しようとする限り迷信犯をも処罰しない理由はないし，場合によっては幻覚犯の処罰をも要求することになる。

　さて，もし仮に，迷信犯のような典型的な不能犯の処罰を避けつつ未遂一般の処罰の正当性を確保しようとするならば，どのような論拠が提出されうるだろうか。まずはこの問題を最初の手がかりとして，可能性と危険性・責任の絡み合いとそれが法制度全体の構想にどのように関わってくるかを瞥見することが，本稿の企図するところである。

II. 傾向性としての危険性と反事実条件文

　典型的な殺人未遂と丑の刻参りとの違いはどこに求められるだろうか。最も直観的な回答は，前者が（他者の生命を害するという

ことについて）危険であるのに対し，後者はなんら危険ではない，というものだろう。だが，既に見たように，ある具体的な殺人未遂の行為がまさに自然法則によって未遂に畢るほかないのであってみれば，およそ未遂に畢る行為にはそもそもなんらの危険性もないではないか，という点が問題なのであった。

1. 行為の傾向性とその問題

しかしながら，自然法則とこの両者の関係をもう一度詳しく考えてみるならば，付け入る隙が見つかるかもしれない。丑の刻参りは，この私達の現実世界と同じ自然法則が成立している限りどのような世界でも，対象の死という結果を惹起し得ないであろう。

> 1) フランスの場合，死体に対する殺人企行を可罰とした破毀院判例がある（Crim. 16 janvier, *Bull.* no 25, D. 1986, p. 265）。19世紀末までは不能犯を広く認めつつ一律不可罰とする学説が大勢を占めていたところ，後にまた触れるレモン・サレイユ（Raymond Saleilles）が1897年に発表した論文「未遂，とりわけ現実化し得ない未遂についての試論」(«Essai sur la tentative et plus particulièrement sur la tentative irréalisable» *Revue pénitentiaire*（Bulletin de la Société générale des prisons. Janvier et février 1897）: 53-88, 321-357）がその後の学説が不能犯の可罰性を広範に認める「主観説」へ転換した嚆矢とされる（参照，青木人志「レイモン・サレイユの不能犯論」一橋研究13巻1号〔1988年〕21-38頁）。この論文でサレイユは主観説を主張する観点として新派の基本的主張，すなわち社会にとっての危険に対する社会防衛の必要性と，行為ではなく行為者とその悪しき性向に注意を払うべきこととを挙げている（p.62）。なお，イタリア刑法（49条）は不能犯を不可罰としつつ，判事が保安処分を命ずることができる，という二元論的対応を取っている。

自然法則が現実のそれと同じものである限り、丑の刻参りがどのような状況でどのような様態で遂行されたとしても、対象の死が惹起されることはないだろう。これに対して、ある殺人未遂の行為——たとえば暗殺者が対象の住む家の外から対象のいると目される部屋に向けて発砲したが対象は隣の部屋におり死を免れた——は、仮にその行為の状況が異なったり（たとえば対象が狙撃された部屋にいた）、その行為の様態が異なったりした（たとえば当該の部屋ではなく隣の部屋を狙撃していた）ならば、対象の死という結果を惹起していただろう。つまり、丑の刻参りと失敗した暗殺は「自然法則が保持されたとして、もし当該行為が〜であったならば、当該結果が生じたことだろう」という反事実条件文について異なった挙動を示すのである。現実の暗殺企行と自然法則から暗殺の失敗が自然法則によって決定されている以上は、当該企行が失敗しないことはあり得なかった。なるほどここでは企行の失敗は自然法則のみならず現実の行為の状況・様態と自然法則という二者によって決定されているのだが、しかしながら反事実条件法はまさに「その行為が現実のようではなく云々であったならば〜」という仮設を置くことによって前者の成立を排除するので、自然法則を保持したままでもなお「云々の結果が実現したことだろう」という帰結部が導かれうるのである。

　だが、反事実条件文の成立と危険性の間に何の関係があるのだろうか。この問いは反事実条件文と「傾向性 disposition」の関係を考えることによって明らかにすることができる。グラスの「割れやすさ」を考えよう。ガラス工芸家が溶融したガラスを吹いてグラスを成形し24時間冷却してグラスを制作する。3日後、そのグラスが気に入らなかった工芸家がグラスを炉に投じて融かしてしまう。さて、このグラスは誕生から消滅のどこでも割れたこ

とはない。しかしグラスの生存期間の間，このグラスは —— まさにガラス製であることによって —— 割れやすかっただろう。それは仮に工芸家が取り落としたり犬がじゃれついたりしたとすれば割れたことだろう。何かがある一定の状況に出くわしたときにある一定の振る舞いをするということを「傾向性」という（その代表例としてたとえば可燃性を考えてみよ）。現実に割れることなく生涯を終えたグラスもその全生存期間を通じて割れやすかったのである。割れやすさという傾向性のゆえに我々はガラス製品を丁寧に取り扱うのであり，対象の傾向性は我々に一定の行為を為すべき理由を与える[2]。さて，ある対象の傾向性は現実の振る舞いではなく，反事実的状況での振る舞いによって決定され，それゆえ，対象の傾向性の有無は反事実的条件文「もし云々の状況に出くわしたならば云々の振る舞いをしたことだろう」の真偽如何に対応する。同様にして「もし云々の行為が云々の状況・云々の様態で行われたならば，対象の死が生じたであろう」という反事実的条件文が成立したならば，当該行為には「対象の死をもたらす傾向性」があると言えることになるだろう。これこそが，暗殺行為がそれを備え他方で丑の刻参りがそれを備えないような，行為の「危険性」であると言ってよいように思われる。暗殺の失敗と丑の刻参りについての処罰の差は，処罰の正当性がこうして解明された「危険性」に基礎付けられるとすれば，うまく説明できることになるだろう。

> [2] 現実には割れていないのだから割れやすかったかどうかなど知れたものではないではないか，と疑う向きには普段自分がガラス製品をどのように取り扱っているかを自省してもらいたい。傾向性の存在を口先だけでなく本心から疑っている人間の行動はおそらく普通の人間には殆ど理解不能である。

さて,大変に残念ながらこれで話がめでたく終わるわけではない。グラスの場合,あるグラスについてその同じグラス──或いは分子レベルでの物理的な完全な複製──がもし衝撃を受けたとしたならば割れただろう,ということができる。だが,「行為 action」はどうだろうか。行為は行為者をその構成要素に含むような「出来事 event」である。だが,ある時空領域を占める出来事と同じ出来事或いはその精確な物理的複製を考えてみたときに,その出来事が元々の出来事と別の空間位置・別の時点・別の様態・別の状況で存在できるものだろうか? 出来事の複製はまさにその出来事全体の複製として現実の出来事のそれとは決して異なったものにはなり得ないのではないだろうか。もし仮にそうだとすれば,出来事についての反事実条件文が最初から無意味なのではないか,という懸念が生じてきかねない。いまや,ある出来事とある出来事とが「同じ」出来事であるとはどういうことか──そしてある出来事が可能世界間で異なった様態や状況を有しつつ貫世界同一性を有しうるか──を巡る出来事の「個別化 individuation」という形而上学的難問が現れてくる[3]。たとえば,「失敗した暗殺企行がもし云々であったならば暗殺に成功していただろう」という反事実条件文で,当のその──云々であるという様態の修正を被った──成功した企行がもはや現実の失敗した企行と同一の行為ではないとすれば,それは現実の企行とは別の行為なのだから,現実の企行の有する傾向性の基礎にはなり得ないだろう[4]。

2. トークンの危険性からタイプの危険性へ

　失敗した暗殺と丑の刻参りを安全に区別したいと思うならば,この難問を──解決しようとするのではなく──回避する必要が

ある。既に見てきているように，ある特定の失敗した暗殺企行の危険性について語ろうとする限りその行為の反事実的状況下での挙動が問題になり，「その失敗した暗殺が成功する形で様態を異にしながらなお同じ暗殺行為だと言えるのはどのようなときか」という出来事個別化問題が回避できない。だが失敗したものも成

> 3) たとえば「もし私が数学者だったとしたら〜」という反事実条件文が意味を成すように思われる一方で，「もし私がテーブルだったとしたら〜」は意味を成さないように思われるだろう。「私は数学者であり得た」という主張はある可能な世界 —— 世界がそのようでありうるような諸々の様態のいずれか —— で私が数学者であるということであるが，この可能世界の数学者である私と現実世界の数学者でない私とが「私」であって，数学者である私のお蔭で現実の世界のこの私が「数学者であり得た」ことになるような，そういう「私」としての同一性を「貫世界同一性 transworld identity」という。私が持つ性質の内で，それを失うと貫世界同一性を失ってしまうようなものが，私の「本質 essence」であることになる。問題は，行為と出来事の「本質」はなにか，ということである。

> 4) 出来事が時点や様態についての修正を受けることによって同一性を失う場合，それらを「脆弱 fragile」であると言い，そうでない場合を「堅固 robust」であると言う。もし出来事が極大に脆弱であれば，いかなる修正も出来事の同一性を失わせる。この見解を採用すると —— およそ出来事が有する内在的性質は常に必然的性質になってしまうので —— 出来事についての反事実条件法が役に立たなくなる。その限りで極大脆弱説には採用しにくいところがある（とはいえ極大脆弱説以外にまともな基準を見つけることも難しいのだが）。したがって，微細な差異は出来事の同一性を破壊しないものと考えたくなる。しかし他方で，注目している因果的帰結の重大な相違をもたらすような原因の様態の相違は，まさにその事によって重大な相違として原因の

功したものも含めた暗殺企行一般の危険性について語ることはできるだろう。行為者が為し得た様々可能な様態での暗殺の企行の集合を考えよう。これらの企行の中に成功裡に終わるものが（多く）あれば，この行為者の暗殺企行は一般的に危険である。ある特定の行為——これを行為トークンという——の傾向性としての危険性についてではなく，ある一定の行為一般——これを行為タイプという——の危険性について語る限りは個別化問題を直接に扱う必要はなくなる。要するに行為トークンの危険性について語るのをやめてしまえば，傾向性というものについてまわる反事実条件文が惹き起こす出来事存在論の問題は回避できるのである。私がある行為を遂行したときにその行為が危険な行為タイプに属していることをその行為に関する私に対しての処罰の正当化根拠とすればよいのであって，結局のところ行為の危険性を語るのに当該の行為の傾向性と反事実条件法など持ち出す必要はなかったのだ……。

> 同一性を破壊するように思われるから，未遂を既遂にしてしまうような様態修正は行為の同一性を破壊してしまうように思われるのである。またそもそも，出来事に本質を認め微細な変動を許すと「再利用問題」といういわゆる「テセウスの船」問題に類似した問題が出来事について生ずるため，出来事は極大的に脆弱でなければならない，という指摘が為されている (cf. C. Vance, "The Recycling Problem for Event Individuation," *Erkenntnis* (2015, online))。近年の因果論では因果関係の関係項を出来事（だけ）ではないものとすることによって反事実条件法につきもののこの脆弱性問題を迂回しようとする傾向が見られる (cf. L. A. Paul, "Aspect Causation," *The Journal of Philosophy*, 97 (4) : 235-256 (2000) and J. Schaffer, "Contrastive Causation," *The Philosophical review*, 114 (3) : 327-358, *see* esp. 332-336 (2005))。

さて，読者も薄々感づいていることだろうが，誠に遺憾ながらそうすんなりと問題が解決されたりはしない。私が失敗に畢る暗殺を企行する。私の暗殺の意図によって惹起されたのはあくまでも危険な行為タイプに属する行為トークンであって，これはそれ自体で危険な行為トークンであるわけではない（それは危険であるかもしれないしそうでないかもしれないが我々はいままさにその問題を扱うことを回避しようとしているのである）。行為タイプの危険性──それはその行為タイプに属する諸行為のうちで成功裡に死を惹起する行為トークンに本質的に依存している──は，その行為タイプに属するものの中で失敗に畢る行為トークンを遂行した現実の私と因果的に結びついているわけではない。行為タイプの危険性を私に対する処罰の根拠にしたいならば，私とその危険な行為タイプ──なかんずくその行為タイプの危険性の基盤である成功的トークン──との間の因果的関係こそが必要なのである。我々が惹起できるのは行為トークンであって，あくまで抽象的対象である行為タイプではない──危険な行為タイプそれ自体を惹起するということはできない──し，現実の私は成功した暗殺という行為トークンをまさに因果的に惹起し損ねるからこそ暗殺に失敗するのだから，およそそのようなことが可能かどうかが問題にならざるを得ないだろう。
　だが，ここでグラスの事例を思い出そう。問題のグラスは現実世界に於いては全生存期間に於いて割れない。しかし，それは「もし衝撃を加えられたならば割れたであろう」という形で反事実条件的に割れる。この反事実条件下でのグラスの挙動と現実のグラスに因果的結びつきがあればよいわけだが，実際のところそれを探し当てることはなんら難しくない。グラスの割れやすさという反事実条件的挙動はまさにグラスが二酸化珪素の非晶質構造の薄

い曲板によって構成されているという物理的性質を基盤としており、現実のグラスのこの性質が反事実条件下での挙動を因果的に実現しているのである。同様に、反事実条件下での成功的暗殺の因果的基盤であるような現実の私の性質 —— 私の身体的状態や技能や脳の状態としての性格特性 —— こそが、危険な行為タイプと私の因果的関わりを確保し、現実には失敗した暗殺行為を行った私に対する処罰を正当化する。行為タイプの危険性が処罰を正当化するということは、要するに、現実に遂行された未遂的行為ではなく行為者の傾向性としての危険性こそが行為者に対する処罰の正当化根拠になるということである。現実に遂行された未遂的行為トークンは、私がそのトークンが属する危険な行為タイプへの一般的傾向性を有していることの認識的根拠となるに過ぎない。

3. 新派刑法学の帰還

　読者は遠い記憶の中にこの見解を微かに見出すことができるかもしれない。刑法総論の教科書の最初に決まって触れられつつ、また決まって —— 殆どの場合にはそうすることの実質的根拠がまともに示されることすらなく —— 抛擲されるだけの不人気な新派刑法学こそがそれである[5]。だが、まさにここまで見てきたように、迷信犯と典型的な未遂の間に処罰の正当性に関する差異を見出そうとすれば我々は行為者の危険性を科刑の根拠とする新派的描像に行き着かざるを得ない。この結論を懼れてやはり行為トークンの危険性に依拠すべきだったのだと出来事の個別化問題という我々が回避した形而上学の藪に足を踏み入れようとしても無駄である。もし形而上学的曲芸を巧妙にやってのけたとしても、暗殺対象の死という結果発生に対する現実の未遂的行為トークンの

傾向性としての危険性が処罰の正当化根拠になるとすれば，成功する可能性のある暗殺企行に及ぶ傾向性という行為者の危険性もまた対象の死を招く危険性としては同じものなのだから，処罰の正当化根拠にならざるを得ないだろう[6]。どの経路を辿ろうとも，未遂処罰の正当化根拠を行為の危険性に求める限り行為者の危険性が刑罰を正当化することを妨げることはできない。結局のところ，未遂の全面的不処罰を伴う行為の処罰か，迷信犯を含む結果と関係のない悪しき意志それ自体の処罰か，行為者の危険性の処罰か，の何れかを我々は選ばなければならないのである（そして功利主義者としての私は行為者の傾向性を刑罰によって展望的に統制しようとするものとして最後の選択肢が最も適切なものだと考えている）。

5) 残念ながら一般に「新派刑法学」は様々な主張のパッケージであって，個々の論者の見解に本質的共通点があるというよりはむしろ家族的類似に基づいて成り立っているものである。私がここでまず指そうとしているのは，行為自体ではなく行為者の傾向性 —— 性格的特徴は傾向性の代表例であるが —— に国家の刑事権力行使の正当化根拠を求めようとする立場のことである。その上で，ここでの私の立場からは，たとえば呪殺を請け負うことを生業にしている呪術師は反社会的性格を有しているかもしれないが，手段として呪殺のみにしか訴えない限りはなんら危険性を持たないから処罰は必要がないと考えることになる。また，通常手段による殺人に及んだ場合の処罰を恐れて呪殺を試みる迷信犯も，そこではまさに刑法による一般予防が適切に働いているのであって，その結果として呪殺という客観的に危険性のない手段へと退却している以上は処罰を要しないことが普通だろう。なお，参照，宮本英脩『刑法學綱要（第三分冊）』（弘文堂書房，1928 年）450-452 頁。

III. 決定論と規範的評価

　歴史的には19世紀末以来，新派刑法学は生物学的決定論・社会的決定論などの人間の行為選択に関する種々の決定論を背景として提唱された。前節までの議論は，ある状況での行為の結果がその行為と自然法則によって決定されるということを基点としているが，そこでは行為者の行為選択それ自体が先行する世界状態と自然法則によって決定されるという立場が採られているわけではなかった。むしろ行為選択が自然法則によって先行して決定されていない——そして自由意志によるものである——場合でも行為者の危険性こそが刑罰の正当化根拠であるという新派刑法学的見解が正当化されうるということがそこでの議論の要諦である。決定論如何に拘らず刑罰についての新派的描像がどうせ回避できないのだとすれば（この点はいわゆる「柔らかい決定論」を採ったと

> 6) 一方は危険な「行為」であり，他方は危険な「人格」であるという点に違いを求められると思うかもしれない。「刑罰」は「行為」に対して科されるものであって「人格」に対して科されるものではない，と。だがそうだとすれば，第一に，そもそも行為主義が同じ危険性を有する二つの事物の間で取扱いを違えるとしたら，それはむしろ行為主義の誤りを示すものである。論点先取でないやり方で行為主義者がこの相違を正当化できるとは思えない。「刑罰」の概念がそれを要求するのだというならば，人格に対しても科されうるような，より広汎な概念を作出すればよいだけである。それは名目上の問題に過ぎない。第二に，行為主義者がもしどうしてもそれがいやだというのであれば，たとえば団藤重光のいわゆる「人格形成責任論」のような立場を採って傾向性形成責任を問えばよいだけである（行為主義者にそれを拒絶する論点先取でない理由があるとも思えない）。

しても変わらない），それを恐れて敢えて決定論に関する諸問題を回避しようと試みる理由もなくなるだろう。

そこで，我々に如何ともしがたいような過去の世界状態——たとえば人類発生前のそれ——と自然法則から世界の状態が将来に至るまで如何ともしがたく決定されているという「法則論的決定論」を採用するものとしてみよう。決定論が責任や自由意志の問題にどう関わるのか。それには，次の「他行為可能性原理 principle of alternative possibilities: PAP」：

> 行為者 S が行為 ϕ について自由に——特に自由意志によって——それを為したといえるのは，行為時に S が ϕ しないことができたときに限られる

に加えて自由意志と責任とを結合する原理：

> 行為者 S が行為 ϕ について責任を負うのはその行為が自由に——特に自由意志によって——それを為したときに限られる

を考え併せれば，行為選択が事前に決定されているという決定論が責任の存立を脅かすことが容易に見て取れるだろう。決定論と自由意志・責任の存在が両立不可能であるという見解を「非両立論」といい，両立可能であるという立場を「両立論」というが，多くの両立論者は（PAP）を拒絶することによって，決定論の下での責任の存立可能性を確保しようとする[7]。（PAP）が正しいかどうかを巡っては膨大な議論があるところだが，ここでは——かつて新派刑法学がそう考えたように——非両立論が正しいとしてみよう[8]。

決定論の下で行為者が自身の行為に責任を負うということがあり得なくなる——それゆえ誰も自身の行為について非難もされ得ず称賛もされ得なくなる——としたら，なにが困るのだろうか。もちろん「応報 retribution」のような観念は応報の対象となる行為が非難可能であることを前提としているし，刑罰の正当性を行為者の非難可能性に基礎付けようとする立場も困難になるだろう。だが，逆に言えば決定論は責任の存在を前提とするような規範的評価以外には影響を及ぼさない。たとえ決定されているとしても親切な人が親切でなくなるわけではなく，ある人の親切さというものが世界をより幸福にするような善い傾向性であること

---

7) 自由意志と責任の結合を拒否し，決定論が自由意志とは両立不可能だとしてもなお責任とは両立可能であるという立場も可能であり，実際に「半両立論 semi-compatibilism」という有力な見解を構成している。cf. J. M. Fischer and M. Ravizza, *Responsibility and Control: A Theory of Moral Responsibility*, Cambridge U.P., (1998).

8) 特に近年の議論では「フランクファート型事例」と呼ばれるような一群の事例を基礎にして(PAP)の是非が論じられることが大半である。たとえば邪悪な科学者が私の脳に電極を埋め込み私を操って銃の引鉄を引かせ犠牲者を射殺させようとするが，同時に，もしこの操作機械の介入抜きに私が犠牲者を射殺しようとするならばそれを察知して介入をしないとしよう。私が操作機械の介入なしに犠牲者を射殺するならば，この状況で犠牲者を射殺する以外のことは私には不可能だったにも拘らず，私は犠牲者の死に責任を負うように思われるだろう。ということは帰謬法によって(PAP)が偽であることになるはずだ，というのである。私自身はフランクファート型事例がそもそも(PAP)を攻撃することに成功しているかどうかに懐疑的である。出来事存在論と行為存在論の帰趨如何にもよるのだが，行為の同一性は出来事としての同一性だけでなくその因果的源泉の同一性を要求するという見解を採るならば，

は，その親切さが決定されているか否かにはなんら影響されないのである。実際自由意志と責任を否定する論者は規範理論の中心を行為の評価から「有徳である／悪徳である」といった行為者の傾向性の評価へと移す傾向にある。ある人の悪しき傾向性──危険性──が顕現しないように環境を操作したり，そうした傾向性を改変すべく周囲の人間が──たとえば批判的行動や教育的介入を行うことによって──因果的影響力を行使したりすることが望ましいことであるといったことも非両立論的決定論によってなんら不可能になるわけではない[9]。そして，新派刑法学が要求する刑事政策・刑罰はまさにそうした介入として構想されているのであった（応報が否定されしかも過去の悪行に対して科されるものではなくなったからにはそれらは「罰」と呼ばれるべきではないかもしれないがそれは言葉遣いの問題に過ぎない）。

ここで是非とも確認しておかなければならないのは次のことである。いまや責任と応報とが共に放逐されたからには，ある行為

> 自発的射殺と操作された射殺がたとえ出来事として完全に同一でも源泉が異なっているために両者は別個の行為となる。とすると，やはりそこには二つの可能な行為が存在したのであって（PAP）は破られないと論ずることができるだろう（cf. G. Pettit, "Moral Responsibility and the Ability to do Otherwise," *Journal of Philosophical Research*, 30：303-319（2005）. ただし脆弱性問題がこの方策を困難にするかもしれない。cf. C. Vance, *op. cit.* p. 12）。いずれにせよ，たとえフランクファート型事例などによって両立論を擁護することができたとしても，IIの議論に従う限りは迷信犯の処罰を回避しつつ新派的描像を免れることは容易ではないだろう。そして，結局は新派的描像を採らざるを得ないとすれば，敢えて両立論を維持しようとする理論的動機自体が少なからず掘り崩されることになる。

者が犯した過去に於ける悪しき行為とその悪性はそれ自体としての規範的意義を有さず，あくまでも現在に於ける行為者の悪しき傾向性についての証拠に過ぎない（犯罪徴憑説）10)。この行為者に対して我々の為すべきことは，過去の悪行に対する応報のごとき回顧的対応ではなく，この行為者が現在も有するだろう悪しき傾向性と危険性にこれからどのように対処するかという展望的対応の問題である（社会防衛論）。

9) 自由意志と責任を放逐した後の道徳がどのようなものになるかについては，戸田山和久『哲学入門（ちくま新書）』（筑摩書房，2014 年）第 7 章 374 頁以下で，著名な自由意志否定論者であるダーク・ペレブーム（Derk Pereboom）の所説が手際よくまとめられている。
10) 過去の行為が，科刑を基礎付ける現在の傾向性についての認識根拠に過ぎないとしても，そのことは過去の行為が重要でないことを意味しない。充分な証拠がないのに人々の傾向性について判断し科刑を実施するといった国家の権力濫用を防ぐべく，権力行使の必要条件として過去の行為を証拠として要求することは理に適ったことである。行為なしに処罰されないという意味での行為主義は，罪刑法定主義の背後にある国家刑罰権の適切な統制という理念からいわば反射的効果として保障される。

Ⅳ. 傾向性の制御ということ

　さて，新派的描像——社会防衛論——に従って刑事政策の意義が行為者の危険性に対する対処にあるとすると，刑罰以外の手段によってそれを実施することが当然に視野に入ってくる。一般にある行為者Sが状況Cで行為ϕを為す傾向性があるとき，如何にしてCに於けるϕの顕現を抑止しうるだろうか。取りうる手段は大きく分けて二つあるだろう。第一は，Sの傾向性それ自体に介入してCに於いてもϕしないようにしようというものである（傾向性に対する介入）。第二は，傾向性には手を付けず，SをCに置かないようにするなど傾向性ではなくそれが顕現する状況が生じないように介入しようというものである（状況に対する介入）。やや煩瑣だが，それぞれの手段を更に分類列挙してみよう。

　傾向性は行為者の内在的性質なので，傾向性に対する介入は主体に対する介入であり，状況に対する介入よりも規範的に疑わしいものとみなされる余地がある。誤った信念を訂正することで望ましくない行為への傾向性を除去する「啓蒙」は，その中では最も問題が少ないものだろう。逆に，誤った信念を有させることで望ましくない行為への傾向性を除去する「誤導」もありうるだろう。たとえば「窃盗は生計を立てる手段としては非効率である」と教えこむならば，その真偽はともかく，窃盗への傾向性を抑止することができるだろう（この点に関する限り啓蒙と誤導になんら違いはない）。或いは窃盗への欲求があるところに，窃盗を回避したいという対抗的欲求をもたらして窃盗への傾向性を抑止することもできる（たとえば刑罰による一般予防）。窃盗への欲求の基底にあるより本来的な欲求を満足させることもできる（たとえば貧困からの窃盗を社会福祉政策によって抑止する）。更に，ϕしたいと

いう欲求そのものに直接に介入してしまうこともできるだろう。たとえば薬物投与（例として化学的去勢による強姦への傾向性の抑止），教育的教化〔インドクトリネーション〕（例として教育刑や政治犯に対する思想改造），を挙げることができよう。最後には行為者の物理的構成に変更を加えて行為者の内在的性質としての能力それ自体を剥奪することもできるだろう（たとえば窃盗を防ぐために窃盗犯の四肢を切断する）。

これに対して行為者の周囲の環境を制御することによって傾向性の顕現を抑止することもできる。状況に対するそうした介入手段としては，状況Cが行為者Sの周囲で生じないようにする（たとえば自殺を防ぐために道具となりうるものを周りに置かない），ϕしない傾向性が顕現する状況を作出する（たとえば尿の飛散を防ぐため男性用小便器の中央に的となるハエの絵を描く），ϕすることを物理的に不可能にしてしまう（たとえば収監による特別予防），といったものが考えられよう。

こうした分類は際限なく続けることができるだろうが（ついでに言えばここまで挙げた例はいずれも現に世界で実施されている実例である），ここでの要点は，刑事政策の目的が行為者一般の危険な傾向性を制御するところにあると見定めるだけで，古典的な罰金刑と自由刑（と死刑）という極めて貧弱な手段のみならず，保安処分を含む，より苦痛と制約の少ない効率的な刑事政策と，それ以前にそれに先行すべきものとして福祉政策を中心とする，より根源的な社会政策の可能性が拓かれるという点にある。古典的な刑罰観の桎梏を逃れることによって，より適切な刑事政策の目的とその手段を提供するところにこそ新派刑法学の決して損なわれることのない意義があるといってよい[11]。

V. 無過失責任と危険

　さて，決定論と責任の問題が形而上学的問題である以上，ことは刑事的領域のみに留まり得ない。そこで，ここでは民事的領域に於いてその影響がどのようなものになるかについて簡単に言及しておくことにしたい。ここで手がかりになるのは無過失責任主義である[12]。無過失責任は公害や製造物の欠陥の場合に被害者が加害者の故意や過失を立証することが困難であることに鑑みて被害者の立証の負担を軽減する制度として理解されることが一般的であるだろう。しかしよく考えてみると，無過失責任主義を民事法領域から非難可能性と自由意志を要求するような意味での責任

> 11) 刑事政策の選択肢を増大させることは国家の権力の増大を伴い，その恣意的行使の危険を増大させる。したがって，新派的刑事政策をより強力な監察抜きに導入すべきではないかもしれない。だがそれは，国家権力の統制という一般的問題であって，新派的政策に特有のものだというわけではない。たとえば，新派刑法学の悪評に一役買っている全体主義国家に於ける保安処分の濫用の問題は保安処分自体の問題ではなく，その濫用が可能な国家体制の問題である。行為者の危険性が科刑やそのほかの処分を基礎付けるということは，国家が実際にそのような処分を実施してよいかどうかとは別の問題であり，濫用されやすい処分は行為者に危険性がないからではなく濫用されやすいというそのことのゆえに——国家の刑事権力を制約する規範としての刑法とその解釈によって——規制されるべきである（この意味に於いて刑法は禁圧さるべき社会的危険という固有の問題を扱うという点で自律的な行政法の一部門であるべきである）。反対に，むしろ，もし自由意志と責任が存在しないとすれば，旧派的な刑事政策こそが誤った理由から人々に苦痛を与える国家権力の濫用にほかならないということを真剣に考えるべきであろう。

を放逐しようとするものとして捉えることができることに気がつくはずである。実際, 19世紀末にフランスで民事責任の根拠を「過失 faute」から「危険 risque」へと転換しようと試みたレモン・サレイユの理論では, 伝統的な過失責任が非難と「私罰 peines privées」の観念に基礎付けられておりこれが被害者に過失の立証を要求することになる原因であることが指摘され, これらの要素が除去された危険責任の理論が提出されるのである。サレイユは, 民事責任に於ける主観的過失の要求が歴史的には刑事責任に於ける主観的な「過失 culpabilité」の要求と繋がって生じてきたものだとしつつ, 両者の間に必然的関係はないのだから民事責任は刑事責任とこの点に関して切り離されなければならないとする[13]。

12) 民法に於ける種々の「責任」の中にはしばしば「義務」以上のことを意味しないものがある(たとえば無過失責任の「責任」がそれである)。英語であれば "liability" と "responsibility" のように両者の書き分けを試みることもできるが, 日本語では読者が注意するしかない。無過失責任がなお「責任」と呼ばれるのと同様に, 新派刑法学はしばしば古典的意味での責任を「道徳的責任」と呼び, 自分たちのそれを「社会的責任」と呼ぶが, 後者は実体としては刑罰受忍義務のことである。

13) Raymond Saleilles, *Les accidents de travail et la responsabilité civile*, Paris, A. Rousseau (1897), pp. 57-58. (『労働災害と民事責任』)。サレイユの民事責任論の概要については参照, 新関輝夫『フランス不法行為責任の研究』(法律文化社, 1991年) 152-176頁。なお, サレイユには『法人について』(*De la personnalité juridique*, Paris A. Rousseau, 2e éd. (1922))という法人論に関する著作が存在し, そこでは反擬制説的かつ有機体説的な団体主義的法人論が展開される。「家産 patrimoines」と団体の問題など本書第2テーマ「団体が, そして団体のみが」との関連で興味深い点も多いが, ここでは立ち入らない。

不可抗力の場合の危険負担の問題と同様に誰のせいでもない運の問題として生ずる——それゆえ労働者や使用者の主観的過失には依拠できない——労働災害の危険を誰に負担させるべきかという問いに対して，サレイユは事業を営むという危険を伴った行為を自らの利益のために行う使用者に——報償責任原理の残滓がなおここにはあるのだが——それを負担させようとする。いずれにせよ無過失責任による危険の負担は責任保険によって社会へと転嫁されるであろうから，因果関係と報償責任的考慮によって使用者に危険を負担させている点はさほど重要でない。サレイユが刑法に於いては新派の基本的主張を受け入れていたことを考え併せれば[14]，どちらの場合でも行為の自由性と非難可能性に基づく古典的な意味での責任を拒絶しつつ，刑法では禁圧されるべき危険な行為が，民法では企業活動のように禁圧すべきではないがなお危険な行為が，それぞれ扱われているのだと考えることも強ち不当ではないように思われる。

ともあれ，この発想を推し進めれば，非難可能性とそれに基づくような責任の観念を捨て去り，危険の最安価回避者に無過失責任を課した上でそれが社会によって——たとえば責任保険と価格転嫁を通じて——負担されるのが最善の危険処理だと考える「法と経済学」的な発想へと自然に辿り着くことになるだろう。決定論の下で[15]，それについて誰を非難可能でもない様態で生ずる社会的危険に対処せんとする法的企てとして社会防衛論と民法の無過失責任主義を統一的に理解することができる。耳を澄ませば，私法の領域で着実に進展し続ける無過失責任主義の行く手に社会防衛論の跫(あしおと)を再び聴くこともいまや難しいことではないのではないだろうか。

14) 行刑についてのサレイユの思想に関しては、『刑罰の個別化』(*L'individualisation de la peine*, F. Alcan, 3e éd.（1927）) が、行為から行為者へと行刑の焦点を合わせ科刑の実施を行為者ごとの個人的事情に適合させようという新派の基本思想を闡明している。そこでの決定論と意志の自由の問題に関してのサレイユの見解は私が理解し得た限りではなおはっきりしないが、他行為可能性ではなく行為の因果的源泉性に自由意志が存するので自由意志の存立が可能であるとするいわゆる「源泉両立論 source compatibilism」に近いものだと思われる。注目すべきは、そこから自身の犯罪傾向によって決定され犯罪を為さないことが不可能であるように思われる犯罪者についても行為の自由と責任とをごく僅かでも確保した上で（酩酊事例に於ける「原因に於いて自由な行為 *actio libera in causa*」の論法を徹底して行為者の内に自由な原因が見つかるまで因果過程を遡行し続けるという型の論法による）、刑罰を科すことそれ自体の正当性を——刑罰は責任と自由を概念的に言って要求するので——確保し、しかしながら刑罰の軽重・具体的な処遇は責任の問題とはまったく無関係に行為者の社会的危険性によって決定するという点である。サレイユ自身はこれを一見調停不可能な新古典派の責任論とイタリア学派の責任論との両極端の間を行くものだとしているが、ここではいまや責任がほぼ「刑罰 peine」の概念を名目的に保存するためだけに要請されており、殆ど実質的意義を失っていることに注意したい。なお、前掲注1)をも参照のこと。

15) 或いは決定論を採らずとも責任主義の基礎にある個人の自律の理念の道徳的意義に対する懐疑の下で。本書第2テーマに於いて、私は団体の集団的自律の存在を擁護した。個人の自律が道徳的に重要であるとするならば個人が団体である以上は集団的自律一般が道徳的に重要であると考えざるを得ない、というのがそこでの私の結論であった。もちろん、個人の自律の重要性を認めなければ個人を超えた団体の集団的自律の重要性も認めずに済ませることができる（功利主義者としての私の立場は当然こちらの方である）。逆に、もし集団

的自律の道徳的重要性を疑うならば個人の自律の道徳的重要性とそれに基づく責任主義に対する懐疑もが導かれることになり，すぐそこに無過失責任主義と社会防衛論が迫っていることになるのである。

応　答

大屋 雄裕

人ひとりいない冬の奥山で雪崩が生じたとしよう。その音や振動を観測できる範囲にいる人間は誰ひとりなく，崩れた雪の痕跡もやがて降り積もる雪に消えてしまう。さて，この雪崩は我々の社会に実在したのだろうか。

I．自由意思と懐疑的解決

　はたして我々の自由な意思は存在するか。この問いがかつて旧派と新派の刑法学において展開された議論の基礎にあったことは広く理解されているだろう。自由な意思に基づいて犯罪となる行為を選択したから彼は罰せられるべきなのだとする旧派に対し，貧困や教育の不足といった環境要因が個々人の行動を強く左右していること，したがって「自由な意思」は存在せず旧派のように刑罰を応報として想定することは許されないと主張したのが新派であ

り，彼らはそれに代えて教育としての刑罰を主張したのであった。

だが一方では環境要因の存在を否定することはできないものの，新派の主張を正面から受け止めるならば，刑罰とは個人に潜在する危険性から社会を防衛するために当該個人に対して課される教育ということになる。だとすれば，実際に彼が選択した行為の悪質性に比例している必要もないし，そもそも実際に行為に及ぶまで待つ必要もないということにはならないだろうか。このような理論を実際に採用した刑事司法システム――典型的には旧ソヴィエト連邦のそれ――が非常に強い副作用を呈したこともあり，新派の見解を全面的に採用することもできないというのが教科書的な整理ということになろう[1]。この点は，特に我が国の場合，新派に依拠して制定されたために罪刑法定主義を明文では定めておらず，個々の犯罪類型に対しても非常に広い法定刑の範囲を規定した刑法に対し，第一にあとから制定された日本国憲法の解釈によって罪刑法定主義を導入し，第二に司法府内の努力によってある種の量刑相場を形成するという形で対応されたという経緯からも，見て取ることができる。

不能犯と未遂犯の境界線を問うという一見極めて突飛な問題設定から出発する安藤の提題が答えようとしているのも，最終的にはこの問題に他ならない。結論的には傾向性の実在を根拠として新派的な社会防衛論の擁護（あるいは強力な再提示）に至るそれが，しかしある意味において問題回避的な解決を与えようとしていることには，一応注意しておこう。すでに読者が気付いている通り安藤は自由意思の有無に一定の結論を出した（出すことを意図し

---

[1] 新派刑法学の問題点に関する簡単な説明として，参照，大屋雄裕『自由とは何か――監視社会と「個人」の消滅（ちくま新書）』（筑摩書房，2007年）166-168頁。

た)わけではなく,その有無にかかわらず世界に実在すると想定される「傾向性」を基礎とし,それに対応することを刑事司法システムの目的と読み換えることによって,刑罰と「意思─行為─責任」という連関とを切り離すことを目指しているからである。ある意味でそれは,規則のパラドックスに対してソール・クリプキが与えた「懐疑的解決」を想起させる[2]。問題はそれが解かれることによってではなく,問題ではないということが認識されることによって,消滅するのである。

  ── 安藤的新派的描像では,仮に主体の危険な傾向性を
    事前に認知できるなら,犯罪の実行前に罰することも
    許される,どころか望ましいことにならないか。

　したがって,まさにそれこそが安藤の狙いだということになるだろうし,新派刑法学と重なり合う主張の一つだということになる。またそれは,あえて言えば,むしろ当然に一般の人々が期待するところではないだろうか。よく言われるように,犯罪が起きたあとに犯人が逮捕され・処罰を受けたとしても,それによって被害者の傷が──物理的なものであれ精神的なものであれ──なくなるわけではない。傷が癒える日が来るとしても,最初からそれがなかったことになるのではない。ストーカーやDV,児童虐待といった一連の事件を通じ,犯罪が起きる前に・被害者が生まれないように介入せよという圧力が一般社会から警察や児童相談所に対して向けられているし,むしろ未然防止の孕む人権侵害や

  2) ソール・A. クリプキ(黒崎宏訳)『ウィトゲンシュタインのパラドックス──規則・私的言語・他人の心』(産業図書,1983年)。

権力濫用への危険を慮ってそういった国家権力の方が抑制的な態度を取っているという，やや転倒した状況さえ生まれている。

同様のことは民事事件についてさえ言える。損害が生じ，事後に損害賠償を獲得したとしても，やはり最初から損害がなかったのと同じ状態に至るわけではない。損害が金銭へと換算されることが妥当か，それはやむを得ないとしても損害がなければ得られたはずの失われたチャンスをどう考えるか，そもそも損害を完全に補填できるだけの補償能力が加害者にあるかなどといった問題があることは，東日本大震災に続いて発生した東京電力福島第一原発事故をめぐる状況を思い浮かべれば直感的に理解することができるだろう。最初から事故を防ぐことができていればよかったのにと思うのが当然だろうし，仮にそのような対応を可能にする方法が存在するのであればそうするべきだと主張されることになるのではないだろうか。

　　——安藤的新派的描像は「罪刑の均衡」や「罪刑法定主義」といった現行刑法の基礎理念と抵触してしまうのではないか。

そしておそらくこのような批判は，安藤に大きな問題を感じさせないだろう。罪刑の均衡とは同じ罪には同じ罰という形で「等しきものを等しく」という正義の公準を満たすべきことを刑事法に求めるものであるところ，安藤の主張はその「等しさ」の基準を各人の秘めた危険性（としての傾向性）に置き換えることにあり，根本にある正義原理には抵触していないからである。

たとえば「市民の平等な政治参加」という民主政の基本原理において，少なくともフランス革命の当時にこの市民が意味してい

たのは一定年齢に達した財産ある男性だっただろう。あるいは平等についても能力と比例することが一定程度前提され,フランス1791年憲法における能動市民・受動市民の区別やイギリスにおける複数投票制という形で実現していた3)。だがその後の選挙権拡大によって,この市民という言葉の意義が一定年齢以上というだけの内容にほぼ置き換えられたことは周知の通りである。平等についても形式的な一人一票,さらには投票価値の平等を意味するものとして読み替えられてきたし4),2013年には選挙権・被選挙権を有しないこととされたものの範囲から「精神上の障害により事理を弁識する能力を欠く常況にある」(民7条)はずの成年被後見人が除かれ,(非行の場合を除けば)能力の不在すら問題とはしないという原則が確立されるに至った。そしておそらく我々はこれを「市民の平等な政治参加」という原理の深化ないし徹底と呼び,廃棄とか空文化とは言わないだろう。同様に安藤もおそらくは,罪刑法定主義や罪刑の均衡という名で呼ばれてきた原理が本当は実現すべきであったものを自らの構想が実現したのだと言うだろうし,その内実が名にそぐわないという批判が仮にあれば,敢然としてこう答えるのではないだろうか——これまでが間違っていたのです,と。

3) 前者は,一定以上の納税額を持つ「能動市民」のみが参政権を保有し,それ以外の「受動市民」は生命・財産の自由など受動的な人権のみを保障されるという制度。後者は,居住地のみならず一定額以上の不動産を保有する選挙区でも投票できるようにすることなどを通じて,実質的には大規模土地所有者などの富裕層・有力者層が複数の投票権を行使できるようにしたもの。
4) 我が国では最大判昭和51・4・14民集30巻3号223頁が衆院選,最大判昭和58・4・27民集37巻3号345頁が参院選について,投票価値の平等を求めている。

——犯罪が「それ自体としての規範的意義を有さ」ないとは——とくに被害者からすれば——考えられない。この結論は新派的描像の帰謬的誤りを示すのではないか。

　もちろん，安藤がさきほどのようにそのような常識こそが間違っていると答えたとしても，このような社会の側の違和感は消えないかもしれない。そうなれば我ら市民の「健全な常識」（という至極あやしげなもの）と衝突することになり，おそらく一連の提言は実現から遠ざかることだろうが，それで何が悪いのかという反応もできそうである（少なくとも我々法哲学者は実用的であることを標榜して糧を得ているわけではない）。

　もう一つの可能な対応は，むしろ安藤の提案する理解の方が現実に我々が採用している社会制度や慣行をより良く説明できると主張するものである。少なくとも我々は不能犯を処罰しない一方で未遂犯に制裁を加えることを選択してきたのだし，よく言われる新派の欠点——暴走可能性も権力のコントロールが不十分だったことに起因するものであり，背景となっている理論それ自体の問題ではないというわけだ（安藤自身もこの方向性で議論している。提題注11））。そもそも旧派・新派の対立は理論的に解決ないし調停されたわけではなく，両者それぞれに問題があるという認識のもと，いわばアドホックな共存ないし同棲（コアビタシオン）が選択されているだけではないか，との指摘もあるだろう。仮にそうであれば，そこで形成されている「現状」のより良い説明理論として，安藤の議論全体をとらえることも可能なのではないだろうか。

II. 傾向性と実在

　だがもちろん我々はここで，このような議論の全体が傾向性の存在と客観的な認識可能性に依存していることを思い出すことになるだろう。ある主体の持つ危険性が事前に・客観的に認識できるからこそ，事件ないし出来事の発生以前にそれに対処することが可能になるのだった。

　しかし傾向性の存在をめぐる安藤の議論はあまり説得的でない。第一に，その定義からも傾向性とは，同種の状況に置かれた場合に一定の結果が生じる傾向が高いことを意味しているだろう。ガラスのコップが木製のカップに比して割れやすい（割れる傾向性を備えている）とは，たとえば同じ高さから同じ床に落とした場合にガラスコップが100回中85回割れ，木製カップは2回割れただけだった，というような事態を想定した表現であろう。しかしこのとき，状況の同一性という論点がすでに忍び寄っている。一度割れたコップを再度実験に用いることはできない（あるいは厳密な比較のためにすべてのコップ・カップはそれぞれ1回の試行にしか用いないとしてもよい）。いずれにせよすべての試料はあるとして1回，ただ1回割れるのであり，同じ個物が割れるか割れないかを繰り返しているわけではない。したがって現に割れなかったコップが高い傾向性を有しているかは，まだわからないとしか言いようはないだろう。すべてのコップが85％の確率で割れる傾向性を持っているのか，100％割れるコップが85％・決して割れないコップが15％の割合で存在するのかは，実験結果からはわからないはずのことである。

　この問題の基礎は，何が同じものかという認定にある。実験に用いた100個のコップがすべて完全に同じものだとすれば，実験

は同一のものを反復して測っていることになる。個々に違うものだと考えれば、同じものが同じ条件のもとで持つであろう傾向性を測ることはできていないことになる。そして物理的にまったく同一のものが複数存在し得ないことを考えれば(そこにあるのは複数の個物である以上、少なくともそれらを構成している分子や原子が同一のものではあり得ない5))、この認定は我々の「思い為し」6)に依存しているということになるだろう。

　同様のことは、同一の事態の認定にもつきまとう。コップの落下実験にせよ、まったく同じ時間・空間で複数の行為を行うことは不可能であるから、本来は個々に異なる試行を同一のものと認定していることになる。我々自身がこの世界をどのように理解するかという思い為しの問題を抜きに、この問題を理解することはできない7)(我々はここで、一定の望ましい結論を導くために先例と目下の事案の同一性や相違の認定を操作する技術が、イングランド法において区別〔distinguish〕という名のもとに発達してきたことを想起すべきかもしれない)。安藤は傾向性を持ち出すことによって意思の問題を回避しようとしたのだが、その概念自体が我々の意思の問題へと回帰してしまうのだ。

> 5) ただし安藤は、「出来事 event」について「ある時空領域を占める出来事と同じ出来事或いはその精確な物理的複製を考えてみたときに、その出来事が元々の出来事と別の空間位置・別の時点・別の様態・別の状況で存在できるものだろうか？」(提題Ⅱ 1)という疑問からその個別化問題を真剣に受け止めているのに対し、物についてはいとも簡単に「同じグラス——或いは分子レベルでの物理的な完全な複製」(提題Ⅱ 1)が存在することを想定している。
> 6)「思い為し」については、本書第2テーマ「団体が、そして団体のみが」の大屋「応答」Ⅴおよび注8)、9) を参照。

——新派的描像はたしかに「より適切な刑事政策」の可能性
　　を拓いてくれるかもしれない。だがその理想はどれほ
　　ど実現可能なのだろうか。

　したがって問題はまず，この水準に帰着する。ある個人の持つ
傾向性を十分に知ることができ，その推定に人々もまた疑いを持
たないようになれば——ちょうど歯科検診において「この歯はい
ま治療しないと悪化するよ」と言われれば我々の多くはそれが事
実であると信じ，多くの場合には実際にも歯科を受診するよう
に——安藤の提唱する制度は一定の現実性を獲得するだろう。し
かしはたして現在，あるいは見通せるくらいの将来において，そ
のような傾向性の判定技術を我々は手にすることができるのだろ
うか。企業で採用にあたっている人々，あるいは筆者も安藤もそ
こに含まれているはずだが大学で将来性ある学生の選抜を担当し
ている人々に尋ねれば，おそらく多くが顔を曇らせるのではない
だろうか。個々の応募者の持つ傾向性が観測できるのであれば苦

7) 安藤はこの問題を個々の出来事を単位とするトークン
の危険性から・出来事の類型であるタイプの危険性へ
と基礎を切り替えることによって克服する可能性を検
討しているのだが（提題Ⅱ2），現に存在するのは（たと
えば）「AのBに対する殺人未遂」という行為ないし出来
事ではなく「AがBに向けて拳銃を発射した，その際に
『殺してやる』などと呼号していた，拳銃には実弾が込
められており仮に弾が命中していたならばBには生命
の危機が生じる可能性があった……」等々むき出しの事
実であり（それをこのように言語化した時点ですでに一
定の抽象化が我々の共有する言語に依存して行われて
しまっているのだが），それをいかなるタイプの出来事
と認定するか自体が我々の思い為しに依存していると
いう点を見逃しているように思われる。

労はない，そうできないから我々はここまでの達成という代理変数に頼っているのだ，と。

　もちろんこれに対して安藤は，過去の行為が現在の傾向性についての証拠としての意味を持っていることを認めているし（犯罪徴憑説。提題III），国家の権力濫用を防ぐために過去の行為を証拠として要求する必要があることも示唆している――「行為なしに処罰されないという意味での行為主義は，罪刑法定主義の背後にある国家刑罰権の適切な統制という理念からいわば反射的効果として保障される」（提題注10））。だが傾向性それ自体を認識することができないのであればそこにあるのは結局のところ過去の行為とそれのみを基礎にした処罰であり，それは現在の刑事司法システムと基本的に変わらないものではないだろうか。その想定の有無にかかわらず結果としての刑事司法が同じものになるのであれば傾向性なるものは不要であり，議論から消去されるべきものなのではないだろうか。

　このように傾向性を疑う議論に対して安藤は，「普段自分がガラス製品をどのように取り扱っているかを自省してもらいたい」と主張している（提題注2）。そのような人間でもガラス器は（おそらくは陶器や木製の食器と比較して）丁寧に扱っていることだろうし，そのこと自体が傾向性の存在を実は信じていることを証しているではないか，というわけだ。しかしこの議論は，いくつかの単純な誤解に基づいているように思われる。

　第一に，傾向性を疑う議論はたとえばある個物に「割れやすい」というような傾向があることを否定しているわけではない。ある個物の持つ性質を（その個物が属するとされる）集団へと拡張することができないということ，さらに実際に割れてみない限りはその対象が割れるかどうかは判明せず，割れてしまえばその対象は

すでに実在しなくなるので，ある個物に割れる傾向性が存在するかどうかを事前に・客観的に確認することはできないと指摘しているのである。

　第二に，ある個物が傾向性を持つという信念を個々の主体が持つだろうということを否定しているわけでもない。特定の対象が一定の傾向性を有しているとある個人が考えることは事実問題としてあるだろうし，彼がその信念に基づいて当該対象のある扱い方を選択することは，彼の基本的な自由に属している。木の器を「割れやすい」と思って後生大事に扱おうが，ガラス器を無造作に放り投げようが彼の勝手であろう。だが刑事法や犯罪をめぐる制度において我々が扱っているのは社会的決定であり，我々には単にこの私がそう信じているというには留まらない客観的な ── というのは私の議論において間主観的なあるいは制度的に確認されるという以上のことを意味しないだろうが ── 理由が必要となるだろう。そのような理由の提示に，特に個人の行動に関する傾向性論がどの程度耐えられるかというのがここでの論点のはずではないだろうか。

　第三に，取扱いの差異を導く重要な要素はおそらく不可逆性と非対称性である。あるガラス器が割れやすいかもしれず，しかしどの程度そうなのかはよくわからないという場合に，もしかしたら割れるかもしれないと考えて丁寧に扱い・しかし実際には割れる可能性などなかったとしても，別に何らかの決定的な損失が生じるわけではない。しかし割れないだろうと信じて無造作に扱ったところ実際には割れてしまえば，その器は失われてしまう。予想が外れた場合の結果の非対称性を考えれば，より安全な方向へと実際の行動を傾けておくことの方が合理的だということになるのではないだろうか。

Ⅲ. 犯罪をめぐる非対称性

　犯罪の場合はどうだろう。たとえばある男が自動車を運転し，物損事故を引き起こす可能性があるとしよう（だがそれが本当に現実化するかはわからない）。その可能性があるという理由で車の運転を禁止すれば確かに事故が起きることは避けられるが，彼の社会的生活は現実に妨げられるし（たとえばトラック運転手であれば就業が不可能になるだろうし，公共交通機関の発展していない地方に居住しているようなケースでは生存自体が危機にさらされるかもしれない），可能性自体が事前に摘み取られる結果としてその措置自体が正しかったかどうかを検証する機会も与えられないことになるだろう。他方，その可能性があるにせよ運転を続けさせた場合，一定の確率で彼は事故を起こして損害賠償を支払うことになるだろうが，その場合も含めて運転がもたらす社会的便益を享受することができるだろう。このような非対称性のもとで，傾向性を理由にした強制措置を取るべきだという主張は説得力を持つだろうか。

　もちろんこの設例にはトリックがある——彼の持つ傾向性が人身事故，典型的には死亡事故につながるものである事例を想起せよ。この場合には不可逆性をもとに事前介入が許されるのではないか，と我々は言いたくなるだろう。運転を続けさせて事故が発生し・人命が失われてしまえばそれを回復する手段はないのに対して，運転を止めさせたために発生するかもしれないとさきほど想定した問題については，何らかの代償措置を考えることもできそうだからだ。しかしこの議論は同時に，我々が適切と考える介入とそうでないものの境界線を引くにあたっては事前か・事後か，あるいは傾向性か行為かという区別よりも生じ得る危険の重

要性こそが決定的だということを意味しているだろう。そしてその重要性を形作るものは，我々自身の意思に他ならないのである。

この点で，安藤の議論は最初からある見落としに依存しているのではないかと思われる。確認すればその議論はそもそも不能犯が不可罰であるのに対し未遂犯が罰せられるのは何故かという疑問を出発点にしていたのだが，周知の通り少なくとも我が国の刑事法において，未遂犯は原則として不可罰である（刑法44条反対解釈）。あえて強調すれば，第一に未遂が処罰対象となるのはその結果が重大かつ不可逆的であると目される一部の犯罪類型に限られている。そしてこのことは，我々が不可逆性・非対称性を考慮して対象の取扱いを変えているのではないか，との上述した仮説に親和的ではないだろうか。未遂処罰が規定されているのは殺人や傷害・強姦など個人の生命・身体の完全性（integrity）を損なう場合や，現住建造物放火・通貨偽造など大きな社会的危険を生じさせる場合が中心であると言うことが，おそらく許されるだろうからである[8]。安藤が考えているのとは異なり，多くの犯罪の場合に境界線は未遂犯と不能犯のあいだにではなく，未遂犯・不能犯と既遂犯のあいだに引かれているのだ。

第二に，未遂犯を処罰する場合においても具体的な危険発生に結び付く段階としての着手が要求されているのであり，危険性がまったく潜在的な段階での処罰が肯定されているわけではない。別の言い方をすれば未遂犯とは結果的に帰結には結び付かなかったが一定の危険を生じさせた行為の既遂である。殺意を持ち，拳銃を他者に向けて発砲したが当たらなかったという場合はおそら

---

[8] もちろん刑法典に規定されているのはこれらの重大犯罪が中心なので，そこだけを見ればあたかも未遂処罰が原則のように思われることも多いのだが。

く殺人の未遂犯が認定されるだろうが、90度違う方向に(本人は大真面目なのだが)発射したという場合にはむしろ不能犯と判断されるケースもあるだろう。ここでも安藤の想定とは異なり、「具体的な危険の発生」という現実の出来事が存在したかどうかが決定的な位置を占めているのだ[9]。

　未遂犯と不能犯のあいだに取扱いの差異があることを前提としてその正当性を問うことから出発した安藤の議論は、そもそもの出発点において誤っていたのではないだろうか。我々が刑事司法システムにおいて許容してきたのはあくまでも我々に認識可能となった現実の行為・現実の危険に対する制裁のみだとすれば、「その帰結が直感に反する」という帰謬法的な批判に対する第二の反論方法 —— こちらの方が実態をより良く説明できている —— を採用するのは難しそうだ。

---

[9] 念のために追記すれば、殺人・現住建造物放火など一定の犯罪類型については着手にも至らない段階に対する処罰である予備罪が規定されているが、これとても結果発生に至る準備行為を具体的に実施しているという意味においての既遂性が要求される点には注意する必要がある。また逆に言えば、従来我々が処罰の根拠としてこのような既遂性を要求してきたからこそ、具体的な準備行為にすら至らない・意図形成段階に対する処罰と目される共謀罪(conspiracy)の導入に対して、特に刑事司法関係者が強い抵抗感を示していると説明することもできるだろう。

IV. 我々の世界の物語り

　だが，第一の反論 —— 常識が誤っている —— を採用しようとすれば，理論的にそれが採用可能なのかが問題となってくるだろう。我々には認識する方法のない属性が存在するという主張は，有意味なのだろうか。冒頭の事例において，決して観測されることのない雪崩は実在したのだろうか。私にはそもそも，冒頭の事例の記述自体が不誠実なものであるように思われる。そこで書かれている通り雪崩が「人ひとりいない冬の奥山」で生じたのだとすれば，その事態を記述しているものは誰なのだろうか。それが人ならざるもの，我々と同じ観測可能な世界に生きているのではない主体によるものだとするならば，その観点からの記述が我々の世界に立ち混ざることがないのは，むしろ当然のことではないだろうか。

　　　　—— 大屋自身はこのような描像を受け入れるのか。あるい
　　　　　　は私たちはどのようにしてこの新派的世界を拒否し得
　　　　　　るのだろうか。

　私自身の見解は，したがって，安藤の議論は私が賛成したり反対するような対象ではないというものである。仮に私が他者の持つ傾向性を客観的に認識できるような存在であったとするならば —— そのような存在を表現するのにもっとも適切な用語の一つは「神」であろうが —— 世界を適切にコントロールするために傾向性を対象として操作すべきなのか・行為を基準にすべきかといった問題について議論することが可能だろうし，そのような議論は実質的なものだろう。しかし端的に言えば私には —— そして

私の信じるところによれば他の人々にも——そのような能力はないのであり，したがって傾向性を基礎とすべきかという議論は無意味である。「ガチョーン」という無意味な叫びに対しては，賛成するとか反対するということ自体が無意味であるだろう。それはあたかも，「私がサマージャンボ宝くじの当選者で1等前後賞7億円を得ていたとすれば，どのような使い方が世界の幸福にもっとも貢献するだろうか」という問いかけのようなものであり，楽しい議論になり得るし知的には刺激的であり得るだろうが，しかし現実にはそうでない以上，真剣な賛否の対象にはそもそもならないものなのである。

法哲学と**刑法学**の対話

コメント

佐藤 拓磨

新派復興の試みは成功したか？

I. はじめに

　犯罪の本質を行為の悪さに求めるのか，そのような悪い行為を行った行為者の性格の危険性に求めるのかという刑法理論に関する「学派の争い」は，刑法学の世界ではもはや過去のものとなっている[1]。安藤の「提題」は，その古い論争を掘り起こし，しかも同論争において少なくとも現在までのところ敗者と評価されている新派刑法学に対して支持を表明した，極めて刺激的なものである。一方，大屋の「応答」は，現在の日本の刑法学界において主流をなす立場に沿って安藤の主張を批判するものであり，穏当な内容となっている。そのため，私のコメントも安藤の「提題」に対するものが中心になることを予めお断りしたい。

II. 安藤の「提題」について

1. 未遂犯と不能犯の区別について

　安藤の立論は，未遂犯と不能犯の区別の問題（不能犯論）を論じて新派刑法学の優位性を説き，そこから犯罪の本質に関する犯罪徴憑説および刑罰の本質に関する社会防衛論を導くという構造になっている。そこでは（当然ながら）哲学上の概念を用いた議論が展開されており，浅学な私がその主張を正確に理解できているか心もとない。だが，あえて内容をまとめるとすれば，以下のようになろうか。①反事実条件法を用いた未遂犯と不能犯の区別は採用できない。なぜなら，現実に行われた行為に反事実的条件（「もし〜であったならば」）を付すことは，現実の行為を他の行為に変容させることにほかならず，現実の行為そのものの危険性を問うことにはならない。②行為の一般的危険性に着目して区別しようとする場合，失敗行為の実行主体と一般的危険性を有する行為との間の「因果的関わり」が必要となるが，これは行為者の危険性（傾向性）以外には考えられない。

　以上の主張は，用いる言葉は異なりこそすれ，刑法学において客観的危険説，とりわけ絶対的不能・相対的不能区別説に対して古くから加えられてきた批判と大部分重なるものである。同説は，行為が結果惹起の一般的適性を有していたにもかかわらず，たまたま結果が発生しなかった場合に未遂犯を認めるものだが，同説に対しては，現実に行われた具体的な行為の危険性を問うたことにはならないといった指摘が主観説の立場からなされたのであった。客観説の一種とされる具体的危険説は，元々はこの問題を克服するためのものとして主張された[2]。同説は，行為時の平

均的な観察者の視点から，当該行為が結果を引き起こす危険性があると判断されれば，未遂犯を肯定するが，あくまで現実に行われた具体的な行為の性格に着目するものであり，タイプの危険性を問うものではない。このほか，現実の事実の代わりに結果を発生させる事実が存在した可能性を問う修正された客観的危険説[3]も有力に主張されているが，この見解も，「もし～であったならば」を問題にするのではなく，「『もし～であった』可能性の程度」を問うものであり，反事実条件法を用いた素朴な判断公式とは異なるものである。刑法学者としては，これらの見解を無視して主観説の妥当性を帰結することには戸惑いを感じる（もちろん，これらの見解についても問題点はあるのだが[4]，これに関する検討は本コメントの役割を超える）。

2. 危険犯との関係

安藤の議論は不能犯論を念頭に置いているが，行為の危険性の問題は，法益侵害の危険が構成要件的結果とされている具体的危険犯との関係でも問題となることを指摘しなければならない。具体的危険犯の存在は，刑法典が，行為者の危険性とは別に法益侵害の客観的危険を認定しうるという立場を前提としていることを示しており，刑法解釈論もそれを踏まえたものである必要がある。安藤の立論が刑法上の危険概念一般を射程に置いているのかどうかは明らかではないが，仮におよそ客観的な危険概念は成り立ち得ないと主張しているのであれば，具体的危険犯の解釈との関係で不都合が生ずる。不能犯論において主観説を採用するにしても，その根拠づけは客観的危険概念の存立不能性とは別の所から導き出してくるべきであろう。

3. 主観説と新派刑法学

　日本では，不能犯論における主観説の主張者と新派刑法学の主張者とが一致していたため，両者の結びつきは必然かのようにみられてきた。しかし，主観説は，新派刑法学の立場を採用しなければ主張できないものではない。犯罪的意思を実行に移すことは法規範の妥当性を揺るがすものであり容認し得ないという立場から，主観説を採用することも不可能ではないのである。現に，ドイツでは主観説の一種とされる印象説が通説であるが，同説はまさにこのような発想に基づいている5)。行為者の危険性を犯罪の本質とみる新派刑法学からは主観説が導かれよう。しかし，その逆は必然的とはいえないのである。仮に，安藤が，未遂犯と不能犯の区別問題を，犯罪徴憑説および社会防衛論を導くための最も重要な論拠に位置づけているのだとすれば（大屋の「応答」ではそのように解釈されている），一足飛びであるといわざるを得ない。

III. 大屋の「応答」について

1. 新派刑法学に対する批判

　大屋の「応答」の大部分は，新派刑法学に対する批判に割かれている。その内容は，刑法学者の視点からも納得のいくものであり，特に異論を差し挟む余地はない。誤解を恐れずに私なりの言葉で新派刑法学の問題点を簡潔に示せば，刑罰の効用の面が過度に強調され，ネガティブな面が軽視されるところにある。社会防衛論に基づく刑事司法システムが暴走しがちなのは，このような

理由に基づくものといえよう(したがって,刑事司法システムの暴走は国家権力の制御の問題に解消することはできず,新派刑法学に内在する問題であると考えられる)。刑罰の予防的側面も重視するにせよ,やはり自らが行った悪しき行為に対する報いという性格を認める刑罰論が,少なくとも現在においては,無難であるといえる。

2. 語り得ぬ世界?

　一方,行為者の危険性を客観的に認識することができない以上,これを基礎に犯罪統制を行うべきだという主張の当否について議論することは無意味であるという大屋の主張(応答Ⅳ)には疑問がある。人間の犯罪傾向は,冬の奥山で起きた雪崩とは異なり,まったく認識不可能なものではなく,その認識の手がかりは存在する。そうでなければ,刑の量定や受刑者の処遇の際に行為者の犯罪傾向(の進度)が考慮されることが説明できない。したがって,その手がかりをもとに有効な犯罪統制手段を考えるという構想の是非を検討することに意味がないかといえば,そうではないように思われる。さらに進んで,犯罪傾向について精度の高い判定方法が確立した未来を想像した場合,一体どのような刑法(または,犯罪予防のための介入法)が構想されうるのかを論じることも,まったく無意味であるとはいえないのではなかろうか。

> 1) 学派の争いに関しては,内藤謙『刑法講義総論(上)』(有斐閣,1983年)60-87頁が詳しい。
> 2) 具体的危険説に批判的な立場からのものではあるが,宗岡嗣郎『客観的未遂論の基本構造』(成文堂,1990年)112頁参照。

3) 山口厚『刑法総論〔第 3 版〕』(有斐閣, 2016 年) 290 頁。
4) これについては, 佐藤拓磨『未遂犯と実行の着手』(慶應義塾大学出版会, 2016 年) 56-67 頁, 74-78 頁。
5) 前掲注 4) 13-15 頁。

リプライ 1

安藤 馨

　私の議論の理路が「客観的危険説, とりわけ絶対的不能・相対的不能区別説に対して古くから加えられてきた批判と大部分重なるものである」とする佐藤の指摘はまったく正しい。フランスに於ける客観説から主観説への転換の契機となったレモン・サレイユの議論への関心が私の提題の背景にあることはまさしく読んでの通りである。その上で, 私が具体的危険説・修正された客観的危険説という反主観説陣営の応答を無視している, という指摘もまたまったく正しい。実際, 私は大屋が応答に於いてこの点を突いてくることを想定して意図的にそうしたのだったが, 不発した「誘い受け」についていまさら弁明を連ねても詮ないことである。ともあれ, 提題に際して私がそれらの点について何を考えていたかを簡単に陳べよう。

客観主義的な新派刑法学

　まず,具体的危険説にせよ,近時の客観的危険説にせよ,それらが「危険」の判断に於いて,「一般人の危険感」を基準にすることに変わりはない。だが,一般人の危険感に依拠するならば,未遂犯規定によって保護されるものは,法益それ自体ではなく法益が侵害されるのではないかという一般人の危惧感の解消にほかならなくなるのではないか,という懸念を表明せざるを得ない[1]。ある客観的危険説の論者は,「たとえ一般人には危険と感じられないとしても,結果が現実に発生すれば,結果へと現実化した危険がそこにあったことになる。これを否定することはできない」として具体的危険説を批判し,危険判断は一般人の認識可能性より客観的な基準に基づかねばならないとする[2]。この批判はまったく正しい。だが,論者は続けて「すべての事実を純客観的に判断することは,逆の意味で妥当でないと思われる。そのような立場では,結果が発生しなかった場合,それには理由があるから,結果の不発生はいわば必然であり,したがって,危険を認めることができなくなってしまう」とする。私の提題が,この主張を覆すためのものであることは読者にも容易に納得されよう。それは純客観的な危険判断の下でなお行為の危険を認めることが如何にして可能か,という問いに対する回答にほかならない。私の新派的見解は,主観説ではなく極めて純粋な客観説なのである。

　このことを踏まえると,ドイツに於ける通説である印象説が主観説である以上は主観説が新派刑法学を必ず導くわけではない,というそれ自体としては正しい佐藤の指摘が私の見解には中らないことが理解されよう。私の見解は行為者の主観面をおよそ考慮していない。刑法規範に違反しようという反規範的性格はそれ自

体としては行為者の危険性と関係がないからである。ある種の障碍によっておよそ意図や性格を帰属できないような，しかし法益を侵害する傾向のあるホモ・サピエンス個体を考えよう。定義によって，この個体の主観面を問題にすることはできないから，これを主観説によって危険であるとすることはできない。私の見解は意図や性格と関係なく行為と行為者の危険性を把握しているから，問題なくこれを危険であるとすることが可能である[3]。また逆に，怯懦な性格によって丑の刻参りの如き呪殺によることしかできない行為者は主観的には反規範的性格を有しているが，客観的な危険性を欠くからこそ不可罰なのである[4]。行為者や一般人の主観に依存することなくあくまでも純粋に客観主義的に不能犯を不可罰としたければ，結局は私のような見解に到らざるを得ない，というのが私の提題の趣旨であった。だが，純粋な客観主義が不可避的に新派刑法学に帰着し，主観的要素に依存するような責任概念を根本から抛棄する新派刑法学はそれが正しく理解される限りおよそ主観主義的ではなくむしろ純粋な客観主義の到達点である，という中心的主張が伝わりにくかったとすれば，菲才を詫びるほかない。

未遂と既遂の区別

　次に，佐藤が大屋による批判を「特に異論を差し挟む余地はない」としている点については，大屋の批判を反駁することによって佐藤に対する応答とすることが許されよう。新派的見解が既遂犯と未遂犯の行為者としての危険性を本質的に同一のものとする以上は未遂犯があくまで例外的にのみ処罰されることを説明でき

ない,という大屋の批判(応答III)に対して簡単に応答しておきたい。そもそも,未遂犯処罰が原則的であろうが例外的であろうが,その処罰の正当化が必要であることにはなんら変わりはない。したがって,およそ未遂犯を不能犯と別して処罰したければ新派的見解に到らざるを得ないという私の論旨には影響がない[5]。

　他方で,大屋の批判がなぜ未遂犯処罰が原則ではなく例外なのかを新派的見解の下で説明せよ,という要求だとすれば,それはまったく正当である。だが,これに答えることは容易である。ガラス製のグラスがコンクリート製の床に落ちて実際に割れたとしよう。このとき,このグラスに割れやすさ(fragility)を帰属することには(ほぼ)問題がない。他方で,同じ形状の別のグラスが私の靴の上に落ち,割れなかったとしよう。このとき,この事象はそれ自体としてはこのグラスの床に落ちたときの割れやすさについて我々に教えない(靴の上に落ちた場合の割れにくさについてはともかくとしても)。だが,この事象はこのガラス製のグラスが割れやすいという我々の認識にさして大きな影響を及ぼさないだろう。それは,このグラスではないが同様のグラスがこれまでに割れたことからの帰納的推論の結果であり,それらが「もしそこに靴がなければ割れただろう」という反事実的条件法判断を基礎付ける。この推論は演繹的ではないがそれなりに信頼できるものである[6]。だが,グラスの割れやすさについての判断の認識的根拠が両事例で違い,これが既遂犯と未遂犯についての行為者としての危険性判断にパラレルであることは容易に理解されよう。後者の危険性の認定が前者のそれよりも認識根拠に関して本質的に弱いことが未遂犯の取扱いの違いを基礎付ける ── 既遂の場合よりも本質的に弱い認識的根拠によってでも予防すべき重大な犯罪についてのみ未遂犯が処罰されるべきである ── ことになる。

社会防衛論の暴走？

　最後に，社会防衛論に基づく刑事司法システムが暴走しがちな理由が，社会防衛論が刑罰のネガティヴな側面を軽視するところにあるという佐藤の主張に私が賛成できないことを指摘しておきたい。応報主義的ないし責任主義的な刑罰論が佐藤にとって「無難」に見えるにせよ，因果的決定論の下で回顧的な責任概念が破綻せざるを得ないと考えている私にとって，それは「無難」ではなく端的に「破綻」しているのである。暴走の懸念がある正しい理論の実施に外在的制約を加えることはできるが，そもそも破綻している理論を救済することはできない。「刑法は犯罪人のマグナ・カルタである」という刑法総論の教科書の冒頭においてしばしば引用されるリストの警句は，リストが新派刑法学の主唱者であったことを抜きにしては理解され得ない。マグナ・カルタとしての刑法は，新派的犯罪人即ち犯罪傾向者と目されたものが，かかる「犯罪傾向性」の認定を濫用しがちな国家権力に対して防御的に援用しうる，国家刑罰権を外在的に統制する人権保障的規範なのである[7]。

1) そもそもこれらの「客観説」は，行為者の意図には依存していないものの，人々の「危険感」という極めて主観的な要素に危険の基礎を求めているのであって，それらが「客観説」という名で呼ばれていることにはやや困惑させられる。すぐ後の本文に見るように，客観的危険説論者が「純客観的に判断することは……」と述べていることから彼らが自説の「主観」主義的性格を認識していることが明らかなだけに，一層そうである。

2) 山口厚『刑法総論〔第3版〕』（有斐閣，2016年）289-290頁。なお，「一般人の危険感」という主観的要素に拠らずに客観的危険を基礎付けようとする見解が注目に値

する(松宮孝明『刑法総論講義〔第4版〕』〔成文堂,2009年〕242-243頁)。だが,行為者の制御下にない事情によってのみ実現が妨げられる場合には行為者の当該行為自体は危険であるという見解——私が理解した限りでの松宮のそれ——は,自然法則が行為者を含めて誰の制御下にもないという事実によって台無しになる。

3) こういった危険なホモ・サピエンス個体に対する刑事的処分が刑罰か保安処分かという関心は新派にとっては本質的に用語法的分類以上の意味を有しないことに注意しよう。

4) 故意の存在は危険性それ自体ではないが行為者の危険性の認識根拠である。特に危険な状況であること——たとえば建造物の現住性——を認識しつつ敢えて行為——放火——に及ぶ行為者は客観的に危険性の程度が大であると推定されるだろう。

5) 第2テーマでもそうなのだが(もっと言えば本書に限らず私と大屋のやり取りではいつもそうなのだが),私が自分の議論に於いて援用する事例が例外的なものに過ぎない(或いは可能的なものに過ぎない),と大屋は指摘したがる。だが,例外的事例であろうがなかろうが(或いは現実にそうであろうがなかろうが),それが存在する(或いは存在しうる)以上はそれを根拠付けるための議論が必要であり,それが一般的基礎付けの理論に組み込まれざるを得ない,ということに変わりはない。私には不可解な,しかし一貫した大屋のこの応答戦略については,大屋に(本書に於いてではないにせよいずれどこかで)詳細な敷衍を求めたいと思っている。

6) とはいえ大屋がこのことを認めないことまでが,ヒューム主義的懐疑論の規定演技ではあるのだが。

7) それは国家が人々の危険性の認識根拠として提示しうる事象を統制することを通じて国家刑罰権を統制しようとする規範であり,その点に於いて訴訟法的性格をも帯びているようにも思われる。

リプライ2

大屋雄裕

 すでに紙幅がないどころの状態ではないが，評者からいただいたコメントとの関係も含め二点のみ記しておきたい。
 第一に安藤は，具体的危険説・客観的危険説がいずれも「一般人の危険感」を基準としている点について，法益それ自体ではなく法益侵害に対して一般人が持つ危惧を対象とし，その解消を処罰の目的としてしまうのではないかと懸念している。この点についてはその通りであり，かつそういうものであると答えるべきだろう。行為者の危険性を客観的には認識できないという筆者の見解に対し，評者が「まったく認識不可能なものではなく，その認識の手がかりは存在する」と批判している点を参照しよう。だがそこで想定されているような徴候と原因の関係それ自体は認識の対象ではなく我々の思い為し（第2テーマ「応答」V）によるものであり，我々の——つまり安藤の懸念する「一般人」の——世界に対する解釈に依存している。傾向性論とは，一般人が考える危険性を制度化することによってなにがしか真実らしいモノイイに仕立て上げたものに過ぎないし，我々が考える（たとえば）犯罪傾向の内実は，我々の他者に対する不安に他ならない。だがそうだとしても刑事司法を含む社会制度が我々の行為によって織りなされるものである以上そのような性格を拭い去ることはできないというのが，筆者からの応答ということになるだろう。

第二に，筆者が安藤の援用する事例を例外的だと位置付ける点について，たとえ例外的であれ存在する以上はその基礎付けが必要となるはずだと安藤が反論している点について[1]。安藤が未遂犯は危険発生行為の既遂であるという指摘（応答Ⅲ）を忘却しているように思われる点は措くとして，ここでは二つのことを指摘する必要があるだろう。まず，例外的であれ現に存在するからにはそれを理論の射程に入れる必要があるという点については基本的に異論がない。しかしそこから「例外」（と位置付けられた事態，以下同じ）と「通常」の両者をともに正当化する一つの論理的基礎が存在するとか，むしろ「例外」に本質が示されていると飛躍することはできないはずである。安藤の議論は，①カモノハシは哺乳類である，②カモノハシは卵を産む，③ゆえに哺乳類は卵を産むという主張に過ぎないのではないか，というのが私の指摘である。

　また「例外」が本当に正しいものであるのか（したがって安藤の考えるように「通常」と同一の基礎により正当化されるべきものなのか）も問題にしなくてはならない。重大犯罪の未遂罪を処罰・制止しなかったとしても，そのすべてが当該犯罪の既遂にたどり着くかは未遂の時点ではわからないだろう。一部は実行行為を進めたが失敗するかもしれないし，途中で思い返して実行を中止することもあるかもしれない。処罰の基礎となるべき危険性は，したがってこれらの帰結を見届けない限り確定しないのだが，たとえば殺人のケースでは確定した時点ですでに（失敗・中止に終わらなかった場合には）被害者の生命が失われ，それを回復することができなくなってしまっているだろう。未遂処罰がそのような回復不能な損害の発生を回避するため予防的に行われるということには，事態の行末を知っている神の視点からはその一部が不要であり不当だということが含意されているのだが，ここで私は我々は

神ではないと端的に言うべきだろう。未遂犯処罰が例外的なのは
それが本質的に賭けでありその故に限定的に運用されるべきだと
いう発想に基づいており，その背景には時間の進行のなかで特定
の視点からの情報をもとに判断していかざるを得ないという我々
の社会の基本的な構造がある。したがって問題となった（筆者に
とってはごく自然な）指摘を安藤が（繰り返すと筆者にとっては）
きわめて奇妙な形で理解している点に我々は，安藤が真理と現実を
無造作に等置していること，時間の進行を考慮していないように
思われること（第6テーマ「応答」注17)参照）と共通の構造を見て
取るべきではないかと考えている。

1) ここで安藤が問題にするような筆者の指摘の例として
は，本書以外に次のものがある。大屋雄裕「功利主義と
法——統治手段の相互関係」日本法哲学会編『功利主義
ルネッサンス——統治の哲学として（法哲学年報2011)』
(有斐閣，2012年) 64-81頁。

第5テーマ
正義・同一性・差異

提　題

大屋 雄裕

「白人・黒人に平等の選挙権を認める。ただし投票にあたっては読み書き能力を持っていることを証明する必要があり，白人は一般的に教育水準が高いので免除されるが，黒人は識字力証明試験(有料)を受験する必要がある」という選挙制度を考えよう。我々はおそらく，このような制度は正義に反している，あるいは不正義であると言いたくなるだろう。社会の一部の人を対象にして・本人に責任のない人種という理由により・特別の負担を求めるからである。ではしかし，ある環境において黒人のみが有意に発症しやすい病気があり，公的費用でその予防薬を無償供与することを考えよう[1]。黒人のみが優遇されていると考えることもできる

[1) 実際に，イギリスに移住したインド系家族の新生児が日照不足からくる病を発症する，逆にオーストラリアでは移住者である白人に皮膚がんが多発するという形で，人の移動が加速したことによる環境とのミスマッチが多発するようになってきている。

し，公的医療が社会全体の拠出によって成立していることを考えれば，黒人以外の人々が自己のためでない負担を強いられていると言うこともできる。このような制度は，正義にかなっているのだろうか。そもそも正義とはどのようなものなのだろうか。

I. 等しきものと等しさ

　正義に関する古典的な定式は，「各人に彼のものを」（suum cuique）と表される。アリストテレスが分配的正義を示すものとして用いたこの表現は，キケロ以降のさまざまな論者によっても継承された。そこで含意されているのは，一定の基準によって等しいと考えられるものには等しいものを与えなくてはならないこと，逆に等しくないものに等しいものを与えてはならないことである。基準によって一定のグループに属するものに均等処遇が保障されるとき，そのグループに属さないものとは異なる待遇になることが予定されているだろう。分配的正義はそのように，グループ内の同一とグループ間の差異という両面を備えているのである。

　もちろんただちに問題になるのは，その基準であろう。冒頭の例のうち投票権をめぐる問題で，黒人か白人かという知的能力とは関係を持たない（だろうと思われる）基準によって異なる取扱いが設定されていたことを我々が不正義だと考えるならば，その根拠は基準と処遇の関連性（relevance）にある。予防薬のように関連性がある場合には問題ないと考える人も多いだろうし，男女のトイレを区別するように，むしろ差を設けないのが不自然だと一般には言われるケースもある[2]。男性と女性の肉体的能力に違いが

あることは否めないので陸上競技を男女別に開催することは許容されるが，知的能力に差はないから雇用の局面では平等に扱わなくてはならないと考えるわけだ。

　だがもちろん次に問題になるのは，そのグループ設定の妥当性である。男性一般と女性一般を（たとえば平均値や中央値を用いて）比較すれば，おそらく男性の方が速く走ることができるのだろう。しかしたとえば筆者自身はたいがいの女性より足が遅いことに自信があるし，人間集団を性別でなくボディマス指数（BMI）でグループ分けすれば，体重のより重いグループの方がより足が遅いという傾向を見て取ることがおそらくできるだろう。であれば，現に柔道やレスリングが体重に応じて階級分けされているように，BMIに応じて陸上競技を区分すべきではないだろうか。逆に格闘技において体重だけでなく男女の違いによって競技を分けなくてはならない理由は，どこにあるのだろうか。

　すぐにわかる通り，ここでも問題になっているのは同一性の認定である。実際にこの世界に存在するのは「男性」や「女性」ではなく，さまざまな属性を持った個々の存在（ここでは個人）でしかないし，それらの属性や組み合わせはすべて個別に異なっている。たとえ一卵性双生児でも同じなのは遺伝的なDNAの配列のみであって，生育状況が異なれば獲得する能力も変わるし，厳密に同一の生育状況などというものが存在しない以上（たとえば出

---

2) トイレを分けることも，たとえばLGBT当事者のような少数派を男女のどちらかに強制的に区分するという意味において差別的なのであって排除すべきだ（すべての人が一種類のトイレを共同で使うべきだ）という主張もあり，現実に発生し得るさまざまな問題——盗撮の危険など——を捨象すれば，理論的には筋の通ったものと評価できるだろう。

生時点も数分から場合により数時間のオーダーで異なる)、まったく同じ人間ではあり得ない[3]。その多様な存在をある基準でグループ分けするとき、他の基準では異なる個体がそこには同居することになるだろう。異なる基準を優先すれば、また異なる個体群が同一と看做されることになる。そのとき、特定の問題においてある特定の基準を採用することの正当化は、どのように可能になるのだろうか。「等しきものを等しく」とはある等しさに注目して他の等しさを捨象することであり、そこにはどこまでも我々の恣意性がつきまとうのだ。

II. 婚姻をめぐる同一性と差異

　同性間の婚姻をめぐる問題についても、さきほど述べた「等しきものを等しく」という立場からは、次のように述べることになるだろう。仮に同性婚と異性婚が同じものだとすれば、両者を均等に扱わないことは不正義である。異なるものだとすれば、扱いは違ってしかるべきである。同性婚を合法化した2015年6月のアメリカ連邦最高裁判決 (*Obergefell v. Hodges*, 576 U.S.__（2015）) における法廷意見（アンソニー・ケネディ裁判官）もそのように、同性婚と従前から認められてきた異性婚とが等しいものであるという論理に立脚している――「彼ら〔申立人〕が求めているのは法の目から見た平等な尊厳であり、憲法は彼らにその権利を与えている」。

[3] 一卵性双生児はDNA鑑定では区別することができないが、より一般的な生体認証の手段（指紋・顔・虹彩・静脈など）では判別可能であると言われている。

だが同意見が「婚姻関係を結ぶことで，2人の個人はそれ以前に比べて偉大な何者かになる」と述べたとき，そこでは3人以上の関係が2人による関係に劣後するものと位置付けられ，排除されていることにはならないだろうか。「婚姻は死を超えても存続するだろう愛情を体現するものだ」と考えるのならば，たとえば「ただ同年同月同日に死す事を願わん」という劉備・関羽・張飛の誓いの方が，数年で離別する異性婚よりはるかに（ここでいう）婚姻に近いということにはならないだろうか。にもかかわらず同性2人間の関係は異性2人間の関係と同一のグループに入れて法的な保護を与え，3人以上であればそうしないことの根拠はどこに求めることができるだろうか。あるいは異性2人だが婚姻の認められない近親関係を，いかに両者の関係が緊密であり愛情に満ちていようとも排除する理由は，どこに求められるだろうか。

　同性婚に反対する立場からしばしば展開される議論 —— 婚姻の本質は子を為すことにあり，そのような可能性のない同性婚は婚姻ではない —— がきわめて脆弱なものであることは間違いない。ただ男性と女性のペアでさえあれば，そのあいだに子を為す意思が当初からない場合であっても，あるいは当事者の片方もしくは双方が永久的な不妊であり子を為す可能性が存在しない場合であっても，婚姻が認められてきたからである。次世代を構成する子を育てることに基礎を求めれば，同性カップルも当然ながら養子その他の手段で得た子を育て得ると反論されるだろうし，3人以上の関係の方が潜在的な稼ぎ主の人数は多いとも指摘されるだろう。同性婚を異性婚と区別するのが不正義であれば，他の結合関係を2人間婚姻と区別することもまた，不正義なのではないだろうか。

　それでもなお，異性婚・同性婚が一定の法律上の制度を創設し

ようとするものである場合には、別の擁護が可能であるかもしれない。たとえば著作権に関する誘因説は、制度の存在意義を政策的誘導に求めている4)。著作物は何らかの自然権に基づいて前国家的に保護されるのではなく、知的財産の創造を促進することで人々に豊かな文化を享受させるための政策的手段として保護されるのであり、したがってそのような目的に反する場合は保護を制限するなど5)、その範囲や限界についても政策的考慮によって左右してよいというのである。同様に婚姻についても、2人による人的結合を特別に保護することによって一定の政策目的を達成しようとするものだと理解することができ、構成員が2人である場合に特別の効果が生じることが証明されれば、そのような制度も正当化可能だということになるのではないだろうか。

だがこのような手法が、我が国で渋谷区が採用したような施策に通用しないことには注意する必要があるだろう。2015年3月に可決・成立した「渋谷区男女平等及び多様性を尊重する社会を推進する条例」は、異性間の婚姻と「異ならない程度の実質」(同条例2条8号) を備えた同性間のパートナーシップについて、その事実を証明するものだからである (同条例10条)。言い換えれば同条例は直接の法的効果を持たず、その事実が社会の側においてどのように取り扱われるかについては、いわば期待して待つに留まっている6)。もちろん条例があくまで「法律の範囲内で」(憲94条) あるいは「法令に違反しない限りにおいて」(自治14条1項)

---

4) 著作権に関する誘因説については、たとえば林紘一郎編著『著作権の法と経済学』(勁草書房、2004年) 第1章を参照。
5) 具体的には、報道・批評等の目的での引用は (公正な慣行に合致し、かつ目的上正当な範囲内であれば) 無許諾で可能とされていること (著作32条1項) などを参照。

制定可能なものであることを考えれば，国家法が同性婚を認めていない現状において独自にそれを法的に定めることが難しいのは間違いない。しかしそれが単なる事実の証明であり，一定の効果と結合していないものだとすれば，異性婚・同性婚以外の家族的関係との格差をどのように正当化するかということが，本来はただちに問題になるのではないだろうか。「等しきものを等しく」扱うのが正義だとすれば，そのような関係であっても異性婚と同様の緊密な結合が実現しているという事実があるとき，それらをも等しく証明することが正義にかなっているのではないだろうか。

6）正確に言えば，区営住宅条例をはじめとする渋谷区の条例の適用について同条例の趣旨を尊重すべきことが定められているため（同条例 16 条），区営住宅・区民住宅については「婚姻の届出をしないが事実上婚姻関係と同様の事情にある者」と扱われることにより入居が可能になるなど，一定の法的効果を持つことが期待される。また，区・区民・事業者による性的少数者への差別が禁止され（同 8 条 3 項），違反行為については区長による調査・指導・勧告および名称公表等（同 15 条）が予定されている点も，事実上の制裁として機能し得るものと思われる。ただし後者については，法的な制度枠組を構築することなく事実の証明に留めたために，それを尊重したことから生じ得るトラブル（意識不明の患者に対しパートナーの同意により医療行為を行ったところ，他の近親者から意思に反するものであったとして訴えられる事例などが想定できよう）の責任は当事者に負わせる一方で不服従に対しては制裁を行おうとするものであり，法的リスクを一方的に当事者に転嫁しようとするものであるとの批判はあり得るように思われる。

Ⅲ．平等にするものとしての正義

だがここで，渋谷区パートナーシップ条例が異性婚を認めるにあたって課している手続的負担に注目しよう。同条例によれば認定を求めるカップルは事前に相互を任意後見受任者とする任意後見契約を結ぶ必要があり（同条例10条2項1号），また扶養・同居・貞操義務の有無や財産関係・パートナーシップの存続期間等について契約で定めなくてはならない（同項2号）。前者は法的に（任意後見2条〜4条），後者は条例により公正証書によることが求められているので，当事者は揃って公証役場に赴き，所定の手数料・登記費用を支払う必要があることになり，その際の費用のみで概ね6万円以上と見積もられている。

周知の通り異性婚においては証人2人の署名とともに婚姻届をしかるべき官庁に提出すれば足りるのであり，まったく手続費用もかからない[7]。それと比較すればここでは，少数者に特別の経済的負担が課されている結果になっていると見ることもできるだろう。これは等しきものに対する異なる取扱いであり，正義に反するのではないだろうか。

だが逆に，こう考えることもできる。さきほど述べたように3人以上の関係や近親婚のような形態を考慮したとき，そのすべてに関する法的規律を制定法により行うことは，おそらくほぼ不可能であろう。たとえ人数が同じであってもその内部関係は個々に異なり得るという問題もある。だとすれば第一義的には法的規律を最小限のものにし，当事者の合意によって個々に内容を形成する

---

7) 正確には届出に必要となる戸籍謄本等の取得費用が別途必要となるが，この点は渋谷区条例上の手続についても捨象している。

契約的形態に置き換えることが考えられるだろう。現在の家族法においても必要な場合には婚姻に伴う財産契約を結び得る（が原則は法的に規律される〔民755条〕）とされているところ，その原則と例外を反転させ，大原則として個別契約を要求するのだ。現在の婚姻制度が保障している身分の公知性を担保するために，当該契約はすべて公証と登録が必要であると（まさに渋谷区条例のように）してもよい。このようにすれば，すべて個別的なものを等しく取り扱うことができるのではないだろうか。

　仮にそのような制度を採用したとしよう。だが異性間で1対1の関係を取り結ぼうとする当事者は多数いるだろうし，彼らに対して「一般的な契約のパッケージ」を提供するサービスが自生的に発達するだろう。多数派である異性婚カップルはそのような定型的で安価なサービスを利用することができる一方，少数派であるその他の形態の当事者は自らの望む関係を適切にコーディネートすることのできる契約を，弁護士等の比較的高価なサービスによって整える必要が生じることになる。適切な契約を取り結ぶのに必要な費用が市場原理の赴くところにより異なってくる結果，実現するのは最初の状態──少数者のみが高額の手続費用を負担する状態になってしまうのではないだろうか。ここで，仮にそのような結果に終わったとしてもそれは自生的に──政府による法規制の結果でなく──生じたので正義にかなっていると考えるならば，正義とは結局のところ，多数派が適切であると考える同一性認定に沿った状態が実現することに過ぎないだろうし，それは多くの場合においてもっとも効率的な状態の実現と一致するのではないだろうか[8]。

　しかしそこで逆の方向へと思考を展開させてみよう。いま当事者間の関係を契約によって──というのは個別的な合意形成を通

じて——構成することにしたならば，少数者にとって不利な状況が市場原理を通じて実現するとしよう。たとえばそれは事例の少ない同性間カップルの契約締結費用が高額になるということかもしれないし，平均的には収入の低い女性が交渉で劣位に置かれ，家事や家計費用の分担において不利な条件に合意せざるを得なくなるということかもしれない。このとき，事実としてそのような差異があるにもかかわらずそれを法的には消滅させること，たとえばある種の定型契約を制定法により定めることによって契約締結費用の差異を埋め合わせるとか，標準的な夫婦間財産制度を規定することによって「自然な」不平等が生じないようにすることが，何らかの正義の実現だとは感じられないだろうか。仮にそうだとすればそのときその正義は，本質的に異なるものを同一のグループへと包含することに求められることになるだろう。等しきものを等しくではなく等しからざるものを等しく扱うところに，正義が現れるのである。

　これに近い考え方を提唱したのは，フランスの哲学者ジャック・デリダであった[9]。デリダによれば正義とは第一に，個別の事例に対して個別に正しい解決を与える点に求められる。だが現実の

---

8) 仮に経済的には不合理な同一性認定を・しかし多数派が適切であると信じているような社会があったとすると，社会間の競争において不利なのでそのような社会は崩壊するか他の（より合理的な同一性に関する考え方を採用した）社会に統合されることが期待できるため，多くの場合に両者は一致する結果になるものと考えられる。ただし天然資源のように社会自体の効率性によらない外部からの利益が膨大に存在する場合（たとえばレンティア国家〔大屋・第3テーマ「提題」注14〕参照〕）にはそのような変化が起きないであろうから，必ず一致するとも言えないだろうことになる。

事例がすべて互いに異なる固有のものであるのに対して，法は規則であり，規則としての反復可能性（itérabilité）を持っていなくてはならない。複数の異なる事例に共通の解決を与えるものでなければ規則としての法ではないが，異なる事例であるにもかかわらず同じ解決を与える点においてそれは正義に反している。これまで自然であると信じ繰り返し適用してきた法が適切な解決を与え得ているのかを反省することを通じて我々は法を正義に近付ける努力を続けることができるが（デリダはこのような作業を「脱構築 déconstruction」と呼んだ），どれだけ規則を細分化し・より適切な解決を与えようとしようとも，それが個々の事例に個々に適切な解決をもたらすという意味における正義に一致することは，法が規則である以上，ついにない。

このようなデリダの主張は，正義にかなった法は存在しないという意味だと受け取られ，かなりの（否定的な）反響を呼んだ。しかしその一方で彼が脱構築は正義であるという主張を同時にしていることにも注意する必要があるだろう。「これが正義だ」と言うことのできるような法は存在し得ない，しかし現存する法を理想へと近付けていくこと，個物をグループ分けするために用いられる等しさの基準をそのために見直していくことは，理想状態としての正義とは異なる，もう一つの別の正義なのである。

このとき，そのような脱構築としての正義が等しくないものを等しくすること，より正確に言うならばそれまでは「等しくないもの」と考えられていた存在のあいだに新たな等しさを見出すこ

---

9) ジャック・デリダ（堅田研一訳）『法の力〔新装版〕（叢書・ウニベルシタス）』（法政大学出版局，2011年）。また参照，大屋雄裕『法解釈の言語哲学——クリプキから根元的規約主義へ』（勁草書房，2006年）第3章。

とによって新たなグループ分けを作り出し，規則が適用される対象を変化させようとする営為だという点に注目するべきだろう。正義とそれが基礎とする平等とは，我々の生活や決断から無関係に——客観的に——この世界に存在するものではなく，我々の行為が作り出していくものだと考えるべきなのである。

応　答

安藤　馨

I．普遍化可能性を巡って

　大屋「提題」が最初に俎上に載せるのは —— 過去2回の提題もまたそうであったことを思えばまたしてもというべきか —— 正義とその概念的要請としての普遍化可能性の問題である。正義の問題を「等しきものを等しく」扱うこと，とした上で大屋はそのようなことが如何にして可能かを問い始める（提題I）。そこでは二つのことが問題とされていることに注意したい。まず第一に，ある処遇とその根拠となっている基準 —— グループ化 —— との間に「関連性 relevance」がないとき，そのような基準に基づいて処遇を違えることは不正義であると大屋は示唆している。第二に，大屋は関連性のある複数の基準の中である特定の基準を採用することの正当化をどのように与えられるかを問う（陸上競技はなぜ男女別であって BMI 別ではないのだろうか）。ある基準を採用した場合に —— 性別 —— その基準に従って分類されたグループ内には他の

基準——BMI——からすれば異質な諸個体が同居することになることを指摘しつつ、大屋は「『等しきものを等しく』とはある等しさに注目して他の等しさを捨象することであり、そこにはどこまでも我々の恣意性がつきまとうのだ」(傍点大屋。提題I)と宣言するのである。

1. 無関連な基準による取扱いとその不正

——「等しきものを等しく」が必然的に恣意的だというのは本当なのか？

まず第一に、ある処遇とその基準との間に関連性がないということを不正義だと見る大屋の見解について私にはさほど異論があるわけではない。だが、その理由をここできちんと説明しておくことが、後に大屋の見解の問題点を正確に認識するためには有益である。

我々が他者に「なぜある人々をそのように扱い、他の人々をそのように扱わないのか」と問うたときに「前者は～であるが後者はそうではないからだ」という応答がなされるとしよう。もしその「～である」の「～」の部分が、当該の取扱いと「無関連 irrelevant」だとしたら、そもそも我々は相手の返答を理解することに苦しむだろう。たとえば私が定期試験の採点をするときに一部の学生の評点に下駄を履かせるのだとしよう。「なぜそうするのか」と問われたときに「彼らは火曜日生まれだから」と私が返答したならば、あなたは私をまともな人間ではないとみなすことだろう。「なぜそうするのか・そうする理由はなにか」という問いはそもそも、その取扱いの正当化に関連する対象の性質を問うものなのである。

この事例でも「15％程度の学生の評点に下駄を履かせることが教育上最善なので、無作為抽出の手段として誕生日の曜日を利用したのだ」というような、火曜日と下駄の間の関連性を示す更なる説明を私が提供すれば、賛成してもらえるかどうかはともかく私がおかしな人間であると思われることはなくなるだろう。ある取扱いを「正義に適っている」と主張するとその取扱いについて関連する根拠・理由を問われるということは、正義の —— というよりは規範や価値など一般の —— 概念的要請の一部であり、普遍化可能性とはまさにこのことを指すのであった。

この普遍化可能性の問いを存在論的に「その取扱いのどのような特徴・性質がそれを正しいものとしているのか？」と言い換えることができる。非道徳的観点から類似したものを道徳的に類似したものとして扱え、という普遍化可能性の要請を同様に言い換えれば、「道徳性質は(非道徳的な)自然性質に随伴する」ということになるだろう[1]。普遍化可能性を受容するあらゆる正義論——必ずしも大袈裟なものではなく「〜は不正である」といった主張一般を含むものとしてのそれ——は、「正しさ」が随伴する先の自然性質・物理性質を示すことにコミットしているといってよい[2]。たとえば、最大多数の最大幸福を謳う功利主義は、ある行為の

---

[1] 「AがBに随伴する」とは、Bに関して違いのないものはAに関しても違いがあってはならない、ということを意味する(逆にBに関して違いがあってもAに関する違いがないことは許される)。これはBがある意味で一方的にAを決定しているという関係を表現するものである。道徳性質の自然性質に対する「随伴性 supervenience」は分析哲学に於けるその登場の最初期から普遍化可能性の定式化の一つとして捉えられてきた。cf. R. M. Hare, *The Language of Morals*, Clarendon Press, 1952, pp. 145, 159.

「正しさ rightness」という道徳性質は「他のどの行為選択肢よりも世界が含む快楽と苦痛の集計を増大する」という自然性質に随伴する，と主張していることになるだろう。大屋の言う「基準と処遇の関連性」とは，要するに処遇の正当化可能性という道徳性質が随伴している自然性質を当該の基準が表現できているかどうかという問題にほかならない。

　例を挙げよう。黒人と白人がともに生きている政治体に於いて「白人だから」という理由で白人に選挙権を与えないとしたら，それを我々は不正だと思うだろう。だが，「そうすることが世界の含む快楽と苦痛の集計をより増大させるから」という理由で人種間での平等な選挙権賦与を提唱する功利主義者についてはどうだろうか。読者は前者の場合のような違和感を後者に対しては覚えないかもしれない――そしてそうだとすればそれは功利主義者である私からすれば喜ぶべきことである――が，もし「選挙権の分配の正しさに世界の含む快楽と苦痛がどう関係があるというのか。そのような論拠はまったく見当違いである」という異論が提出されたならばどうなるだろうか。実際のところ，頑迷なカント主義者がまさにそのように主張したとしてもなんの不思議もないだろう。彼／彼女からしてみたら，快楽と苦痛などということは，

> 2) 「自然性質」が何か，ということは難しい問題である。ここではとりあえずそれを「物理性質」として理解しよう（物理性質は物理的な因果的影響力を有しそれゆえ物理学的認識の対象となりうるような性質である）。道徳の随伴性は直観的には明らかであるにも拘らず，意外にもその精確な分析が困難である。cf. Nicholas Sturgeon, "Doubts about the Supervenience of the Evaluative" in R. Shafer-Landau ed., *Oxford Studies in Metaethics, vol. 4*, Oxford U.P., 2009.

およそ政治的権利の配分にとって「無関連」なのである。同様に,たとえば動物と人間の間での処遇の差について,功利主義者は種の違いそれ自体は無関連だとみなし,動物の取扱いに関するカント主義者の見解をおよそ「無関連」な基準による的外れなものとみなすだろう。この対立ないしすれ違いは,言うまでもなく,両者の受容する正義論の相違を反映するものである。

さて,大屋が示唆している「ある処遇とその根拠となっている基準との間に関連性がないように思われるとき,そのような基準に基づいて処遇を違えることは不正義であるように思われる」という主張について改めて考えよう。いまや,この主張はトリヴィアルに真であるように思われるだろう。処遇の正当性と処遇の基準の関連性についてある人が下す判断は,まさに正当性がそれに対して随伴するとその人が考えるような自然性質についての判断であり,それは正義についての見解 ── その人の正義論の一部 ── を示すものにほかならないからである。ある人が自身の正義論と齟齬をきたすような処遇を目にしたときに,それを「不正である」と考えるのはもちろん当然のことであり,論理的要請ですらある。

だが,取扱いとその基準の間の関連性が,要するに取扱いの正当性が随伴する自然性質がどのようなものであるかの問題だということを理解すれば,大屋の議論にはある種の混乱があるのではないかと思われるだろう。私が性別による競技区分が正当だがBMIはそうではないと考えるとしよう。このとき私は競技区分の正当性に関わる正義論上の一定の見解を有していることになる。性別ごとのグループ内には様々なBMIを持つ人々が属するところ,私はBMIの差異をそもそも無関連であると考えていることになるが,それはまさに競技区分の正当性が随伴している自

然性質ではないのだから、BMIが競技区分に於いて無視されることそれ自体には私自身の正義論から見る限りなんら恣意性はない。したがって、大屋の「どこまでも我々の恣意性がつきまとう」という主張は、私の正義論内部の問題ではなくて私が採用し得た可能な諸正義論についての主張、つまり「どのような正義論を選択するか——そしてそれゆえあらゆる正義論上の見解——は恣意的である」という主張であると理解せざるを得ないだろう。だが、もしそうだとすればその主張の論証はなんら大屋によって与えられていない。

2. 関連性のある複数の基準とそれについての選択

こうした整理は大屋に対して若干アンフェアかもしれない。大屋が示唆しているのは、たとえば競技区分に於いて性別もBMIもともに関連性があるように思われるにも拘らずどちらか一方を（或いはそのほかの未だ気づかれてはいないが関連する基準を）無視するとしたらそれは恣意的である、ということであるようにも思われる。

しかしながら、関連性のある基準とは競技の正当性という性質が随伴する先のその自然性質そのもののことなのだから、複数の競合する関連性のある基準など最初から存在しない[3]。性別如何とBMI如何がともに「関連性がある」と思われるとしたら、そこで実際に「関連性がある」と思われているのは身体的能力如何であって、性別やBMIそのものではない。それらは身体的能力についての「代理変数 proxy」であるに過ぎない。複数可能な代理変数のうちのどれを選ぶかが恣意的であるという主張であるとすれば、そのことには異論はない。どんな代理変数による基準も常に

問題になっている自然性質からの逸脱を伴うだろう。もちろん最も逸脱の少ない代理変数を選ぶべきであるだろうが，ある代理変数がその意味で最もマシであるということが，その代理変数を採用したせいで本来受けるべき取扱いから漏れる人々への不正な取扱いを正当化するわけではない。だが，このことは正義そのものの恣意性とは関係がない。

Ⅱ．パートナー関係とその道徳的価値

次いで大屋は普遍化可能性に関わる自身の思考を婚姻に対する法的保護に応用してみせる（提題Ⅱ）。現在の諸国家で法的に保護されているパートナー関係の大勢を占めている異性婚について，なぜそれが法的保護に値するのか —— そのような保護が正当だとしたならばその正当性が随伴する先の自然性質はなにか —— を考えなければならない。そしてそのようなものとして婚姻関係の保護の正当性をその関係が有する次世代個体の「再生産 reproduction」の可能性に求めることができない，という大屋の指摘はまっ

> 3)「だが，取扱いの正当性が性別やBMIによって多重実現されていたらどうなるだろうか」という疑問を持った読者がいるかもしれない。この疑問は——特に両者が取扱いの正当性に於いてなんら衝突しない場合には——正当だがここでは立ち入らない。ただし，たとえばあるBMI値を持った男性とあるBMI値を持った女性が同じ競技区分に分類されるとすれば，そこでBMIと性別を較量するためのなんらかの基準が必要であるだろう。そうだとすれば，その基準こそが取扱いの正当性が随伴する先の自然性質を表現しているであろうことに注意しておきたい。

たく正当である[4]。また，近親婚や複婚を原理的に排除して非近親者間の1対1の関係のみを保護しようとすることにも理由がなさそうだという点もまったくその通りであろう。したがって，この点に関して私は特に異論がない。だが本節では，この問題の持つ大屋のような枠組では語られずに済まされてしまうような側面について言及しておくことにしたい。

1. 法の下の平等と際限ない後退

　　——問題になっているのは平等なのだろうか？
　　——婚姻のような私的事柄について国家が肯定的にも否定的にも関与すべきでない，という公私区分の話ではないのだろうか？

　同性婚の法制化を巡る議論はまずは法の下の平等に訴えつつパートナー関係の法的保護を当事者の性的指向に関わりなく与えるべきである，とするものであった。つまり，異性婚の保護がそれ自体正当であるかどうかに拘らず，同様の保護を同性間パート

---

4) だが，「抽象的な出産の可能性」という極めて疑わしい論拠に基づいて現行の家族法を正当化しようとする実例が容易に見つかるのも事実である。次世代個体の再生産に対する法的保護が正当である，ということを認めるとしても，それは一夫一婦制的異性婚とは原理的に関係のない事柄であり，そもそもパートナー関係一般と別の問題である（いわゆる未婚の母のようにそこにパートナー関係が介在しない場合にも人々が幼年者を養育することを法的に支援し保護すべきであるだろう）。

ナー関係に与えないことそれ自体が差別的であり不正である，というわけである。この議論の要点はそれが既存の異性婚の正当化根拠に関わっていない（ように見える）ところにある。たとえば，ある国家に於いてある犯罪者Aが処罰されしかもAに対する処罰が道徳的に正当な処罰よりも不当に軽いのだとしよう。次に同じ犯罪を犯したBが処罰されるとしよう。今度はBにはAよりも重い道徳的に正当な処罰が科されるとしよう。このとき，Bの処罰は道徳的に正当なのだが，しかし，この国家の振る舞いにはAとBとを理由なく異なった様態で取り扱っているという点での不正——法の下の平等に対する違背——がある。同様に，異性婚を含む法的に保護された婚姻制度一般の正当性をまずは棚に上げつつ，法の下の平等の問題として，同性婚の法制化を要求するという方策が可能であるように思われるだろう。婚姻制度の道徳的正当性という正面からの道徳問題を回避できるように思われることがリベラルな政治体制下での規範的議論として望ましい——婚姻に関する解消不可能な見解の対立に対して中立的に議論を進められるから——と思われていたことは確かであるだろう。

　だが，この方策は結局のところ，異性婚と同性婚が同じ取扱いに値するような「同じものなのか」という問題を招き寄せざるを得ない。大屋が縷々指摘するように「どのような基準で等しいのか」を抜きに平等な取扱いを論ずることはできないからである。異性婚支持者は「どこが違うというのか？」と問われ，当初は「生殖の可能性」といった胡乱な答えを返すかもしれないが[5]，結局のところそれらが異性婚をカテゴリカルに擁護できるものではないことに気がつかされるだろう。現在の状況は，既存の婚姻制度支持者が「1対1の親密な関係」という後退戦線まで押し込まれたところであると言ってもよい（アメリカ憲法の文脈で言えば*Obergefell*

v. *Hodges*, 576 U.S.__(2015)がそれに該当する)。しかし,更に複婚の法制化を要求する人々から「どこが違うというのか」と問われるならば,同性婚の場合と同じことが繰り返されることになる[6]。際限ない後退を避けようとしてたとえば正面から「生殖の可能性を保護するためのものだ」と言い切って基準を厳格にしてしまえ

5) どんな道徳的見解も理由を辿っていけばどこかでそれ以上に遡行できない地点に行き着くのだとすれば(たとえばカント主義者になにゆえに人格がそれ自体として尊重されなければならないのか問うても無駄であるだろう),実際のところ「一方が同性間,他方が異性間であるということそのものが異なった取扱いの根拠である。それ以上の理由はない」という開き直りは見かけよりも強力である。もちろん,そこでいう「性」とはなにか,それが同じだとか違うだとかいう際の個別化原理はなにか,という問いが更に問われることにはなるだろう(そして事前にそう思っていた「性」などというものが実際には存在しないことに気がつくかもしれない)。これに対して,「単婚は1対1の親密な関係であり複婚はそうではない,ということが異なった取扱いの根拠である。それ以上の理由はない」という開き直り的主張には,先ほどの例と違って「性」に絡むような脆弱性はない。しかし,今度は「親密」とはなにか,「1対1」とは正確にはどういうことか,という問いが突きつけられることになる。既存の制度の下で保護されている婚姻関係の少なからぬものがこのような意味で「親密」でもなく「1対1」でもないかもしれない。

6) 複婚を実践する人々の共同体とその憲法上の権利は現実の問題である。モルモン教と複婚の関係はよく知られているだろうし,最も華々しい事例のひとつとして「オナイダ・コミュニティ」を挙げることができるだろう(参照,倉塚平『ユートピアと性――オナイダ・コミュニティの複合婚実験(中公文庫)』〔中央公論新社,2015年〕)。

ば,既存の婚姻関係の大半が保護に値しなくなるだろう —— 加齢やそのほかの事情で生殖能力を失ったりそもそも生殖への意志を持たなかったりする異性カップルの関係はいまや法的に保護されないし生殖さえ行えばあとは養育を放棄しようとも構わないだろう ——, し,既存の婚姻制度の下で保護されている関係をそのまま保護し続けようとすれば保護範囲は際限なく拡大するだろう。そうだとすれば,大屋が指摘するように,当事者の同意を保護するものとしての契約によってパートナー関係を保護する —— 契約の中身はまさに当事者の自由な決定による —— 以外には婚姻制度を正当化することはできなさそうである(それはもはや婚姻制度というよりは端的に契約法という制度そのものであるだろう)。この方策が招き寄せるかもしれない問題を大屋は指摘しているが,その検討は次節に譲ることにしよう。

2. 私的関係の道徳

　同性婚を巡る議論に於いてなにが問題になっているかをより正確に認識するために,ここで「ソドミー法」を巡る議論の展開に触れておくのがよいだろう[7]。アメリカ法に於いてこれが大きな問題となったのは *Bowers v. Hardwick*, 478 U.S. 186 (1986)(バウアーズ判決)に於いてであり,ジョージア州のソドミー法の合憲性が問題とされた[8]。多数意見はソドミー法を合憲としたが,その理由付けは,同性間性交がプライヴァシー権の範囲に入っていない,というものであった。多数意見を代表するホワイト(White)判事は,プライヴァシー権を家族・婚姻・生殖に関連するものとして理解した上で同性間性交がそれに含まれないとし,多数派の道徳観の法制化がデュー・プロセス条項違反であるということはでき

ないとした⁹⁾。ブラックマン(Blackmun)判事反対意見は,プライヴァシー権が対象の行為をそれが多数派の感情を害するとしても —— 或いはむしろ害するがゆえに —— 保護するものとして,ジョージア州ソドミー法を違憲とした¹⁰⁾。批判の対象となっているのは,まさに多数意見がプライヴァシー権を家族・婚姻・生殖の問題に関連する限りに於いて認めようとするその点であり,反対意見はプライヴァシー権について「多数者の感情を害する」場

7) ソドミー法は「反自然的性交」を禁ずるものである。基本的には当事者のセクシュアリティを問わず,獣姦,オーラルセックス,アナルセックスといった行為がその対象である(本来的には「反自然的性交」という概念自体は正常位による男女の両性器による交接以外を包括し自慰や後背位による性交をも含む)。特に同性間性交についての各国の法制は大きく異なっているが,英国と英連邦では1957年のウォルフェンデン報告によって同意ある成人同性間での性交の脱犯罪化が勧告され,対応する立法が為された。アメリカではなお9州で廃止されていない(ただし後に見る *Lawrence v. Texas* (2003) によって,公然でない同意に基づく性交を禁止する部分については連邦憲法違反として無効である)。

8) マイケル・ハードウィク(Michael Hardwick)は自宅での同性間性交について告発されたが,予備審問後に更なる証拠が提示されない限りは大陪審に起訴を求めないという決定が行われた(その意味では実害はなくパウエル〔Powell〕判事はそれを理由としてこの事件が第8修正に係るような憲法問題を提起していないとして —— 当初反対意見側であり,しかももしそのままであれば反対側が多数を占めたのだがその意見を変えて —— 多数意見に賛成している)。しかし,まさに「更なる証拠が提示されない限りは」という条件がある以上は逮捕の危険が消滅したわけではなく,いわば宙ぶらりんの状態に置かれたハードウィクが,それを不当として訴えを提起した。

合についても私的領域を保護しようとするリベラリズムの理念に忠実な理解を示している。

世紀が変わって，*Lawrence v. Texas*, 539 U.S. 558（2003）（ローレンス判決）はバウアーズ判決を覆したが，その際にケネディ（Kennedy）判事に代表される多数意見は当然ながらプライヴァ

9) ホワイト判事はソドミー法にコモン・ロー以来の伝統・歴史があるという主張をも展開しているが，これはハードウィク側の主張，つまり同性間性交への権利を含むようなプライヴァシー権が国家の歴史と伝統に基づくという主張への反証としてである（ある対象が基本的権利として認められるかについて歴史と伝統に於けるその取扱いがどうであったかを論点とする方向性は後に積極的安楽死を巡る *Washington v. Glucksberg*, 521 U.S. 702（1997）に於いて基準として確立された）。これに対し，賛成側のバーガー（Burger）判事補足意見は，西洋文明に於いて古代から同性間性交が処罰されてきたとし，ハードウィク側の主張が「数千年の道徳的教説 millennia of moral teaching」に反するとしているが，ここではホワイト判事のものとは過去の法実践がどうであったかの意義付けがかなり異なっていることに注意すべきである（なお両者のこうした歴史認識の正確性に対しては後のローレンス判決で批判が行われている）。なお，この判決は多数意見の過度に侮蔑的な色彩のせいもあって判決後直ちにほぼ全面的な批判を受けた。

10) 反対意見では平等条項が本件に無関連であるとする多数意見に対する反対も表明されている。ジョージア州ソドミー法が同性間か異性間かを問わないものであるにも拘らず，ジョージア州側が同性間性交を禁止するという州の「道徳的」利益をもっぱら強調している点が疑わしいとされている――この点は性的指向が平等条項論に於けるいわゆる「差別が疑われるクラス suspect class」に属するかどうかとは別問題であるとされている――が，中心的論点がプライヴァシー権の問題にあることには変わりはない。

シー権を問題にした。ここで注目すべきは、ローレンス判決が平等条項を敢えて直接に問題にしようとはしなかったことであり、そこでは基本的に「家 home」に対する国家介入の憲法的制約が問題とされた[11]。これに対し、スカリア(Scalia)判事による反対意見では、型通りの原意主義的反対を措くとして、多数派の道徳を促進することが州の正統な利益でないとしたら、(私的領域で行われる)重婚・不倫・近親相姦・獣姦の禁止も正当化できなくなる、と指摘されている。注目すべきはオコナー(O'Conner)判事の補足意見である。バウアーズ判決に於いて賛成側であったオコナーはその判断をなお維持しつつも、ここでは——同性間の性交のみを対象としている——テキサス州ソドミー法を平等条項違反として違憲とする。しかし同時に、オコナーは単に同性愛者を道徳的に非難するためという不当なものではないような、異性婚制度の保護を正当とする幾つかの理由があるとしている。だが、この後半の主張の根拠は明らかに不明瞭であり、スカリアによって、オコナーの見解は同性婚の容認に繋がるはずだと指摘される(スカリアはそれをオコナーに対する *reductio ad absurdum* として用いている)。

ここまでの流れを見ても分かる通り、ここではソドミー法の憲法問題がまずは平等条項の問題ではなくプライヴァシー権の問題

---

11) ローレンス判決が平等条項を無視しているわけではなく、コロラド州の差別的な憲法修正に関して平等条項が問題になった *Romer v. Evans*, 517 U.S. 620 (1996) が言及されている。ただし、バウアーズ判決で合憲とされたジョージア州ソドミー法が異性間のオーラルセックスやアナルセックスについても同性間のそれと同様に禁じていた点について、それが平等条項違反ではなく合憲であるという議論が生ずることを避けるべく、プライヴァシー権に論点を集中するとされている。

として展開されている。しかし，ソドミー法合憲派によって，プライヴァシー権を理由とするならばほかの性的行為に対するそのほかの規制もまた不当になるという点が常に指摘されていることに注意したい。性的行為の規制が世界的に見ても緩やかな方に入る日本法を当然のものとして考えるならば別にそれで構わないように思われるだろうが（そしてスカリアの意図した *reductio* はその限り失敗するだろうが），その場合でもなお問題になるだろうのは売春や重婚である。もし仮に，同意ある成人間の私的関係についておよそ規制すべきでないという立場を採らないとしたら，プライヴァシー権からの正当化は広範に過ぎるのである。だが，個々の私的関係の道徳的正当性について直接に論ずることなしに売春・重婚とそのほかの間に規制可能性の境界を引くことは困難であるだろう。プライヴァシー権を持ち出さなくてもことはほぼ変わらない。平等条項違反を理由としてソドミー法を違憲としうるならば同様にして同性婚を法制化しないことも違憲となるだろう，というスカリアのオコナー批判は平等条項が複婚やそのほかの非伝統的婚姻形態の法制化要求へと繋がるはずだ，という批判でもある。結局のところ，特定の私的関係について国家がそれを保護するとかしないとか禁圧するとかしないとかといったことをおよそ全面的に不当であるとするか，その関係の道徳的な重要性について正面から議論するかのどちらかを選ばなければならない。特に，平等条項・法の下の平等に訴えようとするならばそれが結局は不可避であることは既に確認した通りである。

3. ゲイ・ライツとその道徳化

さて，少なからぬ読者が「ならば，国家が自律的な私的関係に

容喙するのを已めれば済む話ではないか」と思ったのではないだろうか。だが，国家と私的領域を巡る話は必ずしもそこまで単純ではない。バウアーズ判決もローレンス判決も，問題の所在がプライヴァシー権の範囲にあると考えていたことを思い出そう。ソドミー法を違憲とする立場の理解では，プライヴァシー権は多数派が不道徳であると思おうとも私的領域に於いては自由が保障されるというものであった。同性間性交が実際に不道徳であるかないかはそこでの議論の対象ではない。だが，政治哲学者マイケル・サンデル（Michael Sandel）はまさにこの点を問題にした。

性的なプライヴァシー権に関連してしばしば参照されるスタンリー判決（*Stanley v. Georgia*, 394 U.S. 557（1969））を引き合いに出してサンデルは次のように主張する。スタンリー判決は私的領域に於いてポルノグラフィを所持する権利をプライヴァシー権として認めているが，それはポルノグラフィを見ることがなにか善いことだからではない，と。バウアーズ判決の少数意見がそうしているように対象の道徳的評価を抜きにした個人の自律的決定の問題として理解されたプライヴァシー権に基づいて同性間性交を擁護することは，むしろそれをポルノグラフィと区別のつかないものとして扱うに等しく，決して同性愛者に対して相応しい尊重を与えるものではない，というのである。サンデルは，プライヴァシー権の対象はまさにそれが道徳的に善いからこそそのような保護に値するのだという，道徳的評価を回避しないようなプライヴァシー権理解を支持し，それに基づいて同性愛者の権利が擁護されるべきだとする[12]。サンデルに批判される側のリベラル派として

---

12) Michael Sandel, "Moral Argument and Liberal Toleration: Abortion and Homosexuality," *California Law Review* 77 (3): 521-538.

は，バウアーズ判決の少数意見が同性間性交はポルノグラフィと同等のものである――同じくらいに卑しいものである――というような道徳的評価をそもそもしていないと反論することになるだろうが13)，それでもこのサンデルの批判に汲むべきところがあることは確かである。プライヴァシー権に基づいて同性間性交を認めることそれ自体は同性愛者に対して適切な尊敬と配慮を示すものだとは必ずしも言えないように思われるのである。

ことは権利への闘争を展開する当事者の視点からよりいっそう明らかになる。ゲイ・ライツ・ムーヴメントの当事者は私的領域の確保それ自体を目的としていたのではなくて，性的指向による差別的抑圧それ自体の除去を，つまり，性的指向如何に関わりない尊重の念を多数を占める異性愛者たちに要求していただろう14)。

13) なお，ロバート・ポスト (Robert Post) はサンデルの論文に対するコメントで，バウアーズ判決の少数意見がプライヴァシー権の対象の道徳的評価を回避しているわけではない，と指摘している。少数意見の理路はむしろ個人が一定の事柄について――性的関係のそれがそこに含まれるわけだが――自ら決定することができるということは，その人のアイデンティティや幸福にとって死活的に重要な善いものであって，そのような善いものとしてプライヴァシー権が正当化される，というものである。したがって，ポストによれば，少数意見に対するサンデルの反感は，そうした自律的決定こそが人間にとっての善であるというサンデルの批判するリベラル派の人間観に対してのものであるに過ぎない。cf. "Tradition, the Self, and Substantive Due Process: A Comment on Michael Sandel," *California Law Review* 77 (3): 553-560.
14) この点は第3テーマに於ける私の応答で，反差別としての平等を理念とする型の平等論の問題として触れたので，改めて参照を請いたい。

そのような尊重の基盤として，自分たちのライフスタイルが——たとえば職業的詐欺師のそれとは違って——その道徳的価値に於いてなんら異性愛者のそれに劣ることはないのだ，と主張することが必要になるとしてもそれはもっともである。そもそも「放っておいてもらう」権利であるプライヴァシー権のみを理由としては，ソドミー法の違憲性は言えたとしても，同性婚の法制化を要求することは困難である。そして，ひとたび平等条項・法の下の平等に議論の焦点が移れば，パートナー関係の道徳的価値とそれによる法的保護の正当化の問題は回避し得ない。実際にバウアーズ判決からローレンス判決に到るその間に，ゲイ・ライツに関する議論は徐々に公私区分とプライヴァシー権への専心から歩みだして道徳的論議を回避しないで扱うという方向へと転換し始めたのであった[15]。

III. 差異の消滅と正義

話を差異と平等を巡る一般的問題へと戻そう。既に見たように，婚姻を巡る同一性と差異の問題が，結局のところ当事者の同意を

---

15) その実例として Carlos A. Ball, *The Morality of Gay Rights*, Routledge, 2003 を見よ。そこでボールは一階(first-order)の道徳的論議を回避しようとする「中立的リベラリズム」から，それを避けない「道徳的リベラリズム」へとゲイ・ライツの基盤を移行しようとしている。道徳的リベラリズムということでボールが範例として念頭に於いているのはマーサ・ナスボーム(Martha Nussbaum)の政治哲学であるが，その明らかに卓越主義的な色彩がどのようにリベラリズムと折り合わせられるのかは残念ながらはっきりしない。

保護するという契約制度へと落着せざるを得ないのではないか，という大屋の指摘は正当である。その上で，大屋はそうした制度の帰結が不正義を生み出すと示唆している（提題Ⅲ）。

1．自発的契約の自然的帰結

　　――差異を法的に消滅させることが本当に婚姻の正義
　　　なのか？

　大屋が指摘するのは次のようなことである。婚姻を自由な契約に委ねるとしよう。そうすると，異性間での1対1の関係を取り結ぼうとする多数派である異性婚カップルはまさに多数であることによって定型的で安価なサービスを利用できるのに対し，非定型的な少数派のカップルの場合には，婚姻契約を適切にコーディネートするために弁護士等の比較的高価なサービスを必要とすることになるだろう[16]。だが，これはまさに少数者が経済的不利益を被る結果になっており，不平等であり，不正義であるように思われる（提題Ⅲ）。

　なるほど。だが，これが「差異を法的に消滅させる」こととどのような関係にあるのだろうか。大屋は当事者の具体的な事情に拘らず一定の婚姻契約パッケージを提供することが「差異を法的に消滅させる」ものであり，それが正義に適うと示唆している。だが，ここで必要なのはそのようなことではない。健康保険制度を考えよう。我々は様々な疾患を先天的に持って生まれ或いはそれらに後天的に罹患する。我々が苦しむ疾患がどのようなものかに拘らず一律に同内容の医療を提供する，などというのは言うまでもなく的外れである。必要なのは諸個人が必要とする医療を提

供しつつその負担を平等化することであり,それこそが健康保険制度の趣旨である。我々が結ぼうとする関係が相当程度に性的指向に規定され,その性的指向が我々の責任を負い得ない多分に生得的なものだとしよう。更に,その上でなお,自分が誰とどういう関係を結びたくなるかなどもまったく知れたものではない17)。この意味ではそれは疾患に大変よく似ているだろう。必要なのは,婚姻契約を調達するその費用が強制保険的枠組によって平等化されることであり,契約パッケージが当事者の状況を無視して一律に同内容のものとされることではまったくない18)。大屋がこのような明らかな問題に気がつかないことは意外である(その原因は

16) しかし,異性婚カップルたちが同内容の定型的契約を結ぶだろう,という大屋の想定にはまったく根拠がない。ひとたび定型的な婚姻パッケージを強制することをやめてしまえば,貞操義務や財産分与の規定を始めとして,少なからぬ異性婚カップルたちは非定型的な契約へと乗り出すだろう。彼らの契約内容が1対1の異性間での関係であるということを共通点とするということがどれだけ契約提供サービスの価格低下をもたらすかは極めて疑わしい。なるほど,大屋(と願わくは彼のパートナー)は既存の婚姻パッケージに何の不満もないのだろうが,ひとたびその枠が外れたとしても他の異性婚カップルたちが同様の選択をするだろうというそのその思い込みこそが,現行の異性婚制度の抑圧性の基盤なのだと言われても仕方がないのではないだろうか。一連の対話においてここまで平等と差異にこだわり続けた大屋からしてこのように無自覚であるということが,問題の困難さを照らし出してはいるのかもしれない。
17) ここで想起されるのは H. L. A. ハート(Hart)が同性愛者であったにも拘らず,妻ジェニファー(Jennifer)と異性婚関係に到ったということである。Hart の伝記的事実については N. Lacey, *A Life of H. L. A. Hart: The Nightmare and the Noble Dream,* Oxford U.P., 2004 を見よ。

既に第3テーマ「平等の平等か,不平等の平等か」で見たように,大屋が運の平等論にせよ反差別的平等論にせよ標準的な平等論に対するコミットメントを欠いているということにあるのかもしれない)。

平均的収入の低さから交渉力の劣る女性が現行の婚姻よりも自らに不利な婚姻契約を強いられるかもしれない,という大屋の指摘は正当である。だが,その適切な解決策はまさに交渉上の不利な地位をもたらしている女性の平均収入の水準を上昇させることであって,婚姻契約の内容を弄り回してどうにかするようなことではないだろう(そもそも女性がその差別的地位ゆえに被る不利な契約的地位は婚姻のそれに限られたことではない)。大屋が指摘するような問題は国家が婚姻契約を含むあらゆる契約の内容に容喙して「差異を法的に消滅させる」というようなことによってではなく,第3テーマ「応答」で述べたように,反差別的平等が達成された上での運の平等論的施策によって当事者たちの地位を対等なものとすることで解決されるべきである(平等主義者ではない私がこのような力説をすることには多分に面映さを禁じ得ないのだが)。

2. 特殊と普遍

―― 個々の事例に適切な個別的解決をもたらすこと,
そのような正義とはいったいなんだろうか?

大屋の最終的な主張は次のようなものである。正義とは第一に,

---

18) 複雑な契約関係を楽しみたいというだけの理由で調達コストの高い契約を結ぼうとする行為者を抑止するために一定の自己負担が必要かもしれないが,それはここでは本質的な問題ではない。

個別の事例に対して個別に正しい解決を与える点に求められる。だが，現実の事例がすべて互いに異なる固有のものであるのに対して，法は規則であり，複数の事例に共通の解決を与えてしまうほかないから，それは必然的に正義に反する。したがって，これが正義だと言いうるような法は存在し得ないが，現存する法を正義へと近づけること，個物をグループ分けする基準をそのために見直していくことは，もうひとつの別の「正義」である。後者はそもそも等しくない個物に対する新たなグループ分けを作り出す営為であり，そのような正義は客観的に存在するものではなく我々が作出するものだ，というのである（提題III）。ここまで見てきたように，大屋の議論は大屋が最後に提示する主張を支えているとは言いがたいのだが，それはそれ自体として大変に興味深いものであり，大屋の道徳形而上学を端的に表明するものだといってもよいだろう。

　ここで二つの「正義」が言及されていることに注意しよう。二つのうち最初のものを個別的正義と呼ぶことにしたい。言われているのは，個別の事例に対して個別の正しい解決があり，にもかかわらずそれらは共通の性質を持たず規則によっては捉えられない，ということである。ここでIでの分析が役に立つ。この主張は，取扱いの正しさという性質が自然性質には随伴し得ないという主張である（もし随伴するならばそれはその自然性質を表現するような一般的基準を伴うだろう）。つまり，個別的正義は普遍化可能性の要請を満たさない。そしてそれは如何なる自然性質とも一致せず自然性質に還元できず，正義に適った取扱いの実例を幾ら集めてみてもそこには自然性質に則ったパターンは決して見出され得ないということになる（見出されたならば規則化できてしまうだろう）。そうだとすれば，正義性は自然性質から見て本質的にラ

ンダムな性質であることになる。

　この解釈がⅠでの分析と綺麗に噛み合うことに注意したい。大屋に従うならば,「正しさ」は自然性質に随伴しない。したがって,その正しさに対して自然性質に対応した基準をいくら与えようとしても,それは不可能でありどのような基準も必然的に不適切であって恣意的であらざるを得ない。あらゆる自然性質に基づく基準はⅠ2で確認した意味での「代理変数」でしかあり得ないのである。「等しきものを等しく」が常に恣意的な決断を伴うという大屋の主張はこの解釈の下では問題なく理解可能であり,それゆえこの解釈が適切であるだろう。大屋はそもそも正義の普遍化可能性など最初から認めていなかったのだ。

　だが,これは明らかな問題をもたらす。大屋が,規則をそこへと近づけていくことを脱構築としての正義というとき,その脱構築としての正義はランダムな改変ではなく,まさに「近づける」ような改変であるはずである。事前の規則が「正しくない」こと,事後の規則が「マシであること」が認識できなければこのような営為は不可能である。だが,我々の五感の知覚もそこからの推論的知識も自然性質に拠るしかない。自然性質に関して真にランダムな対象は我々にはそもそもそれとして認識・知覚ができないのである。五感によって有限の経験を有するに過ぎない我々には,自然性質に関してパターンを持つ述語しか学習可能でない。未経験の事例に出くわして我々が「これは正しい／正しくない」と「〜は正しい」という述語を肯定的にせよ否定的にせよ帰属できるためには,その述語は自然性質上のパターンを有していなければならないのである[19]。いったい大屋の想定するような脱構築的正義の営為がこの物理世界の人間にとって如何にして可能なのだろうか[20]。

19) これは道徳性質が自然性質から見て本質的に規則化不可能であるという「道徳的特殊主義 moral particularism」に対して提出されている「無形性 shapelessness」による批判である。cf. Frank Jackson, Philip Pettit, Michael Smith, "Ethical Particularism and Patterns," in B. Hooker and M. Little (eds.), *Moral Particularism,* Clarendon Press, 2000.

20) 大屋の読者はここであることに気がつくかもしれない。『法解釈の言語哲学——クリプキから根元的規約主義へ』(勁草書房, 2006年) に於いて大屋が採用した根元的規約主義は, ある述語がある未知の事例に帰属されてよいかどうかを決定する述語の意味の持つ規範性を過去の既知の用例に基礎付けることはできないというクリプキ (Kripke) 的懐疑から出発し, それが常にそのたびごとの我々の意味論的決断によるしかなく必然的に恣意的であるという見解であった。無形性批判は, 述語の先行する用例が新たな適用を規範的に拘束するという, 大屋がまさに否定しようとする前提に基づいているのではないだろうか。だが, 個別的正義の帰属について根元的規約主義に依拠して無形性批判を逃れようとすることは大屋の立場を極めて不安定にする。いまや我々の決断に依存して恣意的なのは脱構築としての正義ではなく個別的正義そのものである。本書に於ける大屋の議論に一貫しているのは普遍化可能性を伴う正義——つまり必然的に一般的規則を伴う脱構築としての正義——が個別の事例の個別性を無視することによって必然的に恣意的であるという主題であるところ, 根元的規約主義によって個別的正義がそもそも恣意的であるならば, 二つの正義の区分と脱構築としての正義が普遍的であることによって恣意的であり我々の決断に依存しているのだという大屋が再三に亙って強調する主張はともにその意義を失う。すべてが恣意的であるならばなにかをことさらに恣意的だと言い立てることはまったくの無駄である。大屋が脱構築としての正義の恣意性を声高に指摘するとき, 大屋は恣意的でない個別的正義の帰属を前提としなければならず, それは彼の懐疑の足場を掘り崩してしまう。大屋は,「何かを疑うためには疑われない地面に立たな

だが，解決策はある。個別的正義を直接に知覚する第六感が我々に備わっていればよいのである。しかしながら，それは大屋の道徳存在論と道徳認識論が極めて気前のよいものであることを意味するだろう。物理世界とは決して対応も一致もせずそれにまったく支配されない *sui generis* な道徳の存在と，それを知覚する第六感的な道徳的知覚能力がここでは必要なのである。そして，存在論を嫌い経験主義的な懐疑主義を保ち続けるかに見える大屋が，その根本に於いて，荒涼とした物理主義を奉じている私などよりも遥かに潤いに富んだ形而上学と認識論を保持しているだろうことを知るということは，この企画と対話なくしてはあり得なかった私の哲学的喜び —— 或いはことによるとぬか喜び —— である。

くてはならない。ドアを修理するためには蝶番を固定せねばならず，蝶番を修理するためにはドアを固定しなければならない。だがドアも蝶番も決して故障を免れないのだ」と言うだろうか(参照，大屋・前掲書 133-135 頁)。しかしながら，ここで問題になっているのは脱構築としての正義の必然的恣意性が個別的正義の無形性を前提しておりそれが個別的正義の必然的恣意性を含意するということである。大屋のドアと蝶番はもし一方が故障しているならば必然的に他方もが故障しているのであって，その修理はそもそも不要であるかそもそも不可能であるかのどちらかなのである。

法哲学と政治学の対話

コメント

田村 哲樹

正義の論じ方と政治の論じ方

　私は，自分の専門分野は「政治学・政治理論」だと名乗ることが多い。しかし，正義や平等をめぐる「政治哲学」が専門というわけではないため，法哲学者ふたりの対話にまともについてゆくことはできない。そこで，「政治学者」の立場で何が言えるかを考えてみたい。

　まず，同性婚というトピックについて述べておこう。大屋にとってそれは，「正義」とは「等しきものを等しく」なのかを考えるための素材であるが，安藤はこれを，平等（としての正義）ではなく，公私区分とその見直しの問題として理解するべきだとする。いずれにせよ，同性婚問題はあくまで正義とは何かを考えるための事例である。とはいえ，重要な事例であるので，私が気になることを二点挙げておきたい。

第一に，大屋がどこまでの是正策を認めるのかが気になる。彼が「自然な」不平等（提題III）を強調するのは，リベラルな運の平等論に依拠しているからであろう。しかし，どこまでが「不運」にあたるのかは論争的である。安藤は，問題は婚姻契約の内容ではなく，女性の平均収入の上昇ではないかと指摘しているが（応答III 1），大屋にとっては恐らく，そこまでの是正策は「等しからざるものを等しく」以上のことと映るのではないか。とはいえ，リベラリズムでも，ジョン・ロールズの「財産所有制民主主義」[1]のように，事前の平等保障は認められるはずである。

　第二に，婚姻を契約制度と見る点では一致していることを前提として，結局，大屋と安藤の立場がどのくらい異なっているのかが気になる。一見すると，大屋は，法的な婚姻制度を前提としつつ，様々な婚姻形態のより平等な取扱いを可能とする正義の原理を模索している。これは，リベラリズムの「正しい」議論の仕方である。これに対して安藤は，公私区分の見直しと道徳的論議の不可避性をゲイ・ライツ・ムーヴメントへの注目に結びつける。これはリベラリズムを越える方向であり[2]，かつ，何が道徳的に妥当であるかを「政治」に委ねる議論であると思われる。以上の整理では，両者の見解は異なって見える。他方で，最終的に「我々の行為が作り出していくもの」（提題III）という正義観に依拠する時，大屋もまたリベラリズムの枠組みを乗り越えており，したがって安藤の先の議論に賛同するようにも思われる。結局，両者にはどのくらいの違いがあるのだろうか。社会運動を通じた道徳的論議の政治化に注目する安藤と，もっぱら法的な問題解決のレベルで議論しようとしているかに見える大屋との間に，違いを見出すことは妥当だろうか。

　もっとも，「正義」そのものの考え方については，両者は明確

に異なっている。大屋が問題にするのは，正義は「等しきものを等しく」扱うことで済むのかであり，彼はそれでは済まないと答える。なぜなら，①「等しさ」として何に注目するかの判断には「我々の恣意性」がつきまとい，②「等しからざるものを等しく」扱うべき場面も考えられ，ゆえに，③基準を常に見直し「理想へと近付けていく」という意味での「正義」も考えられる，からである。対する安藤の応答は，①道徳原理を「自然性質」との関係から論証する立場を採ることで恣意性を回避することは可能であり，②「等しからざるものを等しく」扱うような正義の考え方は，道徳性質と自然性質との連関を認めておらず，したがって，③「理想へと近付けていく」という意味での「正義」も成り立たない，というものである。

政治学の立場から見た場合には，大屋の議論の方がよくわかる。「等しきものを等しく」には「どこまでも我々の恣意性がつきまとう」(提題Ⅰ)という大屋の主張に，大抵の政治学者は同意するだろう。なぜなら，しばしば政治学者は，政治とは，物事を自然の事柄ではなく，「我々の行為」によって「作り出していく」(提題Ⅲ)ことと考えるからである[3]。逆に安藤は，「正義」を客観的な真理(「自然性質」ないし「物理性質」)によって根拠づけ可能なものと見ている。政治学者からすると，この立場は，「政治」に先立つ要素によって正義を確定できるとする考え方であり，したがって同意しかねる，ということになる。

しかし，大屋への安藤の批判も妥当であるように思われる(応答Ⅲ2)。「現存する法を理想へと近付けていく」(提題Ⅲ)ことができるためには，その「理想」(なり正義)がなぜ「理想」(なり正義)と言えるのかが，あらかじめわかっていなければならない。そのために「物理性質」との一致が不可欠なのかどうかは，メタ倫理

学的な論点であり、私にはその当否を判断できない。それでも、ある状態あるいは基準を「理想」(なり正義)と判断できるための基準・根拠は必要であろう。その基準・根拠を「恣意的」と解してしまうと、現状をそこに近づけるべき方向が本当に「理想」(なり正義)なのかどうかがわからなくなってしまう。

このような問題は、政治学界隈では、エルネスト・ラクラウの反本質主義に基づいたヘゲモニー論に対する、サイモン・クリッチリーらの批判に見られる。彼らが問題にしたのは、ラクラウの議論には目指すべき方向そのものの正当化論が存在しないため、構成されるヘゲモニーがどちらの方向を向くべきなのかを確定できない、ということであった[4]。その結果、彼の議論は、ヘゲモニーであれば「何でもあり」ということになってしまう。

恐らく大屋には、①「理想」自体が確かに存在することを示すか、②「別の正義」を「理想」とは関連づけず、その意義を既存の法の見直し自体にとどめるかについて、立場の明確化が求められる。②の場合には、見直しの行き先を確定できず、「ランダムな改変」(応答III 2)を回避できない。したがって、②の方向は、何らかの形で正義の根拠づけが可能と考える場合には、好ましくない。しかし、政治学の立場から見れば、「そういうもの」と言える。ある政治的決定が道徳的論議を伴う争点を扱うものだとしても、政治学者が注目するのは、当該論議の「正当性」ではなく、いかなる道徳的根拠に基づく主張がなぜ受け入れられ決定に至ったのかという「正統性」の問題である。しかしながら、法哲学者である大屋の場合は、②の立場で問題はないとするわけにはいかず、①の課題に答えることが必要になるだろう。

もっとも、正義の根拠づけの部分にこだわっているという点では、安藤も同じである。安藤の場合は、「自然性質」「物理性質」

との一致に正義の根拠づけを求めている。しかし，この議論の仕方も，結局のところは哲学的な根拠づけの仕方である。つまり，「正義の正しさは最終的には自然性質との関連において判断される」と哲学的には考えられる，ということである。その関連が適切であれば，当該正義の正当化は妥当ということになり，その意味で「恣意的」ではないということになるだろう（応答Ⅰ1）。

しかし，恣意的ではないのは，当該哲学者の議論内部のことにとどまる。政治学の立場から見れば，そのような議論も政治の世界ではあくまで一つの立場に過ぎない。その立場が採用されるかどうかは，最終的には当該決定に関わる諸政治アクターが当該立場に何らかの理由で納得し，それを受け入れる場合に限られる。（法）哲学者からすれば「間違っている」根拠づけしか持たない意見が，受け入れられることもある。つまり，ある考え（たとえば「正義」）の哲学的な普遍化に成功したとしても，その政治的な普遍化に成功するとは限らない。

このように見れば，安藤の議論も，ある「正義」概念を何らかの根拠によって正当化できると考えている限りで，大屋と変わるところはない。異なるのは，安藤が「自然的」「物理的」な根拠を重視するのに対して，大屋が「道徳的」なものにこだわっている点だけである。恐らく大屋と安藤にとっては，この違いは決定的な違いであろう。しかし，そのように受け止めるのは，ふたりが（法）哲学者だからである。

このように述べることは，政治学者の方が「優れている」ことを意味するわけではない。正義の根拠づけを回避する政治学者は正当性を正統性に置き換える。しかし，この議論では，「人々に受け入れられていれば何でもよいのか？」という疑問に答えることは難しい。この疑問に心から「イエス」と断言できるのは「真の」

政治学者だろう。しかし，もしも何らか躊躇するならば，政治学者も「正義」について考えずに済ませることはできないのではないか。そういうわけで，私が行おうとしたのは，あくまで，「正義」についての政治学的な考え方と（法）哲学的な考え方との，優劣ではなく違いを明確にすることであった。

1) ジョン・ロールズ著，エリン・ケリー編（田中成明ほか訳）『公正としての正義・再説』（岩波書店，2004 年）241-250 頁。
2) フェミニストの政治理論家であるアイリス・M. ヤングも，同性愛を「私的なものにとどまる限りで」認めるのは，「典型的なリベラルなアプローチ」であるとしている。Iris Marion Young, *Justice and the Politics of Difference*, Princeton University Press, 1990, p. 161.
3) たとえば，丸山眞男『日本政治思想史研究』（東京大学出版会，1983 年，初版 1952 年），アンドリュー・ギャンブル（内山秀夫訳）『政治が終わるとき？——グローバル化と国民国家の運命』（新曜社，2002 年），などを参照。
4) 詳細は，田村哲樹「構築主義は規範をどこまで語ることができるのか？——政治的構築主義・節合・民主主義」名古屋大学法政論集 255 号（2014 年）715-755 頁，とりわけ 727-733 頁，を参照。

リプライ1

大屋 雄裕

　終わりから始めよう。「理想」との関係において評者が提示した二択について，筆者はほぼ明確に②の立場――最終的にはそれを人々の決定に委ねるしかないという見解に立っているつもりである。それは法哲学者として選択できない立場なのではないかという評者の問いに対しては，二通りの回答があり得よう。第一に――本書が「法哲学と法哲学の対話」と銘打たれているという事実をとりあえず心のなかの棚に上げてしまえば――筆者が法哲学の（一応）ディシプリナリーな訓練を受け，その教育を担当しているという意味において「法哲学者」であるという以上に，特にその研究内容や見解が法哲学の範囲に収まるべき理由があるかという問題。実際にもアーキテクチャ論を中心とする筆者の近年の研究は法なき統治の問題を主軸にしており，それが法哲学の問題なのかという点には筆者自身も疑いを抱いているのだが，いずれにせよ「私に対する評価」は私に属さない他者たちの語りであって好きなようにすればよいのだとも感じている。

　第二に，「この方程式に解は存在しない」というのが数学において適切な回答と看做されているように，この問題を「哲学的に」解くことはできないというのは適切に哲学的な結論であるように思われる――そこで「哲学」が何を意味しているかはまた別の問題であるとして。『論理哲学論考』[1]によって哲学の問題はすべて

終わったと考えた（前期）ウィトゲンシュタインを決め込むわけではないのだが，理論的な筆者は上記の通り②の方向を選択し，その故に①に属する主張を禁欲するという立場を基本的に維持しているものと考えている。

だが，その方向性に政治学の立場から一定の共感が示されていることを嬉しく感じる一方で，それで十分なのか・それでは目指すべき方向性について何も言えないことになってしまうのではないかという評者の危惧にも深く共感するところがある。筆者の場合にはこの点が実践的な私の問題関心へと切り分けられ，その立場が理論的には恣意的であることを知りつつ個人的な信念に基づいてコミットメントするという構造が——その恣意性の故に絶えざる問い直しに開かれていることがある種の免罪符として機能しつつ——存在するように思われるし，過ぎていく時間のなかで一定の社会的意思決定を形成していかなければならない我々（の一部と信じているこの私）には他のやり方などないだろうと感じているのではあるが，やはりこれが十分に説得的な回答かどうかについては詳らかにしない。

その観点から評者の前の問いへと戻るならば，現実には多くの人々が「既定の選択肢」へと順応してしまうし（そうでなければリバタリアン・パターナリズムの可能性すら成立しないだろう），自分が望むものを適切に理解しているわけではないという状況においては，単に人々の論議に委ねるだけではなく行動を規律するための一定の社会制度が必要となるだろう（その制度の存続が最終的には人々の承認という政治の問題に還元されるとしても）というのが筆者の基本的な見解である。具体的な処方箋は現実の条件により変動するのだが，少なくともその際，各自の希望・必要に応じてサービスを入手する一方で負担は社会的に平準化するというモデ

ルを基本的に採用している日本の医療が,その費用負担をめぐってまさに危機に直面しつつある点には留意される必要があるものと考えている。

> 1) たとえばウィトゲンシュタイン(野矢茂樹訳)『論理哲学論考(岩波文庫)』(岩波書店,2003年)。

リプライ2
安藤 馨

同性婚について

　まず,田村の指摘にも拘らず,私がゲイ・ライツ・ムーヴメントに於ける道徳主義的方向性を(少なくとも単純には)支持していないということを指摘しておきたい。応答Ⅱで私が示したかったのは,同性婚について,大屋の典型的にリベラルな思考の道筋のほかにも有力で筋の通った立場があるということを示すことであって,後者が正しく前者が誤っていると言いたかったわけではない。私自身の正義論は功利主義であり,私は特定の人間関係の

様態に内在的な道徳的価値があるとは考えていない。だから，特定の様態を国家が特権化して保護することそれ自体に理由がないと考えており，たとえば単婚同性婚は道徳的に望ましいため国家によって保護されるべきであるが複婚は同性間異性間問わずに道徳的に望ましくないため法制化されてはならない，といった近年になって勢いを得つつあるような議論——たとえばスティーヴン・マシード(Stephen Macedo)の同性婚擁護論のようなそれ[1]——には与していない。もちろん功利主義者として私は公私区分を本質的には無意味なものだと考えているが，フェミニズムがリベラリズムの公私区分論を批判しようとするその方向性とはかなり異なった態度を採っている[2]。

政治と事実の構成

　田村は，政治とは物事を自然の事柄ではなく我々の行為によって作り出していくことなのだ，と主張する。もし仮に，政治学者の基本的視点がこのようなものだとすると，政治学は随分と危うい基礎の上に立っているものだと言わざるを得ない。たとえば，ルイセンコ学説を政治的に公定学説としようが創造説を公定学説としようが，それらの理論の真理性にはおよそ何の関係もなく，政治的決定によってたとえば生物史という過去の固定された事実が改変できるわけではない。政治によって或いは我々がそう決めたということによって物事が作り出される，という構成主義ないし規約主義は決して無垢な立場ではなく，まさに非常識な哲学的見解として強い正当化を要求する。田村は，道徳と生物学は違うと言うかもしれないが，そのこと自体が強い哲学的論証を要求す

るだろう[3]。最初から構成主義を前提として道徳実在論に対する疑念を表明するのは単なる論点先取に過ぎない。やや意地悪く言えば（法）哲学者に対して向けられがちな「あなたがそう思ってるだけでしょ」という政治学者の揶揄は直ちに政治学者自身の足場を揺るがすのである。

正しさの基盤としての自然性質・物理性質

物理的にそっくりな事例は常に道徳的にもそっくりであり、それゆえ「正しさ」にはその基盤となる物理的性質があり、何かの正しさを主張するものはそれを正しくするような物理的特徴を挙げることにコミットしなければならない。この主張は、普遍化可能性とか随伴性テーゼとかと呼ばれる、ごく多くの道徳哲学者によって —— というよりも非哲学者を含めた殆どの人々によって —— 受け入れられているテーゼである（田村がそれを受け入れていないとも思えない）。注目すべきは、この主張が自然主義的道徳実在論者のみならず、道徳的反実在論者によっても、非自然主義者によっても、広く受け入れられている点である（実際に殆どの道徳哲学者は何らかの形態の随伴性テーゼをそのようなものとして受け入れている）。道徳 —— とりわけ正しさ —— が随伴性を満たすということは、特定のメタ倫理学的見解に依拠せず受け入れられている道徳・正しさについての概念的主張であり、それはア・プリオリなテーゼである。この概念的要請を満たさない様態で「正しさ」という語を使う発話者がいた場合、道徳哲学者はそれを自分たちが扱っている「正しさ」とは別の同音異義語であるとみなすだろう。農学者が能楽に興味を持たないように、社会に「正しさ」

という語を普遍化可能性・随伴性を充足しない様態で用いる人々がいるということは、道徳哲学者にとってはどうでもよいことであり、関心の埒外である。その上で、私が道徳・正しさについてのこのテーゼから下した、大屋の立場が成り立ち得ないという診断が正しければ、大屋は社会の殆どの人々が「正しさ」という語に与えている意味と両立しない立場を採っており、大屋の議論はまさに大屋自身の規約主義によって失敗していることになる、というのが私の主張である。

政治的決定の問題

しかしながら、哲学者の議論も「政治の世界ではあくまで一つの立場に過ぎない」という田村の主張はまったく正しいし、私がそれを無視するわけでもない。私はもちろん功利主義を正しいと思っているが、自分が不可謬だと思っているわけではない。私が間違っているという可能性が決して低くない状況で、社会制度が道徳的に正しいものであって欲しいという私の欲求を合理的に充足するためには、功利主義にすべての賭金を張り込むという方策は賢明ではないのである。自らの認識的限界を自覚しつつ正しさへの欲求を持つものは、自分個人よりも認識的に信頼できる環境——道徳について私自身よりも認識的に信頼できる結論を導いてくれるような制度——が確保されていることを合理的手段として欲する。表現の自由などの精神的自由やそのほかのものが確保されている社会は、そうでない社会よりも認識的に有利である。私は民主制を認識的には決して信頼できるものではないと考えており、この観点からは立憲主義を好もしく思う一方で民主制につ

いてはまるで熱心でない。そして，この観点からはロバート・ノージックが『アナーキー・国家・ユートピア』の最後で示したようなメタ・ユートピア構想を極めて魅力的だと思う。その上で，私がそれなりに自信を持って功利主義を支持していることと併せると，全体として功利主義的に正当化された，しかしリベラルな，概ね人々の自発的協働を尊重しお互いに過度に介入することを差し控えるような社会制度を支持することが，正しさへの欲求を有する私にとって合理的なのである。

1) Stephen Macedo, *Just Married: Same-Sex Couples, Monogamy, and the Future of Marriage*,（Princeton U.P., 2015）.
2) 私は目下の公私区分の前提にある個人主義そのものに対して批判的である。第2テーマでの団体実在論の擁護もその一環であり，また統治に於ける「私」の範囲が，統治技術の発達に伴って，より時間的に狭小な断片へと解体されることが功利主義的に望ましいと考えている。参照，安藤馨『統治と功利——功利主義リベラリズムの擁護』(勁草書房，2007年) 277-280頁。
3) 私は自然主義的な道徳実在論というメタ倫理学上の立場に立っている。この立場はしばしば，直接に触知不能な科学的対象の実在を主張する科学的実在論を参照しつつ，それとパラレルに道徳的対象（善さ，正しさ）の実在を主張するという形態を取る。こうした道徳実在論は，道徳学説・倫理学説は本質的に科学学説と同じ性質のものであり，科学と倫理学は地続きであるとする（その擁護論と詳細な検討についてはたとえば蝶名林亮『倫理学は科学になれるのか——自然主義的メタ倫理説の擁護』〔勁草書房，2016年〕を見よ）。

第6テーマ
最高
ですか？

提 題

安藤 馨

「憲法は国法に於ける最高法規である」というような文を考えてみよう。この文は意味も明瞭であり，特に何の問題もなく真であると感じられるだろうか[1]。しかしながら，多くの読者の案に相違して，ここには幾つかの問題があり，しかもそれらは深刻なものである。ともあれ，まずは法的推論について考えるところから話を始めよう。

[1) 参照，日本国憲法 98 条 1 項「この憲法は，国の最高法規であって，その条規に反する法律，命令，詔勅及び国務に関するその他の行為の全部又は一部は，その効力を有しない。」

I．法的三段論法の意義と限界

ある個人 a が人を殺したとしよう。「Fx：x は人を殺した」と「Gx：x は云々の刑に処されねばならない」という表記を採用するとして，まずは典型的な法的三段論法の推論を次のように書いてみる[2]：

(α)　$\forall x\,(Fx \to Gx)$　　　　［定立された規範[3]］
(β)　Fa　　　　　　　　　　　［認定された事実］
(γ)　$Fa \to Ga$　　　　　　　　［α から］
(δ)　Ga　　　　　　　　　　　［β と γ から］

(β) と (γ) から (δ) を導く推論は「$P, P \to Q \vdash Q$」という「前件肯定推論 *modus ponens*（MP）」であり，演繹的に妥当な推論の典型例である[4]。しばしば言われる「法的な論証は法的三段論法で書かな

---

[2] 以下出現する記号についてはとりあえず「¬：でない」「∧：かつ」「∨：または」「→：ならば」「∀x …：任意の x について … である」と読めばよい。ここでは伝統論理学の「三段論法 syllogism」を現代の古典述語論理に従って書いたために三段ではなく四段になっているが，その点は特に重要ではない。また，(α) では F が要件，G が効果を表現しており，全体として「要件 → 効果」という形式で法規範が表現されていることに注意したい。

[3] ここに来るのは規範そのものではなくあくまで規範について述べた命題（当為命題）である，といった主張が為されることがある。その背後にあるのは，規範には真理値が帰属できず当為命題には真理値が帰属できる（ので規範には論理規則が適用できない），という主張であるが，真理値が帰属できるかどうかと論理規則の適用可能性とは原理的には別の問題である（そもそも可能な意味論は真理条件的意味論に限られるわけではない）。いずれにせよ，ここでは特に気にする必要はない。

ければならない」という主張は，法的な論証がこうした演繹的に妥当な推論として書かれなければならないということを意味する。だが，そもそもなぜそうしなければならないのだろうか。

1. 正当性とその転移

端的に述べてしまえば，その理由は演繹的に妥当な推論——その典型例は MP である——が推論の前提が有するある種の「よい性質・強い性質」を結論に対して転移 (transfer) するということにある。たとえば，(α) と (β) が真であればそれらから演繹的に妥当な推論によって導かれた結論 (δ) もまた真である——演繹的に妥当な推論は真理性を前提から結論へ転移する——ことが保証される。演繹的に妥当な推論によってこのように転移されるのは真理性だけではない。「必然性 necessity」もまたそうである。P が必

---

4)「⊢」は左辺から右辺を推論してよいことを示す記号である。なお本稿では「論理」という語をまずは古典論理を指すものとして用いる (これは多くの読者が論理と言われて思い浮かべるものに一致するはずである)。実際には「論理」は推論の体系のことであるから，古典論理のそれとは異なった——古典論理の拡張であったり古典論理より弱いものであったりする——無数の論理がある。たとえば，古典論理ではなんらかの論理式 A について A と $\neg A$ がともに導出できてしまうと (つまり矛盾する前提群を受け入れると)，そこからは任意の結論を導くことができてしまう (*ex contradictione quodlibet*)。これを「爆発律 law of explosion」というが，爆発律が成り立たないような論理体系——矛盾許容論理——を考えることもできる。そうした体系の例としてたとえばグレアム・プリースト (久木田水生＝藤川直也訳)『存在しないものに向かって』(勁草書房，2011 年) を見よ。

然的であり，P ならば Q であるということも必然的であるならば Q もまた必然的である。必然性などのように文・命題の持つこうした性質を一般に「様相 modality」というが，演繹的に妥当な推論は前提の有する「よい様相」を結論へと転移させる[5]。そうした様相の例として，ほかにもたとえば「〜だと信ずる証拠がある」のようなものを挙げることができるだろう。

　さて，こうしてみると，法的三段論法の意義も見えてくる。先の推論の前提である (α) と (β) について「〜と判断することが法的に正当である」という様相を考えよう。演繹的に妥当な推論は，法的正当性というこの様相性質を前提から結論へと転移させるように思われるだろう。つまるところ，法的な論証に際しては法的三段論法を用いよという指南の意味するところは，ある法的判断の法的正当性を保証するにはその主張を演繹的に妥当な推論によって導出しかつその推論の前提の法的正当性を保証すればよい，ということなのである。いまや，ある法的判断の正当性の問題は，定立された規範が法的に正当か——たとえば適切な解釈によるものか——どうかという問題と認定された事実が法的に正当か——たとえば事実認定を拘束する法的準則に従っているか——どうかという問題とへ還元される。そのほかのやり方で法的判断

[5] どんな様相でもよいわけではない。たとえば P について「P だと信じられている」という様相を考えよう（このような様相を信念様相という）。この場合，P だと信じられており，$P \to Q$ だと信じられているからといって，Q だと信じられているとは限らない。主観に関する様相は一般に演繹的に妥当な推論によって転移されないのである。また，真理性や必然性と対になる「虚偽性 falsity」や「可能性 possibility」については転移が成り立たないことにも注意したい。

の法的正当性を保証できるかどうか読者自身で試みてみれば，法的三段論法を採用することの重要性が理解できるだろう。

　法的三段論法の眼目が，法的正当性の転移にあり，真理性の転移にあるのではない，ということは重要である。たとえば民事の場合には，裁判官の事実認定は弁論主義によって法的に拘束されている。弁論主義によって，裁判官の事実認定は当事者の主張に基づいていなければならず，たとえ被告が行為 φ をしたことを裁判官が知っていたとしても，両当事者が被告は φ していないということについて一致していれば，裁判官は被告が φ していないという認定を行わなければならない。この場合には認定された内容は偽なのだから（ということは (β) にあたるいわゆる小前提が偽なのだから），前提から結論への真理性の転移はまったくお呼びでない。問題になっているのは，あくまでも裁判官が弁論主義を含む認定規範に従って事実認定を行ったかどうか（それゆえ当該の事実認定が法的に正当であるかどうか）なのである[6]。

> [6] この点に関して，しばしば「『生の事実』としては被告は φ したのだが，『法的事実』としては被告は φ していないのだ」というような言い方がされることがある。こうした言い方は論理的推論の意義を真理転移性に限定してしまうところから生じているだろう。実際には被告は φ したのだが「被告は φ しなかった」はそれでも「法的には真である」としつつ，論理的推論は「法的真理」を転移する，というわけである。だが「真理」に互いに食い違う相異なった種類——法的な真理と非法的な真理——がある，という主張は（少なくとも私には）理解困難である。最初から真理性の転移ではなく法的正当性の転移に着目すればよいのであって，「裁判官の判断は『法的現実』を作り出す」といったような——なんとなく「哲学的」な気分になるという程度のご利益しかないような——言い方は已めるほうがよい。

2. 推論の単調性

　しかしながら、法的三段論法によって法的判断の正当性を確保しようという試みには看過し得ない難点がある。前述の例について、前提に「$Da: a$ の殺人は正当防衛である」を付け加えてみよう。

(α)	$\forall x\, (Fx \to Gx)$	［定立された規範］
(β)	Fa	［認定された事実］
(γ)	$Fa \to Ga$	［α から］
(δ)	Da	［認定された事実］
(ε)	Ga	［β と γ から］

困ったことに、正当防衛を認定したにも拘らず、Ga という結論に変動は生じない。演繹的に妥当な推論には次のような重要な性質がある。ある前提群 Γ から演繹的に妥当な推論によって結論 A が導かれる場合、Γ に更にどのような前提群 Δ を付け加えても結論 A が変わらず導かれる。つまり $\Gamma \vdash A$ ならば $\Gamma, \Delta \vdash A$ である（この性質を単調性という）。したがって、Da を前提に新たに付け加えても Ga という結論は決して変化しないのである。もちろん正当防衛であるのに Ga という結論が出るのでは困るから、前提のどれかに手を加えなければならないが、(β) と (δ) には手を加えたくないのだから、それが可能なのは (α) だけである。実際、次のように修正すればよいように思われるだろう。

(α) $\forall x\,(Fx \wedge Dx \to \neg Gx)$ [定立された規範]
(β) Fa [認定された事実]
(γ) Da [認定された事実]
(δ) $Fa \wedge Da$ [β と γ から]
(ε) $Fa \wedge Da \to \neg Ga$ [α から]
(ζ) $\neg Ga$ [δ と ε から]

ほかにも「$Ex : x$ は行為時に責任無能力であった」のような，刑罰を阻却すべき事由を考えれば(α)の論理式は正しくは $\forall x\,(Fx \wedge \neg(Dx \vee Ex \vee \cdots) \to Gx)$ といった形のものになるだろう。ここで重要なのは，演繹的に妥当な推論の単調性によって，(α)が表現する規範は例外を許すことができない――したがって「要件 → 効果」の要件の部分には全ての例外状況が明示的に組み込まれなければならない――という点である。民事の場合であれば，権利発生要件のほかに障害要件や障害要件の障害要件などが複雑に絡み合った論理式が組み込まれることになるだろう。だが，このような対処は次のような問題をもたらす。そうした複雑な「要件 → 効果」の式がたとえば次のようになっているとしよう：

(α) $\forall x(Ax \wedge (Bx \vee Cx) \wedge \neg Dx \cdots \to Zx)$

全ての例外や例外の例外を組み込んで定立された――書き下すだけでも並ならぬ苦労があるだろう――この規範から結論 Za を導くためには，たとえば

(β) $Aa \wedge Ca \wedge \neg Da \cdots$

といった長大な列を為す事実の認定が必要である。あらゆる例外を網羅しなければならないのだから，弁論主義の下で両当事者が肯定も否定もなんら主張せずまたそれに係る証拠もなんら提出されていないような膨大な事実をも裁判官（或いは試験答案を作成する受験者）が法的に正当に認定しなければならない ── それらの事実の存否を未決のままにしておくことはできない ── ということになる。そうしない限り Za という結論を法的三段論法によって正当化することはできないのだが，残念ながらこれは現実の裁判官がやっていることではないし，また可能なことでもないだろう。つまるところ，法的三段論法は現実に行われている法的推論の正当化のモデルを提供することができない。

　この問題に対してあくまで法的三段論法のモデルを維持するためのひとつのやり方は，当事者双方が主張しなかった場合には裁判官は当該の事実の存否を未決にせずに主張責任を負う側が不利になるように認定しているのだと考えることである。これは巧妙なやり方ではあるが，定立された規範が例外を認めない閉じたものになってしまうことがやはり問題にならざるを得ない。裁判官がある規範を定立したときに，将来現れるかもしれない如何なる状況でも当該の規範が破られない，ということにコミットしているとは思われない。将来に於いて新たな具体的事情に出くわしたときに，更なる例外を表現する要件が付け加えられる可能性があるものとして裁判官が法規範を理解しているならば，法的三段論法のモデルはやはり採用できないのである。

II. 法的正当性と推論規則

　実際の法的推論が法的三段論法モデルが想定するようには行われていないとしたら，どうすればよいのだろうか[7]。手掛かりのひとつは法的推論の有する「阻却可能性 defeasibility」である。次のような日常的な推論を考えよう。あなたは友人がペットとしてtという鳥を飼っていると聞かされ，tが飛ぶものと思うだろう。

　　(α)　tは鳥である
　　(β)　鳥は飛ぶ
　　(γ)　tは飛ぶ

しかし，tがペンギンであるとか，或いはtの羽が傷ついているとかといった新情報が与えられれば，新情報以前とは異なって「tは飛ばない」と判断するようになる。他方で，そうした新情報がない限りは(γ)への推論は正当である。このような日常的推論は先に出てきた「単調性 monotonicity」の要請を満たさず，「非単調的」である。(β)は「もし何かが鳥であるならばそれは飛ぶ」ということだが，これは例外を許さないようなルールではなく，例

[7) 本節が扱っているような法的推論の非単調性や阻却可能性については高橋文彦「要件事実論と法論理学」(伊藤滋夫編著『要件事実論と基礎法学』〔日本評論社，2010年〕135-161頁) また同「法律家の『論理』——法的な "argument" およびその "defeasibility" について」(亀本洋責任編集『岩波講座 現代法の動態(6)法と科学の交錯』〔岩波書店，2014年〕171-196頁) がわかりやすい。ただし，本稿では説明の便宜のためもあって，高橋のものとは若干異なった説明を与えている。

外時には阻却されるようなデフォルトを表現するルールである。これは古典論理の実質含意「→」で表現することはできないから、別の記号「⇒」を用いよう。

　法的判断はこうした日常的な阻却可能推論と同様のものとして理解することができる。最初（Ⅰ）の殺人の事例を思い出そう。殺人を禁止する刑法規範は、「（国家刑罰権の発生を阻却するような事情がなければ）人を殺した者は云々の刑に処されねばならない」という例外許容的なルールとして理解される。いまやそこでの法的判断は

(α)　　$\forall x\,(Fx \Rightarrow Gx)$　　　　　［定立された規範］
(β)　　Fa　　　　　　　　　　　　［認定された事実］
(γ)　　$Fa \Rightarrow Ga$　　　　　　　　［α から］
(δ)　　Ga　　　　　　　　　　　　［β と γ から］

というものになるだろう[8]。もしここに a の殺人が正当防衛であったという新情報 Da が付け加われば(α)が阻却され、Ga はめでたく不成立となる。(α)は例外許容的ルールだから、⇒の左側に大量の例外を書き込む必要はない。必要な認定事実も(β)で充分である（それは Fa を認定しそれ以上の事実については未決のままにしておくというものである）。あとはこの(α)が法的に正当なルールであるかどうかと(β)が法的に正当かどうかの問題だということにめでたくなりそうである。

　しかしながらそうそう旨い話はない。問題はむしろ(δ)が導出される際に用いられている推論規則が MP ではない、ということにある。いまや法規範は「要件⇒効果」という図式で表現されるが、要件と効果の関係は古典論理の実質的含意「→」ではない

からである(Pと$P \Rightarrow Q$からQを導く阻却可能な前件肯定的推論規則をDMPと略記することにしよう)。非単調な阻却可能推論が法的三段論法よりも現実の法的思考を上手くモデル化しているのだとしてみよう。法的三段論法の意義は結論の法的正当性を前提の法的正当性によって保証するところにあった。だが，DMPのような阻却可能推論は演繹的に妥当な推論ではないのだから，演繹的に妥当な推論の有する法的正当性の転移に訴えて結論の法的正当性を保証することができない。

そうだとすれば，どうすればよいだろうか。可能な道筋は，当該の推論規則による推論が，MPのような真理転移的な演繹的に妥当な推論でないとしても法的に正当な推論であればよい，とい

8) ここでの表記は敢えて法的三段論法の場合と平仄を合わせたものである。実際には(α)は推論の対象である論理式ではなくて，むしろ推論規則として捉えるほうがよいかもしれない。つまりそれを「(ほかの事情がなければ)任意のxについてFxからはGxを推論してよい」という推論規則として考えるのである。こうした場合，この法的推論は

  (α) Fa [認定された事実]
  (β) Ga [αと定立された規範から]

と表現されることになる。無数の法規範はMPなどと同じようにそれぞれが法的推論の推論規則だということになるが，立法が行われるたびに推論規則が新規に付け加えられるわけだから，そのたびごとに法的判断の体系それ自体が変化するということになる。しかし，それよりは法的推論の体系自体は安定しており推論の対象が立法によって増大していくのだと考えるほうが説得的であるように思われる。本文のように，実質含意($\rightarrow$)と同じように阻却可能含意($\Rightarrow$)を対象言語内に導入する体系も当然あるが，本稿ではこれ以上立ち入らない。いずれにせよ，本稿の議論は採用された体系に合わせて適宜書き換えることができる。

うものだろう。法的に正当な前提から法的に正当な——とはいえ演繹的に妥当だというわけではない——推論規則によって導出された結論は法的に正当であり，DMP はまさにそのような推論規則である。なるほど，これはもっともらしく思える。それがどのようになるかを実際に見てみよう。たとえば，次の二つ

(α) $Fa \Rightarrow Ga$
(β) $Fa \wedge Da \Rightarrow \neg Ga$

は両方とも法的に正当である（⇒は例外許容的であることを思い出そう）。更に次の二つの事実認定

(γ) Fa
(δ) Da

が法的に正当に行われたとき，二つの結論

(ζ) Ga　　　　　　　[α と γ から]
(η) $\neg Ga$　　　　　　[β と γ と δ から]

が等しく正当に導かれるように思われる。しかし，ここで導出することが法的に正当なのは(η)であって(ζ)ではない。とすれば，ここでは二つの規範のうち(α)を結論の導出に用いてはいけないのだと言わなければならない。だがよく考えてみると，(α)を排除して(β)のみを用いよ，という推論規則には見覚えがあるはずである。それは「特別法は一般法を破る」という原理そのものであり，この原理の法的な正当性が，(ζ)を排除して(η)のみを導く

ことを法的に正当にする。同様に，たとえば $P \Rightarrow Q$ と $P \Rightarrow \neg Q$ がともに法的に正当である場合には，後法優越原理によってどちらか一方が優先され他方が排除されるだろう。更に，形式的効力原理を挙げることもできよう（上位法の優越）。これらの原理があくまでも法規範ではないことに注意したい。それらは法規範ではないが法的に正当な推論規則であると考えられるのである。

III. 違憲，されど有効

長い前置きを経て漸く本題に入ることができる。まず，議論のために —— 私自身はそれについて特に定見を有してはいないのだが —— 自衛隊法が違憲だとしてみよう[9]。その上で，裁判所が憲法の最高法規性を定める憲法98条と自衛隊法が違憲であるという事実を認めた場合に —— そしてその両者が法的に正当だとして —— 自衛隊法を無効とする判断が必然的に法的に正当化されることになるか，を考えてみたい。「Ux：x は違憲である」と「Nx：x は無効である」と「s：自衛隊法」を用いて

(α)	$\forall x\,(Ux \Rightarrow Nx)$	［憲法98条から］
(β)	Us	［認定された事実］
(γ)	$Us \Rightarrow Ns$	［α から］
(δ)	Ns	［β と γ から DMP］

---

[9] ついでに言えば集団的自衛権云々についても —— 憲法学に対する科学社会学的関心はともかくとして —— 憲法論的定見はない。

という判断の(δ)は必然的に法的に正当だろうか。少なからぬ読者はなんの問題もないではないかと思うかもしれない。だが，前節の最後で見たように，正当防衛によって人を殺した場合の法的判断ではDMPだけでなく特別法優越原理が働いておりそれは法的に正当な一般法の規範を排除していた。つまり，法的に正当な推論規則は一般に法的に正当な法規範を排除しうる。したがって，この場合でも(α)を排除するような推論規則は存在しうるだろうし，ある法規範が違憲だが有効であるという事態はまずはそれ自体としては問題なく成立しうるのである。

1.「最高法規」の無力

さて，そのような推論規則は後法優越原理が後法を前法に優越させているのと同様の様態で自衛隊法を(α)に――そして憲法98条に――優越させていることになるだろう。ここで問題になる（ように見える）のは形式的効力原理である。当の憲法98条は日本国憲法に属する諸規範の最高性を定めているではないか。上位法が下位法を排除するという推論規則は，当該の推論規則と少なくとも衝突するように見える。だが，必ずしもそうではない。憲法98条を排除するような推論規則はまさに憲法98条を排除することによって日本国憲法の諸規範の，就中，憲法98条自体の最高法規性を排除するから，形式的効力原理によって自衛隊法を排除すること自体を不可能にする。一般に形式的効力原理の適用は後法優越原理の適用に対して優先されるが，これは推論規則間の優先関係を定める二階の推論規則である。同様にして，憲法98条を排除するような推論規則とそれを形式的効力原理に優先して適用させる二階の推論規則があれば，自衛隊法に対して憲法98条

の言う「最高法規性」は端的に無力なのである[10]。

2. 効力根拠と憲法 98 条

　自衛隊法の効力根拠——それがそもそも法である所以——が日本国憲法であるのに，なぜそれが日本国憲法に優越できるのか，という疑問があるかもしれない。日本国憲法自身が日本国憲法に優越してしまうことになるではないか，だがそのようなことは不可能である，と。単純な回答は，日本国憲法は単一の規範ではなく諸規範の集合体である，というものである。憲法 59 条そのほかの規範群によって自衛隊法が制定され，それらは自衛隊法が有効な法であることを主張する法規範群であり，それが違憲な法の無効を主張する憲法 98 条に対して優越することになる，というだけのことである。ある成文法典内の条文が表現する法規範同士がそうした優越／被優越の関係に立つということになんら問題はない。実際，憲法 98 条は憲法 59 条などに対する特別法的規定と見ることができる——つまり憲法 98 条のほうが逆に優越する——し，通常はまさにそのように扱われるだろう。したがって，自衛隊法を違憲有効とするためには，憲法 98 条を排除する推論規則を形式的効力原理のみならず特別法優越原理にも優先さ

---

[10] だが，いずれにせよ憲法の最高法規性なるものは憲法学にとってそこまで重要ではないかもしれない。八月革命説によれば，大日本帝国憲法の最高法規性はあっさりとポツダム宣言によって優越されてしまい主権原理まで書き換えられてしまったのであった。少なくとも八月革命説を支持する多くの憲法学者は憲法に違背するはずの事態を法的に正当化するために憲法に優越する法規範を想定するという方策それ自体に反対はないだろう。

せる二階の推論規則もが必要だということになるだろう。

3. 推論規則とその根拠

次の問題は，憲法 98 条を排除するそのような推論規則とそれを優先させる二階の推論規則が現実に法的に正当なものとして存在するかどうかである。ある推論規則が法的に正当なものとして存在するかどうかをどのようにして知ればよいだろうか。特別法優越原理や後法優越原理は決して法典に書かれてはいないのだが，なぜそれらは法的に正当な推論規則となるのだろうか[11]。私がここで思いつく可能な根拠は次のようなものである。

1. ないと困るから
2. そういうものだから
3. 裁判所がそうしているから

---

11) 法的な推論規則を裁判官や市民を拘束する法規範として書くことは —— 微妙な問題はあるものの —— 不可能ではないが，今度はそれらの法規範を適用する際の推論規則が必要になるだろう。それ自体は法規範でないにも拘らず法的に正当な推論規則の根拠はなにか，という問題を回避することは概念的に不可能である。法的判断に於いて用いられてよい推論規則を法によって拘束するということも不可能である。そのような法を適用しようとする際に，その法自体に適用される法的推論規則が必要となり，これがそうした法の規定を排除してしまえばそれまでである。法規範の最高性の基盤は，法規範ではなく推論規則に求めるしかない。結局のところ，法的判断に於ける最高規範 —— 最高法規ではない —— はそこでの推論対象には現れない推論規則なのである。

身も蓋もないようだが，これらのどれも決して馬鹿にしたものではない。

まず，第一の根拠について考えよう。たとえば，後法優越原理がなければ，作ろうとする法と牴触する前法を廃止して，前法のうち後法との牴触部分を除去したものと後法を新たに制定することになるだろう。特別法の優越についても事情は同じである。これは明らかに法制定の負担を増やす。法規範が本質的に例外許容的であるにも拘らず形式的効力原理がなければ，下位の単位——省庁や地方公共団体——へと立法作業の細部を安全に委ねることができなくなるだろう。

第二の根拠は，およそどの国の法でもこれらの原理は当然に法的に正当なものとされているのであってそれは法という営為を構成する規則である，というものである。たとえば，チェスを考えよう。なぜ相手のキングがチェックメイトになれば勝利できるのだろうか。なぜポーンが相手方の最後列に到達するとクイーンやその他の駒に昇格できるのだろうか。その答えは，それらのルールこそがチェスを構成しているものにほかならないからだ，というものだろう（それらのルールを欠いたゲームはもはやチェスではない）。チェスというゲームはそうした規則の束そのものなのだ。後法優越原理などの推論規則は法的判断というゲームの構成的ルールであると考えられるだろう。実際，前節で見たようにこれらのルールがなければ，法体系を例外許容的で阻却可能な「要件 ⇒ 効果」という形式の規範の集積として作り上げることそのものができなくなるだろう。

第三の根拠は，他の法域はともかく，現に日本では裁判所のような公的機関がそれらを採用しているから，というものである。これは第二の根拠とも関連している。法はチェスのように幾つか

のルールから構成されるのだが，それらのルールが具体的にどのようなものかは法体系内で法の変更や法の認定に携わる集団――司法・立法・行政の公的諸機関――がどのようなルールを受容して採用しているかどうかで決まるのだ，というのである[12]。

さて，これらの根拠のいずれかを――願わくはその全てを――満たすような，憲法 98 条を排除する推論規則が存在するだろうか？

4. 事情判決の法理

読者も既に察しているだろうが，そのような推論規則は実際に存在する。事情判決の法理がそれである[13]。事情判決の法理は議員定数不均衡訴訟に於いて適用されている裁判所の法的実践である。議員定数が不均衡なまま実施された選挙が違憲であるにも拘

---

[12] これはほぼハート (H. L. A. Hart) 型の法実証主義の概略に対応する。注意すべきだが，ここでいう「公的機関 officials」に法学研究者は（まず）入らないだろう。たとえば，法学研究者と裁判官や立法者の見解が割れたとしよう。法学研究者の見解に従うならば法であることになるような規則体系と，裁判官や立法者の見解に従うならば法であることになるような規則体系を考える。一般の人々が――刑罰を恐れてであれなんであれ理由は問わず――従うのは後者であるだろう（前者と異なって後者はまさに被治者の随従を確保する国家的実力によって支えられているから）。法学研究者たちが極めて強力な政治的リーダーシップを発揮し人心を掌握しているというような空想的事例を除けば，人々が（理由はともあれ）一般的に随従する規則体系の準拠集団は裁判官や立法者であって，法学研究者ではない。事情判決の法理が法学研究者にどれだけ不人気であろうとそれは無関連な事情である。

らず有効である，という裁判所の判断はまさに憲法 98 条を排除するような推論規則を適用しているし，それは上記 3 に挙げた法的正当性の第一の根拠（両院議員選挙を無効にすることは対応不可能な混乱をもたらすだろう）と第三の根拠（それは裁判所の確立された実践である）を充足する。実際，それを違憲無効とすることが憲法を含む法体系全体の存立を危うくするような法律は憲法 98 条よりも法体系にとって重要であり，そうした法律については憲法 98 条を排除するという推論規則には一定の理があるだろう。

13) 議員定数不均衡訴訟に見るように選挙が違憲だが有効であることと自衛隊が違憲だが合法であることとが本質的に同様の問題であることは小林直樹によって 30 年前に ── 1984 年の論文に於いて ── 既に指摘されている（参照，小林直樹「『違憲・合法』論の検討」法時 56 巻 6 号〔1984 年〕8-21 頁，13 頁）。本稿はその小林の憲法理論を技術的に再構成したものに過ぎない。なお議員定数不均衡訴訟と事情判決の法理を違憲合法の実例とすることに対する批判として奥平康弘「"窮鼠，猫を噛む"の試み ──『違憲・合法』論への疑問」法セ 356 号（1984 年）8-11 頁を見よ（奥平はそこでは裁判所によって選挙があくまで「違法」であると判断されているのだから違憲合法の実例ではないとする）。この点については小林直樹『憲法政治の転換』（東京大学出版会，1990 年）252-253 頁に小林自身による若干の補足があるが，事情判決の法理が結局はその違法性を排除して選挙の有効性を優越させたのだと理解すれば，それを違憲合法の実例と見る小林の立場は正当である。なお，奥平は事情判決の法理が「広く一般に『違憲・合法』現象を予想した証拠と考える者がいるとすれば，それは途方もない間違いをおかしつつある，と私は思う」（前掲論文 11 頁）としている。裁判所が現に採用している事情判決の法理の要件がかなり厳格なものであるはずだという指摘それ自体は正当だと思うが，それは違憲合法論の理論的障害ではない。

公職選挙法はそのようなものとして憲法98条に優越するのであり、自衛隊法が違憲かつ有効であるという法的判断も同様にして可能となる。いわゆる「違憲状態」のみを宣言して対象の無効という効果を認めない違憲状態判決も同様のものであって[14]、これらの推論規則を事情判決の法理も含めて事情優越原理と呼んでおくことにしよう（それは一定の要件の下に憲法98条を排除する原理である）。

[14] 違憲状態はあくまでも合憲の一部である、という批判があるかもしれない。だが、違憲状態を違憲合法の別名と見るほうがそこで実際に行われている判断実践の記述としては適切であろう（なお人々が自分自身の実践の言語化を間違うということはままあることである）。いずれにせよ、事情判決の法理がある以上、それで違憲合法論の存立可能性が脅かされるわけでもない。また、違憲状態をそれでもなお合憲と見るとした場合、憲法98条は手付かずだが、たとえば公職選挙法の場合ならば憲法14条に議員定数不均衡選挙を許容するような修正が加えられ、それゆえ憲法14条違反でなくなるのだ、ということになるだろう（単なる合憲と違憲状態の種差は規範論的にはそのように説明するしかないだろう）。それはそれで、そのような修正を許す推論規則によって、当該の法が日本国憲法に優越してその内容を書き換えてしまうものとして扱われていることになるだろう。いずれにせよ、日本国憲法の最高法規性は法律を排除することができない。

5. 憲法としての法律

　にもかかわらず，事情優越原理がそれ自体としては後法優越原理や形式的効力原理に似ていないということがやや気になるだろう。それは阻却可能な「要件 ⇒ 効果」図式の集合を扱う法的判断の本性とは関連していない（つまりそれは第二の根拠を充足しないように思われる）。事情優越原理としかもそれに加えてそれを形式的効力原理と特別法優越原理に優先するというといかにも強烈な二階の推論規則を増やすことなしに，日本国憲法に違背するが有効という範疇の存在 —— それ自体は既に最高裁によって確立されているわけだが —— を説明する方法がないものだろうか。

　私の提案はこうである。日本国憲法が法であるのは，先行する法 —— 大日本帝国憲法 —— の授権に拠るのではなく帝国議会の議決という端的な社会的事実に拠る。議会の議決を以って法か否かを決するハート的な法実証主義に於ける認定のルール —— この認定のルールそれ自体は法的ルールではない —— に拠って日本国憲法は法である。公職選挙法や自衛隊法が，憲法59条などに拠ってではなく，端的に日本国憲法を法たらしめているその同じ認定のルールに拠って —— つまり議会の議決という社会的事実に拠って —— 直接に法たらしめられていると考えればよいのではないだろうか。自衛隊法も公職選挙法も「国制 constitution」に係る法であり，法体系にとって日本国憲法と同等に重要であるから，それが日本国憲法と同様にいわば「抜き身の主権」によって定立されたのだと考えることはそこまでおかしな話ではないだろう。いまや，公職選挙法 —— 加えてもし自衛隊法を違憲であると考えるならば自衛隊法 —— は日本国憲法がそうであるのと同じ意味に於いて実質的意味の憲法であり，また同じ位階に属する最高法規であ

る。この場合，日本国憲法とこれらの法律は上下関係にないので形式的効力原理は適用されず，後法優越原理に拠ってこれらの法律が憲法98条に優越することになるから，それらは違憲かつ有効であるということになる。形式的効力原理と特別法優越原理とに優先するような原理を新たに指定せず推論規則をよく知られたものに留めておこうとする限り，違憲かつ有効な法律を認める最高裁の判断を説明するにはそのように考えるしかないだろう。この方策を採る場合，たとえば事情判決の法理をある法律に対して適用するということは，実際にはその法律が日本国憲法に拠らず直接に定立された法であり日本国憲法と少なくとも同位の規範であることを認めることにほかならない，ということになる(そしてそのことに法概念論的問題はない)15)。

---

15) そうした法律が日本国憲法と対等な関係に立っている現実の状況はたとえば政治的平等や平和主義を侵害するものとして道徳的批判の対象であるかもしれない。日本国憲法に拠らずに法が定立されてしまっていることがたとえば人権擁護的な機能を持つ立憲的秩序を毀損してしまうという道徳的批判の対象になるかもしれない。だが，法の認識と法の道徳的評価は別の問題であり，ここで問題になっているのはあくまで前者の問題である。そして，その前者の下でも当該の法が日本国憲法違反であることは「現にそうであるところの法」の内部でまさに法規範に対する違背として法的批判の対象となりうるのである。

IV. 違憲合法論とその行方

1. 違憲合法論の再構成

　上述の考え方のどちらを採るにせよ（つまり公職選挙法や自衛隊法が憲法 98 条に優越するのはその効力根拠である憲法 59 条などが事情優越原理によって憲法 98 条に優越するからだと考えるにせよそれらの法が直接に優越するからだと考えるにせよ），本稿の中心的主張はある法律が日本国憲法違反でありかつ有効である —— それゆえそうした法律に基づく国家活動が違憲かつ合法である —— という法的判断が法的に正当でありうるということであるが，これが小林直樹のいわゆる「自衛隊違憲合法論」と関連を有していることは言を俟たない。

　小林によれば，自衛隊法とそれに基づく自衛隊は違憲だが，自衛隊法は「いちおう正規の手続を踏んで制定・公布されたものであり」，自衛隊はその自衛隊法に従って —— 合法律的に —— 組織編成されている。それは「もちろん，統一的な法秩序の下ではあり得べからざる矛盾」であり「法（学）的には説明のつかない背理である」が「この奇妙な矛盾関係をそのままに法的に認識する視点が」必要である（強調は原文）[16]。こうした，自衛隊の存在を法的に説明のつかない背理として捉えしかもそれをそのままに法的に認識せよ，という小林の主張が直ちには理解しがたいものであることは否定できない（もっとも矛盾を扱おうとする理論はどうしようとも無限を扱おうとする理論と同じように対象の反直観的挙動に悩まされるものではある）。実際，小林の違憲合法論に分析的に犀利な批判を加えた菅野喜八郎は，認識されるべき「矛盾」など存在しないはずである，という点を一貫して問題にする[17]。たとえ

ば，自衛隊が「合法」であるということが，自衛隊法と称する実は法ではないルールに則して自衛隊という組織が存在しているということならばそれはあくまでも社会学的事実であって，自衛隊法が違憲無効であることと矛盾しない。他方で，法学的には，自衛隊が合法であるためには自衛隊法が有効でなければならないが自衛隊が違憲であるのは自衛隊法が違憲であるがゆえでありそれは無効であるから自衛隊を合法というその基盤が失われるはずである。「自衛隊は違憲かつ合法である」という法的言明は端的に偽である —— 菅野の表現によれば「謬説」である —— しかない。分析的に極めて明晰な菅野のこうした批判に対して，残念ながら小林の応答は同等に明晰なものとは言いがたく，論争を眺める第三者を納得させるに到らなかったためか，広汎な支持を得たとは

16) 小林直樹「防衛問題の新状況 ——70年代中期の『防衛』問題」ジュリ586号（1975年）15-24頁，16頁。ただし，「いちおう正規の手続を踏んで制定・公布」の部分の強調は当該テクストを小林自身が引用した，小林前掲注13)『違憲・合法』論の検討」（10頁）に拠る。この小林の表現 —— そして追加された強調 —— からは，小林が違憲合法の問題を，あるルールに対しそれが国会の多数決を得ることを要件としてそれを法であり有効なものとする法規範（憲59条）と，あるルールが日本国憲法に違反することを要件としてそれを無効であり法でないものとする法規範（憲98条）との牴触の問題として理解していることが示唆されよう。
17) 菅野と小林の「論争」はあまり嚙み合っていないように思われるが，ともあれ菅野の批判については，菅野喜八郎「自衛隊の『合法＝違憲』説所見」（ホセ・ヨンパルト＝三島淑臣編『法の理論5』〔成文堂，1985年〕211-224頁），また同「再び『自衛隊の「合法・違憲」説』について」（同『論争憲法 —— 法哲学』〔木鐸社，1994年〕103-121頁）を見よ。これに限らず菅野のテクストの分析的明晰性に私は強く感銘を受ける。

言いがたいようである。だが，小林の違憲合法論にはもちろん汲むべきところがある。私の見るところ，その核心的主張は「自衛隊は違憲ではあるが合法である」という法的認識を達成することによって，自衛隊を違憲であると考える者が同時に自衛隊の法的統制に真剣にコミットすることができる，ということにあるだろう。自衛隊法を違憲だとしつつ，その自衛隊法から自衛隊が逸脱した場合にはその逸脱を違法であるとして自衛隊法に基づいて批判する，というそのようなことがどのようにして可能になるか，という小林の問題意識はまったく正当である。もちろん菅野に従って，憲法学者の解釈は学説に過ぎず法的には「無関連 irrelevant」なのだから有権解釈者が合憲だと言っている以上はその合憲である自衛隊法に基づいて自衛隊の法的統制を考えればよいだけだということもできるだろうが，この方策は当の有権解釈者の法的判断を導くことができない[18]。裁判官を始めとする有権解釈者を含め一般的に法的判断を行うものが，ある法を違憲だと

---

18) そこでは，自衛隊法が違憲であり無効であると考えつつ，しかし裁判所がそう判断していない以上は，裁判所が従っているルールに則して裁判所が何をすべきか考えればよいということになるだろう。これは，私にある宗教を信仰する友人がいるとして，自分がその宗教を信じていない場合でも私がその戒律について熟知しており，友人がどう行為すべきかを助言することができる，ということと軌を一にする。法学者が為すべきことはそのようなことであり，自衛隊法についていわゆる「距離を置いた（内的）観点 detached (internal) point of view」から言明を為すべきだ，ということになるだろう。他方で，小林は法を受容するコミットメントを伴った内的観点から法的判断を考えており，それゆえに菅野との食い違いないしすれ違いが生じているのだと言えるかもしれない。裁判官は制度的にコミッ

判断しつつしかしそれを無効とした場合の結果の重大性ゆえにそれをなお有効とし，その法に照らして国家の活動を法的に統制しようとする，ということが如何にして可能か，その前提としてどのような法的認識が必要とされるのか，という問いとして小林の違憲合法論の問題提起を捉えるのがよいだろう。

この問いに対する私の答えは既に前節までに見た通りである。私は違憲合法ということ自体になんら「矛盾」を見出さないので（そしてそのことによって菅野的な違憲合法論批判は回避される），その点は小林の違憲合法論をそのまま保存するものではなくある種の再構成だということになるわけだが[19]，違憲かつ有効な法は違憲な法として法的に批判されなければならずしかしその法が有効な法として国家活動に対する法的統制と法的批判の基盤になりうる，という違憲合法論の核心はなお確保される。

トメントを伴った内的観点を採ることを強いられるから，裁判官がある法を違憲だが有効だとしつつそれを適用しようとするその法的判断の構造を説明するためには小林の方策のほうが適切であるだろう。菅野が示唆するような「有権解釈者が合憲だと言っている以上は法的には合憲でしかない」という割り切りは法豫言説の問題——法が国家行動についての豫言であるとすると当の国家行動である裁判官の判断を法が指導できなくなる——と同様の問題を有し，またすぐそこではルール懐疑の深淵がこちらを覗いている。問題の一端は「誤った判決だがそれが法である」ということをどう考えるかということにあるのだが，この点についてここで立ち入った検討を行うことはできない（cf. Connie S. Rosati, "Some Puzzles about the Objectivity of Law," *Law and Philosophy*, 23 (3) : 273-323 (2004))。

2. その約束された再来

　かつて圧倒的な通説の地位を誇ったとされる自衛隊違憲説も，昨今では憲法学者の中でも明確な自衛隊違憲論者はほぼ 4 割程度のようである[20]。自衛隊違憲説が通説的地位を失ったことによって，自衛隊法を違憲としつつも自衛隊法と自衛隊を法的には無きが如きものとして扱うのではなくその法的統制にコミットしようという小林の違憲合法論はいまや意義を失いつつあるのだろうか。私の見るところではむしろ事態は正反対である。近時，集団的自衛権関連のいわゆる「平和安全法制」について多くの憲法学者がその違憲性について確信し，それに熱烈なる憲法論的批判を加えている（ということくらいは私のようなものでも知っている）。それはそれとして，願望思考を排して考えてみれば，政治的現実の問題として平安法制が法的実践としてこのまま定着する見込み

---

19) なお，どうしてもそうしたいならば，本稿で再構成した枠組でも「矛盾」を確保することはできる。既に見たように，違憲合法の問題は憲法 59 条ほかと憲法 98 条との牴触の問題として（も）理解できる。通常は特別法優越原理によって後者が前者に優越するという形で牴触が解決されるが，自衛隊法や公職選挙法について特別法優越原理を排除する二階の推論規則があれば，両者の牴触はそのままであり，そこでは確かに「矛盾」がそのまま確保される。だが，その場合にはたとえば当該のルールを違憲ゆえ無効であり法でないと判断することも，違憲だが有効であり法であると判断することもできる（が両者を同時に主張することについてはそれを禁ずる推論規則があるだろう）。もし小林が自衛隊法を違憲だが無効ではなく有効なのだと主張したいならば，更に進んで憲法 59 条ほかを憲法 98 条に優越させなければならない。とはいうものの，これが相当に微妙な問題であることは認めなければならない。

は相当に高いというべきであるだろう。そうだとすれば，遠からぬうちに，憲法学が平安法制の違憲性を主張しつつも違憲性それ自体よりは平安法制による軍事力の法的統制へと関心の焦点を移

> 20) 長谷部恭男＝石川健治＝宍戸常寿編『憲法判例百選ⅠⅡ〔第6版〕』(有斐閣，2013年)の執筆者を対象とした大手新聞社によるアンケート結果によれば，回答した122人のうち，自衛隊が憲法違反だとするものが50人，憲法違反の可能性があるとするものが27人，憲法違反にはあたらない可能性があるとするものが13人，憲法違反にはあたらないとするものが28人，無回答4人である(2015年7月11日付朝日新聞朝刊，ただし自衛隊の合憲性についての回答はデジタル版にのみ掲載された)。このアンケート調査は──それが如何なる意義を有するのかを含めて──論議を呼んだ。だが，安全保障関連法制が政治問題となった際に憲法学者或いはより広く公法学者にアンケートを実施することはもともと憲法学の伝統である。1969年と1981年には法律時報が公法学会会員を対象にそうしたアンケートを実施し，その分析・論評を小林直樹が執筆している(同41巻9号54頁，53巻6号59頁)。それによれば，1981年の時点では80%を超える憲法学者が自衛隊を違憲であると考えている(選択肢は「合憲／違憲／わからない」であった)。比較のために2015年の朝日新聞の結果の「違憲の可能性がある」を「違憲／わからない」に仮に半々で割り振るとすれば，違憲説がほぼ50%を占めることになるが，違憲説のこの退潮──ポイントで見るとほぼ4割減──が何に由来するものかは興味ある事柄である。もし自衛隊の憲法適合性如何が時代によってそのように変わるものではないとしたら，憲法学者に占める違憲説／合憲説の割合は対象の違憲性／合憲性についての信頼できる指標ではない，ということが示唆されることになるだろう。だがそれはまさに憲法学が継続してこうしたアンケートを実施してきたからこそのことであって，このような自己検証的実践は大変に意義のあることだと思われる。

すことになるとしても——そして恐らくそれは望ましいことであるだろうが——不思議ではあるまい。それはまさに自衛隊違憲説の辿った道であり，恐らくは同じことがそこでも繰り返されるだろう。小林の違憲合法論が再び憲法学にとって多大なる意義を有することになる日は遠くないだろうが，そこでの違憲合法論を巡る議論が以前と同じ轍を踏まず実りあるものとなるその前提として，本稿のような概念的整理が多少は役に立つかもしれない[21]。

[21] もっとも，自衛隊違憲説が現在に到るまでにそうなったように，数十年後には明確な集団的自衛権違憲説が憲法学者の半数を下回るようになるかもしれず，もしそうなれば違憲合法論も再び用済みということになるのかもしれない。

V. おわりに

本題に戻ろう。かくのごとく，憲法98条が自称する最高法規性はそれ自体としては残念ながら空虚なものである。法規範の最高性とその意義は結局のところ，法規範そのものではなくそれらに対して行われる法的判断とその推論規則に存するしかない。

大学2年生になって法学部専門教育が始まり私が法学に躓いていたその頃，大学のキャンパスから渋谷駅に行く途中の松濤にある新宗教団体の豪奢な施設があったが，この団体は教祖と信者の独特の掛け合いで当時全国的によく知られていた。教科書に「憲法は国の最高法規であって……」と書いてあるのを目にし「なるほど憲法は最高法規なのか！」と思うとき，それは空虚な対象についての空虚な呼応であって，その空虚さは私に件の新宗教の名物であった「最高ですか？」「最高です！」という教祖と信者たちのあの熱狂的な掛け合いを思い起こさせずにはおかないのである。

＝＝＝

ここまで私の「提題」では民法・刑法・憲法に関連する主題を順に取り上げてきたわけだが，それらは法学を勉強し始めたその最初期に私が躓いた ── そしてなお立ち上がれず先に進めないでいる ── 点を言語化したものに過ぎない。読者もまた同じように躓くことになるだろうか，もしそうだとして大屋の差し伸べる手によって躓きから立ち直って前に進むことができるだろうか？

応　答

大屋 雄裕

Ⅰ. はじめに

　ルイス・キャロルの提示したパラドックスから，話を始めよう[1]。アキレスが亀に，次のような推論を示す。

　　あらゆる爬虫類は足が遅い。……(a)
　　亀は爬虫類である。……(b)
　　ゆえに，亀は足が遅い。……(z)

[1) 例を構成する文は本稿のためにアレンジしている。参照，ルイス・キャロル（柳瀬尚紀編訳）『不思議の国の論理学（ちくま学芸文庫）』（筑摩書房，2005年）16-23頁，および野矢茂樹「根元的規約主義」同『哲学・航海日誌』（春秋社，1999年）第14章。

一読してわかる通り，これは安藤も説明した前件肯定（MP）と呼ばれる基本的な推論である。我々は（アキレスも含め），前提 (a)(b) を受け入れるならば結論 (z) を必然的に正しいものとして受け入れなければならないと考えるだろう。だがこの推論を示された亀は，「何故そうしなければならないのか」と（真面目に）問うのである。MP が正しいということを理解できない存在──能力不足ではなく，おそらくは通常使用する論理が我々と異なるために戸惑う存在をここでは他者と呼んでおこう──が経験的に存在し得るのは事実なのではないか，そのような人々にこの推論を受け入れさせる正当性は，どこにあるのかと。

　アキレスが試みたのは，推論規則を明示的に記述するという方法であった。「(a)(b) からは (z) が導かれなくてはならない，それが我々の推論の規則なのだ」と亀を説得しようとしたアキレスは，ではそれも議論の前提として書いておいてくれという亀の要求に応えて，以下の 1 行を推論過程に挿入する。

　　(a)(b) からは (z) が導かれる……(c)

だがここで一安心したアキレスに，亀は次のように問いかけるのだ──「(a)(b)(c) を受け入れたら，どうして (z) も受け入れないといけないのかなあ」。パラドックスの行方は明らかだろう。今度は (a)(b)(c) から (z) が導かれることに同意できない他者の存在可能性を亀が主張し，アキレスはそれを内容とする規則 (d) を明記することを迫られる。そして……キャロルの記述は，次のように閉じられている（記号を本稿に合わせた）。

「それなら論理というものが君ののど首を締めあげるまでだ。君は強制されているんだぞ！」とアキレスは勝ち誇って答えた。「論理が語っているんだから，どうしようもないことだ。もう (a) と (b) と (c) と (d) を認めるなら，(z) も認めなければならない！　選択の余地はない，わかるだろう？」
「語って聞かせるほどよい論理だというなら，ぜひ書き込むべきですね。それじゃノートにつけたしてもらいましょう。前提 (e) を

　　もし (a) と (b) と (c) と (d) が正しければ，
　　(z) は正しくなければならない…… (e)

としますね。当たり前ですが，私がそれを受け入れないうちは，(z) を受け入れろといういわれはありません。だからとても大事な一歩なんですよ，わかるでしょう？」
「わかるさ」とアキレスは応えたが，その言葉には悲しげな響きがあった。

　法的三段論法にせよ前件肯定の推論にせよ，そこには戸惑うべき何物もないように思われる。だがそれに異論を唱える他者が実際に出現したとき，「そのように考えるべきものなのだ，そうしないものは去れ」と権威主義的に命令することを避けるとするならば，我々はどのようにして彼を説得することができるのだろうか。

Ⅱ. 遡上と排除

　　──そもそも，我々の法的推論規則がどんなものか，我々
　　　は知り得るのか？　我々は法的推論規則を共有してい
　　　るのだろうか？

　ただちに気付く通り，以上は安藤が法規範と阻却事由の関係について展開した議論に等しい（提題Ⅰ2）。阻却事由（たとえば正当防衛の存在）を規範から独立に捉えてしまうと推論の単調性（前提群から演繹的に結論が導かれる場合，さらに前提を追加しても結論は変化しない）が破れてしまうので，それは規範の前件に組み込まれるよりないというのであった。だがこの解決策は「全ての例外や例外の例外を組み込んで定立された……長大な列を為す事実の認定」（提題Ⅰ2）を求めることになり，かつそれらがすべて満たされない限りは結論を正当化することができないという結果を導く。だが「残念ながらこれは現実の裁判官がやっていることではないし，また可能なことでもないだろう」（提題Ⅰ2）。そして安藤は，法的推論は例外の存在を許容しないような古典論理の実質含意（→）ではなく，阻却可能性（defeasibility）を持つ日常的推論（阻却可能な前件肯定DMP ⇒）だと結論するのである。一見矛盾した結果を導くように見える法規範相互の優越関係を決める法的に正当な推論規則の存在が要請されることになるのは，その故であった。

　そして我々は，前件肯定の推論を行う際にも亀が要求したような無限退行を体験することはないと言いたくなる。アキレスには亀を納得させるだけの規則を書き尽くすことはできないし，また現実にも彼はそうしないだろう──アキレスは亀の異論を暴力に

よって排除するか，そこから走って逃げ出してしまうに違いない（そして実際に亀の足は遅く，アキレスに追いつくことはできないだろう）。どちらの場合でも我々は，あり得るすべての可能性を論理的に否定してなどはいないのである[2]。

　安藤の「提題」では，規範レベルで生じる問題（推論の単調性）を解決するために推論規則という一つ上のレベルの違いが動員されていたのであった。だが問題はそのようにメタのレベルへと遡上することによってではなく，我々はそのようなことをしていないということを端的に認めるところから解決されるのではないか。メタレベルへと遡上しては得られない正当性は帰結から調達されるよりないというこの点が，第一の問いへの回答となるだろう。我々が推論規則を知ったり共有したりするのではなく，推論の帰結を共有しているものが我々なのである[3]。

　さきほど私は，権威主義的に命令することを避けるとするなら

---

[2] なお，規則の意味を記述していくのではなく実際の適用例から理解させるという方策（直示的定義）も適切な解決を与えることができない。示された適用例を満足させるが我々が想定しているのとは異なる規則が提示される可能性が常に残るからである。たとえば「＋」で示される加算について，2ケタの範囲で示された実例をもとにして「正しい」結果を常に返すことができるようになった子供が，3ケタ同士の演算になった瞬間に「5」という回答のみを返すようになった——そして「それが正しい答えだと思ったんです」と真面目に言う——場合を考えれば，想定から彼がそれを否定するような例の提示を受けていないことは事実だと言わざるを得ないだろう。このタイプの懐疑について詳細には, 参照，ソール・A. クリプキ（黒崎宏訳）『ウィトゲンシュタインのパラドックス——規則・私的言語・他人の心』（産業図書，1983年）。

ばキャロルのパラドックスを解決することは困難であると主張した。そのことが意味するのはつまり，亀のような他者を —— おそらくはアキレスが頼ろうとしたような論理の力ではなく実力によって —— 排除することが，実際には解決をもたらしているのではないかということだろう。そもそも我々の社会は（ロールズの原初状態がそう想定されているように）理性やコミュニケーション能力，自らの人生に関する野望やその前提となる価値観を備えた個人たちが集まって白紙から作り上げたものではなく，むしろ特定の社会へと生まれ落ちた我々一人ひとりがその内部で共有されるさまざまな規範を前提として規律され訓練された結果として加入を許される（それを達成できないものはふるい落とされる）ようなものだと考えるべきなのだ。その規律訓練の舞台が学校であり，排除された存在の行く先が典型的には病院と監獄である。安藤が想定したような論理的体系性は，推論規則や規範が何を意味するかという本来は不確定な問いをもとにして，そこで本能的・反射的に他人と同じ行動が取れないような・ま・つ・ろ・わ・ぬ・も・の・ど・もを排除した先に夢見られるものなのである。

> 3) なおこの部分については，草稿を確認した安藤より，自分が試みたのは実際に人々（あるいは法律家）が行っている推論の記述であってその正当化には関心がない旨のクレイムが寄せられた。その通りであるかもしれず，そのことはまた安藤が正当性の有無という存在に関する問いとそれを人々が認識・受容するかという正当化の問題とをまったく切り離して理解していることを意味するだろう。あるいはここで，仮にその切り離しが成功するとしても事実記述が遂行的に正当化機能を持つことを安藤が無視していると言うべきかもしれないが，最終的な判断は読者に委ねたい。本稿注 17) も併せて参照のこと。

III. 論理的体系性の意味

　もちろんそのことは、論理的説明や体系性の理解が無価値であるということを意味するのではない。論理の力によって必然的な結論が導かれるという描像を拒否したとしても、結論を共有する我々にとって「正しい」ということが納得しやすくなるとか、規律訓練の対象者の大多数がその導きによって我々の一部へ組み入れられるような存在になるといったように、説明や理解のための道具としての価値はあり得るだろうからである。逆に言えば、規範の最高性なるものはそのように想定したときに我々の是とする社会が理解しやすくなる場所に宿るのであり、規範自体の性質によって、あるいは規範の自称によって、どこかに委ねられるものではないと考えるべきだろう。

　　　――憲法98条の最高法規性は、その価値規範としての内
　　　　容（「自由の基礎法」）に由来している。安藤は98条を誤っ
　　　　て解しているのではないか？

　芦部信喜は、憲法が国法秩序の中で最も強い形式的効力を持つのは硬性憲法であれば当然のことに過ぎないとした上で、最高法規性の本質はその内容――「人間の権利・自由をあらゆる国家権力から不可侵のものとして保障する規範を中心として構成されている」自由の基礎法であることに求められるとしている[4]。だがこれこそ、憲法の正統性はそれがもたらす社会に対する国民の承認にあるということの自白に他ならないのではないだろうか。最

---

4) 芦部信喜『憲法』（岩波書店、1993年）11-12頁。

高法規の最高性は，最終的に人々が是とする社会をよりよく説明するものとして事後的に付与されるのである。

もちろんその事後とは常に更新されていく現在のことであり，法体系の依存関係や体系性が最終的に固定される瞬間など到来しないという点は重要であろう —— それは永遠に問い直しへと開かれているのだ。あるいは，そう理解しなければ我々は硬性憲法という仕組みそれ自体が —— 特に，通説のようにそこに一定の改正限界があると考えるならば —— 死者の支配に他ならないという告発に直面することになる5)。憲法制定時という過去の「我ら人民」(we the people)の意思が現在のそれに優越すると，何故言うことができるのか。現にこの社会を生きる人々がそのあり方を決める権限を有するという民主政の理念に立ち，建国の英雄の神話 —— その特権的な意思によって社会は創設された —— を否定するのであれば，この結論は否みがたいものなのではないか。

そして以上を前提とするならば，安藤がその積極的な再評価に取り組んだ違憲合法論についてもその論理的関係が転倒して考えられなくてはならないということになるだろう。人々が受容し日常生活の規範と想定されている法（合法的なるもの）を前提として，それらを整合的に理解したいと思う人々がその根拠を憲法に求めるならばそのとき憲法の最高性6)が構成されるのであり，憲法自体が「最高です」と自称するからその最高性が証されるわけではない。憲法において国会が「国権の最高機関」(41条)と位置付け

---

5) 参照, Sanford Levinson, "Constitutional Rhetoric and the Ninth Amendment", *Chicago-Kent Law Review*, vol. 64, 1988, pp. 131-161，および大河内美紀『憲法解釈方法論の再構成 —— 合衆国における原意主義論争を素材として』(日本評論社，2010年) 38頁。

られていることに現実的な意味を見出す論者がほとんどいないように，最高規範という位置付けにも美称以上の意味はないのではないかと考えてみる必要があるのだろう[7]。

Ⅳ. 正統性を支えるもの

—— もし安藤が正しいのなら，「法の支配」や「立憲主義」といった理念が脅かされないだろうか？

6) 正確には上位規範としての位置付けであり，憲法以上のものを人々が見出さないときにそれが最高性と位置付けられることになる。根本規範を想定するケルゼンや指導原理としての民族精神を想定するサヴィニーなど，整合性の系列を書かれた法の外部へと延長することで実定法規範に対する一定の制約を基礎付けようとするタイプの議論があり得ること（もしくはごく一般的であること）には注意する必要がある。

7) 暗号化されたインターネット上の通信において，相手が正しくその自称する存在であること（たとえばあるウェブサイトの運営主体が正真正銘の有斐閣でありそれを自称する第三者ではないこと）は証明書によって確認され，その証明書が信頼性を持つことはそれを発行した認証局に対する証明書によって基礎付けられ，最終的には「ルート証明書」と呼ばれるその系列において最高の基礎に到達する。これに対して認証局の証明を受けない自己発行の証明書（たとえば有斐閣が「このウェブサイトは有斐閣のものですよ」と主張しているだけの証明書）を「オレオレ証明書」などと通称するのだが，これとルート証明書は発行者と主体が同一であり自らを証明しているという意味では同じものである。両者の違いは，その想定する最高性が認証局や利用者という他者たちによって信頼され受容されているかという点にあるに過ぎない。

この種の疑問に対しては，それがそもそも何を意味しており何故重要なのかを確認する必要があるだろう。「法の支配」の尊重はJ. W. ブッシュ大統領からジンバブエのムガベ大統領までが口にする理想であり，およそ同じ意味で使われているとは思えないとは，すでにブライアン・タマナハの指摘するところであった[8]。「立憲主義」についても，かつては近代憲法の原理として —— 社会主義諸国のものを含む「現代憲法」との対比において —— 過去へと葬られたものであり，近年において世界的に復権しつつあるもののその意味内容は根本的に異なると指摘されている[9]。要するにそれらは何か良いもの，あるいは自分たちの信じる政治的意見が備えており敵対者のそれが有していないものを象徴する用語に過ぎないのではないかと，一応は疑ってみる必要がある。

　そのことを留保した上で言うならば，どちらの理念についても「我ら人民」の承認を最終的に否定し去るような存在であるかは

---

8) ブライアン・Z. タマナハ（四本健二監訳）『「法の支配」をめぐって —— 歴史・政治・理論』（現代人文社，2011年）1-8頁。
9) 愛敬浩二が指摘するように，国立国会図書館の蔵書検索システム（NDL-OPAC）において「立憲主義」というキーワードに該当する論文は2001年から2010年の10年間に226本ある一方，1948年から1977年の30年間には32本に過ぎない。愛敬が誠実に認める通り，かつて近代憲法の原理と想定された立憲主義と「今日の憲法理論において覇権的な地位を占めつつある立憲主義とでは，権力の制限を志向する点は同じであっても，その内容・性質には顕著な差異がある」のである。参照，愛敬浩二『立憲主義の復権と憲法理論』（日本評論社，2012年）3頁，および大屋雄裕「立憲主義という謎めいた思考」『α-Synodos』vol. 186+187（2015年12月20日，http://synodos.jp/a-synodos）。

大いに疑問だという点を確認する必要があるのではないか。前者については，それが適法な手続で定められた規則に準拠して行政行為が行われるべきであるとする法治国原理（Rechtsstaat）あるいは「法による支配」（rule by law）と異なるという一般的な見解に立つならば，むしろ「我ら人民」の意思が書かれた法に優越する事態を言祝がなくてはならないと考えられる¹⁰⁾。後者については，国民の憲法制定権力によって政府や統治の基本原理が定められるべきとする理念だとそれを（ごく穏当に）理解する限り，国民が憲法秩序を変更する意思を真摯に示した場合にはその正統性が受け入れられるべきだということになるだろう。安藤の立論によればそれは立法府における法制定の事実に求められるのだが，たとえばF. D. ルーズベルト政権によるニューディール諸立法の合憲性を最終的には連邦最高裁が受け入れざるを得なかったように（そしてそれをブルース・アッカーマンが「憲法政治」と位置付けて言祝いだように）¹¹⁾，どこに閾値があるかについては議論の余地があるにせよ，やはりそれを否定するものではないということになるのではないか¹²⁾。

ただし安藤が，「自衛隊法も公職選挙法も『国制 constitution』に係る法であり，法体系にとって日本国憲法と同等に重要であるから，それが日本国憲法と同様にいわば『抜き身の主権』によって定立されたのだと考えることはそこまでおかしな話ではないだ

---

10) この点を理解するためには，SF 小説であるが，以下が参考になるだろう。ロバート・J. ソウヤー（内田昌之訳）『イリーガル・エイリアン（ハヤカワ文庫 SF）』（早川書房，2002年）。
11) Bruce Ackerman, *We the People, vol.1: Foundations*, Harvard University Press, 1993.

ろう」(提題Ⅲ5) とまで言いながら, その主権の動作を示す社会的事実を —— ハートの議論に沿った故ではあるだろうが —— 議会の議決までしか遡上させないのは, いささか奇妙である。国民主権の論理, あるいは憲法については憲法制定権力の主体としての国民という位置付けを正面から受け止めるならばそれは, 国民による承認に他ならないと言うべきなのではないだろうか。国民の意思の集計手段としては必ずしも精度が高くなく, 選挙の時点とのタイムラグを必然的に有する議会という存在の, しかも国会法や議院規則を中心とする制度によって規制され構成された議決に

12) なお安藤の議論においては事情判決の法理が大きな役割を果たしているのだが(提題Ⅲ4), その活用範囲は法全体に照らしてみればごく一部に限られているという点には注意しておく必要があるだろう。そもそも制度としての事情判決は行政訴訟(のうちの取消訴訟)においてのみ認められているものである(行訴31条)。しばしばこの法理が活用されるのは周知の通り国会の定数是正訴訟だが, 公職選挙法が事情判決制度を認めていないため(公選法219条において行訴法31条の準用を排除), その法理のみがいわば密輸入されているに過ぎない。そのことを前提とすれば, 事情判決を可能にするような推論規則が我々の法体系の基礎に存在するという安藤の主張よりも, そもそも公職選挙法が想定していた事態は特定選挙区での不当な選挙であり, そのため救済としても当該選挙区における再選挙(公選33条の2)しか規定されていなかったために定数是正訴訟が前提するような全体の不均衡を処理する仕組みが司法的には存在せず, 事態を処理するために事情判決の法理のみが特殊例外的に導入されたという説明の方が適当なのではないかと思われる。なお参照, 安念潤司「いわゆる定数訴訟について(1)」成蹊法学24号(1986年)181-204頁, および大屋雄裕「定数配分訴訟と『選良』の限界」Synodos (2013年3月29日, http://synodos.jp/politics/2273 [2017年3月21日確認])。

対して，場合によっては合憲性を上回る優越性の根拠となる合法性を認定するための決定的な位置を与えること，さらにそれを社会的事実と呼ぶことには大きな問題があるのではないか。日本国憲法の議決を行った帝国議会（のうち少なくとも貴族院）が民主的な正統性に大きな問題を抱えていることを等閑視したとしても，である。

さらに前述した通り，その国民の承認は制定時における能動的なそれではなく，継続的に黙示的に，すなわち正当性を有するものとしての受容によって支えられているとも言うべきだろう。通常の立憲主義理解のように，あるいは安藤の議論のように法規範の正統性が制定時の事実によって付与されるものだと考える場合，他国の占領下において・旧憲法下で組織された民主的正統性の十分でない議会によって・旧憲法の定める改正手続を踏まずに制定された日本国憲法がその正統性に大きな問題を抱えることになるのは当然のことだろう（だからこそ宮沢俊義はそれを八月革命と位置付ける必要があったのではなかったか）。そのような指摘を克服する典型的な議論は，しかし国民はそれを歓迎したのだという点に求められる。特に独立回復後の長年にわたり，当該憲法上も定められている改憲手続が発動されることもなく直接的に新憲法の正統性を否認したり旧憲法の回復を主張したりするような運動が大きな支持を集めることもなかったという事実の中に，主権者たる国民の意思が示されていると考えることになるだろう。もちろん我々はここに，エドマンド・バーク流の時効理論（prescription）の影を見ることになる[13]。私のようにその根拠を我々の構成に見て取るにせよ安藤のように推論規則の導くところに置くにせよ，たどり着くべき場所はそこだったのである。

Ⅴ. 賭けとしての統治

　そしてこのことは，以下の二つの主張をもたらすことになる。第一に，このような立場から国民が「この国のかたち」(constitution) として受容したものが最高規範としての憲法だと考えるならば，そこにはほぼ確実に自衛隊の存在（とそれを支える自衛隊法）が含まれるだろうということ。憲法学者の意識がどのようなものであれ，現実の国民の大多数がその存在を受容し，必要な場合にはその恩恵を享受する一方で活動に対しても協力していることは，ほぼ間違いのない事実だと言わなくてはならないだろう[14]。1954 年から現在に至るいつかの時点において，それは時効により人々の信頼を得て憲法の一部へと組み込まれたと，そう考える必要があるのではないか。

　第二に，正統性の基礎となる国民の承認が時効によってしか得られない以上，当初の時点においてそれは賭けであるしかないということ[15]。法の体系性について通常の理解を取ったとしても，附随的違憲審査制に立つ我が国において，国会において議決され

---

13) この点については以下が参照されるべきだろう。伊藤正次「〔基調報告〕行政学から見た日本国憲法と憲法学——執政権説の検討を中心に」宍戸常寿＝曽我部真裕＝山本龍彦編著『憲法学のゆくえ——諸法との対話で切り拓く新たな地平』(日本評論社，2016 年) 474-489 頁。

14) たとえば内閣府が 2015 年に実施した「自衛隊・防衛問題に関する世論調査」によると，全般的に自衛隊に対して良い印象を持っている回答者は（「どちらかといえば」を含め）92.2%，自衛隊を増強すべきかという質問に対しては「増強した方がよい」29.9%・「今の程度でよい」59.2% であり，「縮小した方がよい」4.6% を完全に圧倒している (http://survey.gov-online.go.jp/h26/h26-bouei/index.html［2017 年 3 月 21 日確認］)。

制定された法の合憲性がひとまず推定されるよりないものであることは、あらためて確認するまでもないだろう。憲法適合性を事前に確認する制度が存在しない以上、「一切の法律、命令、規則又は処分が憲法に適合するかしないかを決定する権限を有する終審裁判所」(憲81条)である最高裁判所において適合しているという判断が下されない限り、この点に関する疑義が明確に解消されることはない。国会の議決による法制定もそれを根拠とした行政行為も、すべては将来において合憲と判断されるであろうということを信じた賭けに他ならないと、そういうことになる。

だがより正確に言えば、適合していないという判断が下されない限り「違憲ではないが合憲とは言い切れない」という状況が続くので、そのような手段を取ってすらこの問題が本質的に解決することはあり得ない。非嫡出子の法定相続分規定に関して最高裁が、現在までに生じた社会の動向や国民の意識・法制等の変化を理由として「総合すれば、遅くとも……平成13年7月当時においては」違憲になっていたと判示したことを想起しよう(最大決平成25・9・4民集67巻6号1320頁)。ある時点において憲法に適合的であった法規範がそれ以外の要素の変化によって違憲になり得るのであるから、合憲性が確定する日はついに到来しないということになる。

国会の議決に(安藤が言うように)大きな意味があるとすればこの賭けをすることが制度的に決められたという意味においてであ

---

15) 本稿全体に関連するが、特にこの点について参照、大屋雄裕『法解釈の言語哲学——クリプキから根元的規約主義へ』(勁草書房、2006年)。また憲法との関係について参照、大屋雄裕「根元的規約主義は解釈改憲を放縦化させるのか」井上達夫編『岩波講座憲法(1) 立憲主義の哲学的問題地平』(岩波書店、2007年)283-300頁。

り，そのような権限を彼らに与える根拠として，民主政における選挙が位置付けられることになる。そして，国民はそれを最終的に承認するであろうという政権担当者の賭けが本当に国民の意思を言い当てていたのかどうか，仮にその時点における現実の意思には反していたとしても結果的には承認を得られるようなものであったかどうか（あるいは自衛隊の創設はこのように理解し得るものであるかもしれない）を判定するためにこそ，次の選挙があるのだと言うべきなのだろう。

　この議論の含意は次の二点であろう。第一に，過去の賭けに対して国民が承認を与えるかを示し，将来の賭けを委ねる政権担当者を選択する制度としての選挙を中心として，どのような手続でどのような意思が構成されるかを定める（そしてその実現手段を構成する）統治機構こそが「この国のかたち」としての憲法の根幹である。第二に，あらゆる立法行為・行政行為が国民の承認を対象とする賭けである以上，仮に緊急事態法制の類が導入され，立法府と行政府のあいだの権限分配を一時的に変動させるとしても，将来における国民の審判の可能性を担保している限りにおいてそれは相対的な問題であるに過ぎない。緊急事態法制が本質的な問題となり得るのは，それが緊急事態の名の下に統治機構に対して不可逆的な変更を加えたり，典型的には議会を解散し選挙制度を停止するなど，将来の審判の可能性を根本的に奪う場合なのである。

VI. おわりに

　すべては賭けであるというこの主張は，あまりにも破壊的に（あるいは投げやりに）響くだろうか。だがその感覚が正当化し得るとすればそれは賭けでないものが存在し得る限りにおいてであり，そのような外部が存在しないとすれば我々はただそれを受け入れて少しでもマシな賭けをするように努力するよりない。哲学者・大森荘蔵の言葉を引用しよう──「われわれはただ賭けるだけである。それが生きることだからである。さあ，賭けよう，さあ，生きよう，……命を賭けねば命がないのである」[16]。

　憲法の最高規範性を問題にする安藤の議論から我々が導かれたのは，結局のところすべての正しさは「我ら国民」の決定に──制度的な議会の議決にか，非制度的な承認にかはともかく──委ねられるよりないという地点であった。したがって私は以下のような言葉でこの一連の対論を締めくくるべきなのかもしれない──「終わりよければすべてよし」，と[17]。

---

[16] 大森荘蔵「物と心」『大森荘蔵著作集(4)』(岩波書店，1999年) 3-350 頁，349 頁。

[17] 本論とは直接関係しないが，安藤の議論の基礎となっている事実の見方についても触れておこう。法的三段論法の眼目は真理性ではなく法的正当性を転移させるところにあると（それ自体は正しく）主張する際の根拠として，弁論主義等の理由によって真理とは異なる事実 φ を裁判官が認定することがあり得るからということを，安藤は挙げている（提題 I 1）。「だが『真理』に互いに食い違う相異なった種類──法的な真理と非法的な真理──がある，という主張は（少なくとも私には）理解困難である。……『裁判官の判断は「法的現実」を作り出す』といったような──なんとなく『哲学的』な気分になるという程度のご利益しかないような──言い

【図：うさぎあひる】
イラスト＝筆者

方は已めるほうがよい」（提題注 6））。だがここで安藤が真理と現実を無遠慮にあるいは無造作に等置していることに注意しなくてはならないのではないか。

たとえば 19 歳で婚姻した男性がいるとすると、彼は事実として未成年であるにもかかわらず成年擬制により民法上は成人と扱われることになる（民 753 条）。「法的現実」という表現を拒否する安藤はこのような事態をどう描写するかと問えばおそらく、それは「民法上は成人と扱われる未成年者」であるに過ぎないという応答があるだろう（あるいは「成人」自体がそれを定義する法と独立には存し得ないと答えるかもしれない）。では、ある時点 t_0 に締結された契約に無効原因があり、そのことがそれ以降の時点 t_2 に判明したので t_0 に遡及して無効になったとしよう。中間の時点 t_1 における契約の有効性を、安藤はどのように描写するのだろうか。ここで「契約は t_0 から本来的に無効であったというのが真実であり、t_1 ではそれが知られていなかった」と答えるならば、t_2 以前に何らかの事情で当事者が全滅・当該契約を無効にするという処置が取られなかった場合に誰にも知られず世界に影響しない真理の存在が残ると主張することになるだろう。だがそのような存在に法的意義が、あるいは我々の社会や生活にとっての意義があるだろうか。そのような存在が世界の実在論的な分析に、あるいはすべての「真実」を直接に見ることのできる存在者にとって意味を持つことまでを否定する趣旨ではない。しかし安藤の挙げる例（φ でないことを知りつつ φ と認定する裁判官）を記述するためにより適切な方法はあるし、それに立脚することによって我々の法的実践を適切に描写することができるのではないかとも思われる。

うさぎあひると呼ばれる図形を考えよう（上掲図参照）。「うさぎに見えたりあひるに見えたりする図が存在する」という言明は正しいが、我々はうさぎとあひるを同時に見ることができない。うさぎを見ているときあひるはそこで見える世界から姿を消しているし、この図形がうさぎあひるであると理解したからといってその見え方に本質的な変化が生じるわけではない。ここでたとえばうさぎに注目した場合の見え方を「うさぎ

的現実」と呼ぶことに,何か問題があるだろうか。ウィトゲンシュタインは,このようなモノの見え方をアスペクト(相)という言葉で表現している。我々は一つの存在を描写方法の異なるさまざまなアスペクトにおいて見ているし,それらを(意識的であれ無意識的であれ)切り替えながら生活している。私が手を上げたとき,「それは肩の筋肉がかくかくの運動をしたからである」という原因の描写と「それはタクシーに乗ろうとしたからである」という理由の描写は別のアスペクトにある二つの事実なのであり,どちらかだけが正しいわけでもすべてのアスペクトの描写を兼ね備えたただ一つの真実だけが存在するわけでもない。

　同様に,事実 φ は裁判官個人の日常生活のアスペクトにおいては存在し,彼が裁判官として扱う法的なアスペクトにおいては存在しないというだけのことなのではないか。そしてこのような事態を描写するのに,φ が法的現実であり「生の事実」(あるいは個人にとっての事実)でないという記述は適当であるように思われる。それが哲学めいた何かに過ぎないという安藤の指摘に対しては,明確にこう答えるべきではないか。それは法律学であり,哲学ではない,と。

　安藤は,自らの議論が「法学を勉強し始めたその最初期に私が躓いた ── そしてなお立ち上がれず先に進めないでいる ── 点を言語化したものに過ぎない」(提題V)と述べている。その主張通り安藤が法学に躓いていたのだとすれば ── それが事実かどうかは私の判断するところではないが ── おそらくその理由はこのようなアスペクトの違いを安藤が意識していない(あるいは意識できない)点にあるのではないかと思われる。

法哲学と**憲法学**の対話

コメント

片桐 直人

Dream Fighter

Ⅰ. Rebel Without a Cause?

　簡単に事実を確認しておこう。多くの憲法学者の猛烈な抗議にもかかわらず，第二次安倍政権は憲法 9 条の政府解釈を変更し，それを基礎としていわゆる平和安全法制関連法案を国会に提出し，国会はそれを可決した (2015 年 9 月 19 日)。

　本パートにおける安藤と大屋の議論の基底には，このような事実を踏まえつつ，なお，憲法「学」という営みにどのような意味があるのか，という問題意識があるように思われる。そして，その背景には，安藤が依拠する統治功利主義と大屋が依拠する根元的規約主義という哲学的な立場があることは疑いえない。だからこそ，両者の論争は，かたや議会の議決へ，かたや受け止めとし

ての憲法解釈の正当化へと収斂することになるのだろう[1]。

II. déjà-vu

　もっとも、憲法学者の端くれとして、両者の論争を眺めるとき、どこか既視感がある。たとえば、安藤が試みる憲法の最高法規性の法論理学的検討と対照可能な議論が、これまでの憲法学で展開されなかったわけではない。

　憲法学で「憲法の最高法規性」といえば、通常、憲法典が有する形式的効力が他の法形式よりも高いことを意味するものと理解される。ここにいう形式的効力をどのように理解するかにはいくつかの説明があるが、代表的なものとして、ケルゼンの純粋法学および法段階説を基礎とした、憲法の「授権規範性」からの説明がある（最高法規性の形式的根拠）[2]。このような授権規範という性格に着目するとき、安藤がこだわった「違憲合法論」はどのように理解されるのか。ここでは、新正幸の議論を参照しよう[3]。

　新は、ケルゼンの純粋法学に依拠しつつ、「憲法違反の法律」は、規範学的には無意味だという。これは、憲法違反の法律が、憲法上許容されないという意味ではなく、そのようなものもまた、規範学的に説明できるはずだ、換言すれば、憲法違反の法律も法律である以上、規範学的には、憲法違反ではありえないという主張であった。新によれば、憲法違反であるかのように見える法律が生み出されるのは、そのような事態を憲法が許容しているからにほかならない。すなわち、すべての立法に対してその憲法適合性を審査するような立法府以外の機関がないとき、結局、立法府が制定した法律は、たとえ明文の憲法規範に違反していようとも、

それを法として認識する以上，そのような事態を憲法が許容していると考えざるをえない。このことを新は，長尾龍一の議論[4]を踏まえて，憲法が「裏からの授権」をしているのだと説明する。このような理解に立てば，安藤が議論の俎上に載せた「違憲かつ合法」な法律は，それが法律である以上，すべて「合憲かつ合法」である。

ちなみに，この議論からは，裏からの授権に基づいて制定された法律を批判しようとすると，おそらく二つの方向性しかない。それは，そのような裏からの授権を認める憲法典が悪いか[5]，裏からの授権に基づいて制定された法律と憲法が明文で定める実体的・手続的要件に従って制定された法律とを調停する論理を考えるかである[6]。

もっとも，このような新の議論は，安藤が「提題」において展開した議論とすれ違っている。このようなすれ違いが生じるのはなぜか。筆者の目からは，それは，安藤が，その行論において，憲法の授権規範としての性格を徹底的に追い出しつつ，形式的な論理によって，憲法の最高法規性を検討しようとしたことに起因するように思われる。このような診断が正しいとすれば，安藤は，従来の憲法学が理解する意味での「最高法規性」の「形式的根拠」を議論しているのではないということになろう。

III. 最高法規性の実質的正当化？

他方，大屋が指摘するように（応答III），憲法学では，憲法の最高法規性を，個人の尊厳，国民の自由の保障といった「基本価値秩序を体現していること」にも求める（最高法規性の実質的根拠）[7]。

法体系は価値序列に従って理解されるべきで，その価値序列の頂点ないし中心に位置するからこそ，憲法典は最高法規だというわけである。そして，そのような価値序列は自然権思想とほぼ同一のものとして措定される。

もっとも，このような理解は，なぜ，憲法典が依拠する価値序列を自然権思想と同一のものとして認識しなければならないのかという問いから逃れることができない。そこで，多くの論者は，この価値序列を憲法典のうちに見出そうとする。すなわち，「憲法は論理上は自らを超え自らの根拠となる根本規範を，自らの中に書き込んでいると考える」[8]のである。

けれども，このように説明したからといって，そのように考えなければならない必然的な理由は，やはり，ない。上に引用した教科書の著者が率直に告白するように，結局，問題はそのような理解を，「憲法を考える場合の出発点，前提として受け入れるかどうか」[9]（傍点片桐）である。

大屋の「応答」の大部分は，まさにこの点に向けられている。大屋が「最高法規の最高性は，最終的に人々が是とする社会をよりよく説明するものとして事後的に付与される」（応答Ⅲ。傍点大屋）というとき，そこで批判されているのは，明らかに，根本規範の存在やそれを前提とする憲法典内部の序列構造の理解を「受け入れる」ことではない。そうではなくて，それを「憲法を考える場合の出発点，前提」とすることが批判されているのである。

大屋は，結局のところ，その最高法規性も含めて，憲法が何であるかは，現在の国民がそれをどのようなものとして受け止めているかという事実から了解するよりほかはないという。その意味で，「すべての正しさは『我ら国民』の決定に……委ねられるよりない」（応答Ⅵ）[10]。

Ⅳ. Who constitutes our constitution?

　しかし，そうだとすれば，我ら国民は，「成文憲法をめぐる意味構築の作業に参加」[11]しているのではないか。たとえそれが，憲法を消極的に受け入れているにすぎず，あるいは，憲法学者が違憲だという法律を受け入れているにとどまるにすぎないにせよ，である。そして，「民主的プロセスを通じて，意味構築の少なくとも枠組を決めていると人々が信じられること，また人々がそれを無理なく信じることのできる実態を維持すること」[12]は，その意味構築に参加しているからこそ，現在の我ら国民にも求められるのではないか。

　大屋が注意を促すように，憲法には，過去の我ら人民による現在の我ら人民の支配という側面があることは否めない（応答Ⅲ）。「現実には，憲法は，ある歴史的時点において，その世代の人々により，ある方法をとって……制定される」[13]。しかし，そのようなことが許されるのは，開かれた公正な統治過程が将来の国民にも保障されるということにとどまらず，それに参加する国民が自己統治をなすことができる自由な主体であり続けることや平和のうちに生存することが将来にわたって保障される限りにおいてだと考えられる[14]。

　このように考えると，現在の我ら国民が，これまで他の法形式に優越するはずだと考えていた事柄――それは憲法に含まれている――に，何らかの形で手を加えようとするとき，現在の我ら国民も，将来の国民に対して，なぜそのような変更をする必要があるのかとともに，なぜそのような変更が将来にわたって守られなければならないと考えるのかを説明する必要があるのではないか。

むろん，現在の我ら国民といっても，このような説明が可能なほど能動的に活動しうる存在ではない。しかし，だからこそ，通常の法律の制定とは異なる，できる限りそのような説明が果たされたものと信じうるに足りる手続が求められよう。憲法が憲法改正について特別の手続を用意していることは，この側面からも理解される必要があるように思われる。

V．本パートへのコメント

　以上を踏まえつつ，本パートにおける安藤，大屋それぞれの議論に対するコメントをしよう。
　まず，安藤の「提題」は，憲法学が従来行ってきた最高法規性の根拠づけとは異なる新たな根拠づけを模索するものとして興味深い。おそらく，安藤が議会の議決に拠ろうというのは，ここに手続的な意味を見るのではなく，何らかの実体的な意味を見るからであろう。しかし，なぜそのような理解に乗り換えなければならないのか。従来の形式的根拠論のどこに問題があるのかをもう少し敷衍していただきたい。
　次に，大屋の「応答」は――憲法学者の中では稀なのかもしれないが――個人的にはその通りだと同意する部分も多い。しかし，我が国の憲法学では，国民の概念は複数あり，現在の我々（＝有権者団）を憲法秩序内で一定の役割を担っている機関だと考えるとともに，憲法の権威（＝正統性）は，過去・現在・将来の我々，つまり抽象的意味の国民によって与えられていると考える立場もなお有力である。大屋の議論において，「国民」がどのように理解されているのかをもう少し伺いたい。

1) ちなみに，本パートで議論される最高法規性や違憲合法論は，いうまでもなく，憲法改正の限界，憲法変遷といった論点と関係している。したがって，このコメントも，本来であれば，それらに触れつつ行うべきなのだが，ここでは，なによりも，高橋和之「憲法変遷論にみられる混乱の若干の整理」同『現代立憲主義の制度構想』(有斐閣，2006年) 195-226頁の参照を乞うにとどめざるをえない。

2) たとえば，野中俊彦ほか『憲法Ⅰ〔第5版〕』(有斐閣，2012年) 22頁以下［高橋和之］，佐藤幸治『日本国憲法論』(成文堂，2011年) 25頁以下を参照。

3) 新正幸『純粋法学と憲法理論』(日本評論社，1992年) 187-197頁。その基礎にある「法命題の理論」(同書318-332頁) も併せて参照のこと。なお，新のこの説明が登場する以前に小林直樹と樋口陽一との間で交わされた「実効憲法」を巡る論争について，関連する論点とともに，高橋・前掲注1) 208-214頁も参照。

4) 長尾龍一「法理論における真理と価値(4)——ハンス・ケルゼン研究 第1部」国家78巻9＝10号(1965年) 92-127頁，116頁以下。

5) このような理解に対しては，日本国憲法は硬性憲法なのだから，「裏からの授権」は認められないのではないかという批判もあるかもしれない。しかし，新は，立法機関が憲法の明示する実体的・手続的授権を逸脱していることを審査する立法府以外の機関がないという点に，「裏からの授権」の可能性を認めるのであるから，そのような批判は的を外している。

6) そして，新が目指すのは後者である(「規範簒奪」の問題。新・前掲注3) 193頁)。

7) 野中ほか・前掲注2) 23頁［高橋］。

8) 野中ほか・前掲注2) 23頁以下［高橋］

9) 野中ほか・前掲注2)23頁[高橋]。

10) なお，関連して，南野森「憲法解釈の変更可能性について」法教330号(2008年)28-36頁。

11) この表現は，大屋雄裕「根元的規約主義は解釈改憲を放縦化させるのか」長谷部恭男ほか編『岩波講座　憲法1 立憲主義の哲学的問題地平』(岩波書店，2007年)283-300頁，296頁からとった。ただし，大屋は，この文献で，国民はそのような作業に事実上参加していないと理解している。

12) 大屋・前掲注11)296頁。

13) 佐藤・前掲注2)394頁。

14) 佐藤・前掲注2)394頁以下参照。

リプライ1

安藤 馨

何が問題になっているのか

まず，片桐が参照する新の所説を私が理解する限りで(若干のケルゼン的補充を伴いつつ)確認しておこう。新は法規範の有効

性・妥当性（validity）を効果とするような二階の法規範——授権規範——についての一般的言明として「すべての法規範について，それが法秩序の定める要件に従って定立されるならば，それは効力を有すべし」[1]が成立するという（新はこの主張を「法命題Ⅱ」と呼ぶ）。要するに，授権規範とは法規範の有効性の要件を定めるもののことだ，というわけである。憲法の明文規定による有効性の要件には，法規範が，有効に成立している立法機関によって有効な手続を経て可決されていることといったような組織要件・手続要件に加えて実体的要件——たとえば憲法9条に違反していないこと——が含まれる。したがって，この実体的要件を充足しない法規範は，この授権規範によっては，効力を有しない。さて，しかしながら実体的要件に反している法規範も裁判所によって違憲無効とされるまでは有効である。しかし，実体的要件に反している以上，憲法の明文による授権規範——表からの授権——によってその有効性を基礎付けることはできない。だから，実は憲法は明文に拠らずに一般的に「立法機関が自ら定める内容の規範を創造することを立法者に授権している」[2]と考えなければならない（裏からの授権）。また，裁判所の違憲立法審査権はこのような裏からの授権によって成立した有効な法規範を——その規範が要件とりわけ実体的要件に違反するという認定を行うことによって——廃̇止̇する取消の権能である[3]。それはつまり「すべての法規範について，それが憲法上の要件とりわけ実体的要件に違反していることが法秩序の定める要件の下で認̇定̇さ̇れ̇る̇な̇ら̇ば̇，その効力は否認されるべし」[4]（傍点安藤）という廃止的授権規範である（新はこの主張を「法命題Ⅲ」と呼ぶ）。つまるところ，裁判所によって未だ違憲無効とされていないすべての法律は有効であり，およそ有効な法は憲法の（裏からの）授権に基づいており合憲であるか

ら，ある法律が違憲有効——それに基づく国家活動などが違憲合法——などということはあり得ない，というわけである。憲法が表現する授権規範は，当為様相を○で表すと，○（裏からの授権規範の要件 ∧（表からの授権規範の要件を充足しないと裁判所が認定しない）→ 効力を有する）といった論理形式を取ることになる（このように法規範の有効性と要件を阻却不能に結合した形式の授権規範を「終局的授権規範」と呼んでおこう）。

手短な応答

さて，仮にこれを私の（再構成による小林直樹の）違憲合法論への批判だと取るとすれば，最も簡単な応答は次のようなものである。私は提題に於いて，法規範が違憲合法であるとしうる二つの理路を提示した（提題III）。一方は「事情優越原理」とでも言うべき法的推論規則を措定するという方策であり，他方は違憲な規範がハート的な認定のルール（Rule of Recognition）によって直接に法規範であるとするものである。後者を採る場合，上述の議論が成功しない理由は明瞭である。規範は認定のルールによって直接に法規範とされることができ，この場合には憲法の授権は不要である。したがって，ある規範が法的に有効であるならば憲法がその法規範の定立を授権しているはずだ，という前提に基づく議論は成功しない[5]。しかし，私の議論の本旨は前者の方策にあったから，そちらを主として考えよう。そこでの私の議論は，仮に裁判所がある法規範（たとえば自衛隊法）が表からの授権規範の実体的要件（たとえば憲法9条適合性）を充足しないということを認定したとしてもなお同時に自らの廃止的権能それ自体を否認する，と

いうことが如何にして可能かを示そうとするものであった。つまり憲法98条——或いは違憲審査制を有する任意の憲法体系——から「法命題Ⅲ」の成立を当然に導出することはできない，という形で上述の議論の前提を攻撃するものであった（或いは，法命題Ⅱと法命題Ⅲの成立を認めても，衝突する二つの授権規範——裏からの授権規範と違憲審査の廃止的授権規範——を例外を許さないような終局的授権規範へとどのように調停すべきかを両者から導くことはできず憲法それ自体からも導けないということを示そうとするものだといってもよい）。私は「憲法の授権規範としての性格を徹底的に追い出し」ているのではなくて，その手前で憲法を授権規範として理解しようとするまさにその局面——すなわち授権規範を同定しようとする法的判断の有様——に問題の本体があり，そこに違憲合法論の存立可能性が開かれていると主張しているのである。

更なる疑念

　加えて，この種の「授権規範」論が法の「手続」主義的理解——法を専ら公権的決定によってのみ存在するものと見るそれ——と結合している点についても強い懸念を表明せざるを得ない（提題注18)参照)[6]。憲法を専ら授権規範を構成するものと見ると，ある法規範が違憲であるということを，それが終局的授権規範の要件を充足していないことだと考えるしかない。もしそうだとすると，そこでは違憲性とは表からの授権規範の授権要件，とりわけ憲法9条やそのほかの実体的性格を持った規定によって表現された実体的要件の不充足を裁判所によって認定されることだということになるだろう。つまり，違憲性は要件の不充足ではなく要件

の不充足の認定に存するのである(したがって裁判所の認定以前には如何なる法規範も端的に合憲である)。他方で、既判力を有する終審裁判所の判決——そしてそこでの認定——は端的に有効であり決して違法ではあり得ないという(立法機関の場合と同様の理路によって必然的に導かれる)ケルゼン的教説とこれを組み合わせると[7]、結局のところ立法機関と司法機関がともに規範定立権能に関してほぼ万能であってその衝突がお互いの時間的先後によって——つまり後法優越原理によって——解決されるに過ぎない、ということになる[8]。立法機関と司法機関の法定立行為に対する法的批判はそれらが無制約の法定立権能を有する以上およそ意味をなさない。だが、これは我々の法実践の内的記述としては明らかに誤っているだろう。問題の淵源(のひとつ)は、ケルゼンが憲法の実体的規定の意味を平準形式に於ける要件——新の場合には授権規範の要件——の一部を構成するものとしてのみ理解する点にあり、それは法を専ら手続的に理解することによって法の行為指導的な規範としての側面を捨象してしまうことと一蓮托生の関係にある[9]。

法の行為指導性を恢復する

私はそうした実体的規定は国家に対し一定の行動——一定の内容を持つ規範の定立行為——を禁止する行為指導的な命法的規範であり、国家に授権された法定立権能の行使を指導すると考えている[10]。それに対する違反(の裁判所による認定)が仮に終局的授権規範の前件に(憲法98条がたとえば事情判決の法理によって排除されることによって)消極的要件として組み込まれ損ねた場合で

も，実体的規定はなおその命法的規範としての地位を失うわけではない。自衛隊法に関して憲法9条が仮に終局的授権規範の前件に組み込まれなかったとしても ―― したがって自衛隊法が有効であるとしても ―― 立法機関による自衛隊法の定立と維持は命法としての憲法9条に違背するという意味で違憲であることができ，有効な自衛隊法に基づく自衛隊に対する法的批判と，憲法に基づく自衛隊法自体に対する法的批判の両方が同時に ―― 公権的決定者にあってすら ―― 可能となるのである[11]。

> 1) 新正幸『純粋法学と憲法理論』（日本評論社，1992年）323-324頁。なお，ケルゼンの法理論に即する限り，新のこの定式化は問題含みである。ケルゼンは規範の妥当と存在を同一視するから，「すべての法規範について，それは効力を有すべし」という法命題がア・プリオリに真となり，「それが法秩序の定める要件に従って定立されるならば」という限定はまったく余計であって新の「法命題Ⅱ」は無意義であることになる。また新が与える授権規範の論理形式は○を当為様相とすれば，○（授権要件 → ○（要件 → 制裁））となるだろうが，これがケルゼンの正準形式○（授権要件 ∧ 要件 → 制裁）と論理的に同値かどうかは，直ちに自明ではなく当為様相○に関する実質的主張に依存する（一般に入れ子になった様相を消去するには強い様相的原理が必要である）。これらの点を考慮するならば，ケルゼンが制裁を効果とする要件効果規範を法規範の正準形式とし，授権規範をあくまでも非自立的規範として正準形式の要件部分へと解体する ―― 二階の規範を認めない ―― ことには充分な理由があるのである。

> 2) Hans Kelsen, *Reine Rechtslehre* (2. Aufl.) §35(j) [β] (邦訳としてハンス・ケルゼン〔長尾龍一訳〕『純粋法学〔第2版〕』〔岩波書店，2014年〕262頁)。なお，こうした「裏からの授権」を憲法によって制約しようとすることはおよそ意味をなさない。それを制約しようとしてなにを

憲法に書き加えようと，それは常に表からの授権規範の要件となるに過ぎず，常に内容無制約な裏からの授権規範が現れることになるからである。

3) ケルゼンはいわゆる「無効」は実際には取消に過ぎないと考える (Kelsen, *op. cit.* §35(k))。

4) 新・前掲注1) 329頁。

5) 司法機関が自衛隊法を直接に法として認定するとしたらそこで彼らが用いる基準は「議会が可決したから」というようなものになるだろうという私の主張は非規範的な記述的推測に過ぎない。日本法に於ける認定のルールがどのようなものであることが道徳的に望ましいか，という法の道徳的評価の問題は提題に於ける私の関心ではなく，私の道徳理論（＝功利主義）はそこでの議論には無関連である。

6) それは結局のところルール懐疑 (rule skepticism) へと行き着かざるを得ない。この点については井上達夫『法という企て』（東京大学出版会，2003年）第3章「法の存在根拠は決定か正当化か——ケルゼンを突き刺すルール懐疑の毒牙」に於けるケルゼン批判を見よ。細部に於いて異なった理路を辿るものの，私は井上のケルゼン批判を適切なものだと考えており，以下でもそれに依拠している（とだけ書いて済ませておけばこのリプライはもっと短く済んだだろうが）。提題でも述べたように，法を専ら手続的に理解するならば——法を専ら公権的決定によって存在するものと見るならば——公権的決定者の法的判断を法が指導するということ自体が不可能になってしまうということが問題の核心である（提題注18))。菅野喜八郎と小林直樹の「論争」のすれ違いもここに起因する。菅野は専ら手続主義的な理解を取り，解釈学説は公権的解釈ではないのだから，国会が成立させ裁判所が違憲だとしていない以上は自衛隊法を違憲だとする憲法学説は法的には無であって自衛隊法は端的に合憲であるということを「小林さんも内心ではわかっていたと思う」とする（菅野喜八郎＝小針司『憲法思

想研究回想――メタユリストに見えたもの』〔信山社，2003年〕297頁）。だが，小林はそもそもそうした手続主義を拒絶して法を公権的決定者の判断を拘束するものとして捉えているのである。菅野が「小林直樹さんは知的廉直で好感が持てます。樋口さんは，自分で知的廉直を唱えながら知的廉直から最も遠くに位置していると思いました」（同書354頁）と小林の知的廉直性を高く評価しながらも，このあからさまなすれ違いを最後まで自覚していないように見えることは不思議である（ケルゼン的思考がそれに対する懐疑を不可能にするほどに深く菅野の思考に浸透しているということかもしれないが）。

7) Kelsen, *op. cit.*, §35(j)[α].

8) 裏からの授権によって立法機関は任意の内容の法規範を表からの授権を俟つまでもなく定立することができることに注意しよう。立法機関の権能に関する限り表からの授権云々は端的に余剰（redundant）なのである。ケルゼンは終審裁判所の権能に関する授権についても同型の主張を行っており，終審裁判所は任意の判決を下す権能を――それが終審であることによって――授権されているのであって，表からの授権云々は司法機関に関しても同様に端的に余剰となる（後者について，参照，井上・前掲注6）90-91頁）。つまるところ，ケルゼン的ないし新的な「授権規範」論を真剣に受け取れば，裏からの授権は常に表からの授権を飲み込んで無化してしまい，憲法の明文の規定の殆ど――とりわけ実体的規定――は無意義だということになる（それが違憲合法論を排除する理論的対価として充分に低廉であると言われれば是非もないが）。

9) ケルゼンの法理論の下で，法規範は（国家機関を含めて）およそ名宛人を持たず行為規範としての性格を徹底して剝奪されている。だが，ハートが指摘する通り，たとえばそこでは税金と罰金を法的に区別することができなくなる（cf. H. L. A. Hart, "Kelsen Visited," *UCLA Law Review* 709（1963, 10）, pp. 720-721）。ケルゼンの法規範

論のこうした性格に対する分析と批判的検討については，参照，安藤馨「租税と刑罰の境界史——法の諸モデルとその契機」渋谷雅弘＝弘中聡浩＝神山弘行編『現代租税法講座(1)』(日本評論社，近刊)。

10) もちろん，それに違反した場合であっても立法機関は有効に当該法規範を定立する権能を有する(がその行為が禁止規範違反であることに変わりはない)。なお，憲法の実体的な人権規定が立法機関の規範定立の無能力を定めていないというこの点のお蔭で，ハートによる法命令説批判が掘り崩されるのだが，ここでは立ち入らない。

11) 自衛隊を違憲とするような憲法が(たとえば防衛という誰かがやらなければならない「汚れ仕事」を引き受けている自衛隊員の道徳的尊厳を侵害することによって)道徳的に不正である，ということは大いにありうることである。違憲合法論に依拠して，自衛隊を合法的存在とすることによって防衛の便益の享受を法的に正当化しつつしかしそれを憲法9条違反として法的に非難することは許すべからざる道徳的欺瞞・道徳的不正であるかもしれない。違憲合法論の記述的法概念論的な存立可能性を指摘することと，違憲合法論を道徳的に擁護することとは別の事柄である。個人的な道徳的信念としては憲法9条を改正して自衛隊を軍隊として正面から認めることが道徳的に望ましいだろうと私は考えているが，道徳と強く分離された法体系が存在し機能している——それゆえ個人的信念としては道徳的に厭わしいと思うような法的批判がなお法的に正当なものとして遂行可能である——ことが(第5テーマでの私のリプライで述べたように認識的に信頼できる環境を確保するものとしての立憲主義の前提であるがゆえに)私を含む道徳的欲求を有する諸個人にとって道具的に望ましいだろうとも考えている。

リプライ2

大屋 雄裕

　評者のご指摘に端的にお答えすることのみを試みたい。「国民」のような集団を想定したとき、未来におけるその実在や利害を現在の国民から独立に考えることができないことは、世代間正義論における非同一性問題（デレク・パーフィット）として知られている。現在の国民の意思決定によって未来の国民の範囲（あるいはその存在自体）もその集団が持つであろう利害も変動してしまうからだ。この問題に対する一つの典型的な対応は、したがって、現在の我々が想定する未来の我々の存在とそこにあると想定される利害をそれに要保護性を感じる我々の思いとして現在の問題に繰り込むしかないというものである。

　ところでは、過去は実在しているのか。哲学者・大森荘蔵はこの問いに対し、過去の想起はそれ自体が知覚経験でもその再現でもないという点に注目して、否定的に答えている[1]。痛みの想起は痛くないのであり、それはあくまでも現在に属する想起という経験として、証言の一致・法則適合性・現在への連続接続など、現在における他のさまざまな経験とのあいだに想定される制度的真理条件を満たす場合に現在の真実として社会的に認定されるようなものなのだ。

　かくして、「何か超越的な過去が存在してそれが想起に真理性を与え根拠を与えるものだ」[2]という素朴実在論を、その対応自

体が現在の内部においては観測・確認できないという理由で退ける大森は，カントの「物自体」(ding an sich)との対応において，「過去自体」の存在を現在の我々の世界から追放することになる。それは，それなしには現在における我々の過去に関するコミュニケーション——「過去物語り」が理解できないという理由から想定される説明原理なのである。

このようにして，未来と同様に「過去自体」もまた現在へと繰り込まれるとするならば，評者が想定した「抽象的意味の国民」(過去・現在・未来の我々)と憲法秩序内の機関たる「現在の我々」との区別は消失することになる(厳密に言えば過去や未来の想定に加わることのできるものは「有権者団」に限られないという程度の差異は残ることになるが)。そのとき，「抽象的意味の国民」とは何者でありどのように(たとえば憲法の正統性を)考えているかという問題自体が，時の流れのなかで(現在しか存在しないという立場からはこれ自体が不適切な比喩だということにはなるのだが)常に現在において理解され再解釈されざるを得ないものだということになるだろう。過去—現在—未来を通じた国民という観念それ自体が常に現在における存在，「可想的存在」(neumeron)に他ならないというのが，筆者の理解である[3]。

1) 大森荘蔵「時は流れず」『大森荘蔵著作集 9 時は流れず』(岩波書店，1999 年) 3-148 頁。
2) 大森・前掲注 1) 19 頁。
3) なお，このような形で現在の我々の理解によって我々の範囲が構成されるとすればその見直しや反省が不可能になるという典型的に想定される批判については，そのような不都合を言い立てれば問題がなくなるというわけではないし，現実にも批判や改革が不可能になっているわけではないという応答を行っている。参照，大屋雄裕「配慮の範囲としての国民」中野剛志編『成長な

き時代の「国家」を構想する――経済政策のオルタナティヴ・ヴィジョン』(ナカニシヤ出版,2010年)171-185頁。

少し離れたところからの眺め
―― 〈異世界通信〉としての対話

米村 幸太郎

「わかるナ……」と安吉にも思われた。同時に, わかった当のものが, わかった瞬間に手の中で消えてしまっている心細さも彼は感じた。
(中野重治『むらぎも (講談社文芸文庫)』〔講談社, 1989 年〕)

I. 若干の弁明から

たとえばロールズであれドゥオーキンであれ, 誰かの議論について自分なりの理解を手に入れたいとしよう。そのためには, 当たり前だが, 本人の議論そのものに直接向き合うことが必要だし, 大抵そちらの方が有効でもある。分かりやすさを謳った解説やレビュー論文の類が幸運にもあるかもしれない。だがその種の「誰かの議論についての他の誰かの議論」を読んでも, 論証の細部や主張のニュアンスがつかめず元の議論に直接当たる方が手っ取り早いとか, 評者の先入見に惑わされて思わぬ誤解をしてしまうといったことはよくある。そうした場合, 解説やレビューには伝言ゲームにも似た危険すらあるだろう。

それでも個人的経験から言えば, 誰かについて理解したいとき私はそうした解説やレビューにわりと助けられることがある。どの程度共有してもらえる感覚なのかは分からないが, 誰かの議論

に「わかるナ……」と納得し説得されているときほど、私はしばしば対象の議論に圧倒され、「わかった当のものが手の中で消えてしまった」ような気持ちになる。そうしたとき解説やレビューを読むと、第三者という少し離れたところから対象を眺めることができ、その議論とそれに対する自分の理解を対象化できるようになるのだ。その意味では、解説やレビューの真の効用は、その議論の内容よりも、第三者の視点を借りること自体にあるのかもしれない。

　お気づきのとおり、私はいま弁明をしている。おそらく読者の多くがここで大屋・安藤自身による総括や解説を期待しているであろうが、私は設問協力者という第三者でしかない。そして2人の議論の的確な批判的検討を行う能力も私にはない（学習的配慮に基づいて演ぜられた対話である本書は、そもそもその種の検討にあまり馴染まないだろうが）。私にできそうなのは、せいぜい一連の対話全体に関する私の粗雑な印象を素描するくらいである。だが、それでも読者に少し離れたところからの視点を提供し、2人に対する読者自身の理解を多少とも促すことは可能かもしれない。

　明晰でありつつも時に論争的であることを躊躇わない議論のスタイルや、監視やアーキテクチュアのような新しい統治の技法へのわりにオープンな態度から、大屋と安藤によく似た印象を感じとる人も多いかもしれない。実際、この対話でも、2人はしばしばお互いの主張に同意を与えている。だが今回の対話について言えば、私は2人の法哲学者の共通性よりもその違いを強く感じた。しかもその違いは個別のイシューを横断する根本的なものであるように私には思われる（きっと2人もそう思っているだろう）。若干大げさに言えば、2人は根本的な世界把握の仕方において異なっており、その違いは今回の対話においても、さまざまなところに

見えかくれしていたのである。

II. 実在するものへの二つの見方

　たとえば第2テーマを思い出そう。そこでの安藤の主張の一部は個人と団体の存在論的身分が同等であるということであり，大屋もこの点については同意を与えていた。だが一読すればわかるように，ここで2人は全く異なる経路からこの結論に接近している。

　安藤は個人も団体も等しく「実在するもの」であると述べる。余剰因果排除原理に訴えて団体の実在性を否定しようとする理路は日常的対象の消去のような帰謬的帰結を持つ。かつ，そもそも個人自体が実際には各時点における時間的切片から成る集合的存在にほかならない以上，団体と個人はその存在論的身分を等しくしている。これらの理由から団体の実在性をア・プリオリに否定する態度（方法論的個人主義）が戒められ，特定の団体が真に実在すると考えるべきか否かは，当該集合的主体の実在を想定することが私達の経験の最良の説明を構成するか否かに帰着し，実際にそのような最良の説明が提供されうる限りで，（団体としての）個人もそれ以外の団体も実在するのである――概ねこのような議論が展開されていた（提題I）。

　一方で大屋は，個人と団体をある種の「擬制」――正確には彼の言う〈思い為し〉――として把握する。団体が擬制の一種，つまり私達の「見なし」の産物であるという主張は多くの人が受容するところだろうが，個人も同じようなものではないかというわけである。心理的にであれ物理的にであれ何か一定の統合性

(integrity)を備えた実体が存在しているという事実がまずあって，それゆえに私達がそれを個人と呼ぶのではない。む̇し̇ろ̇論̇理̇的̇順̇序̇と̇し̇て̇は̇逆に，個人とは一定の統合性を備えているものだという規範的信念（したがってたとえば腹が減ったと言いながら目の前の食事に他の関連する事情もなく手をつけようとしない個人はどこかオカシイ）が先行していて，ゆえに私達がある存在をそのような個人として「見なし」ているのである。大屋はこのような認識機制を，野矢茂樹の用語に示唆される形で〈思い為し〉と呼ぶ。

　注目したいのは，ここに現れている，実在するものに対する二つの異なる視点である。安藤の思考は，物理主義的世界観と存在論上の道具立てを駆使しつつ，いわば本̇当̇に̇実̇在̇す̇る̇も̇の̇を梃子にして展開されている。一方で，大屋の議論はむしろそのような議論の成立を拒否した地点で展開されている。大屋にとって語りうるのは，私達にとって〈思い為され〉た限りでの世界であり，私達の側が意味付け，立ち上げる世界の図像である。ただし，後述するように，〈思い為し〉としての世界把握は私達がいわばそ̇う̇見̇て̇し̇ま̇っ̇て̇い̇る̇世界であり，それを自由に改変できるわけではない。だが，それでもそれは世界についてのさまざまに可能である語り方の一つに過ぎず，それを超えた客観性・中立性を標榜し得ない。「何が実在する他者であり何がそうでないもの，単に想定される擬制なのかということから中立的な観点は存在しないのである」（応答V）。

　したがってここにはある対立関係が潜在している。すなわち「Xが（本当に）実在する」とか「本当の存在者はXである」という見方自体が大屋の枠組みでは採り得ず，存在論という営為自体が拒否される。安藤の拠って立つところは，大屋からすればいわば「どこでもない場所からの眺め」なのだ。とはいえ大屋は，個人も団

体も等しく実在であると考えるか，等しく擬制(フィクション)であると考えるかは「多分に趣味の問題」であると述べていた(応答Ⅵ)。この表現からは，ここでの大屋と安藤の相違がごく表層的なものに留まるような印象を受けるかもしれない。だがこの対立は深刻であり，他のさまざまな論点に波及する根本的なものなのである。

たとえば第4テーマでもこの構図が再演され，しかもそこでは対立が表面化しているのを見て取ることができる。安藤の新派刑法学的見解が批判に対して相応の免疫力を有することを承認しつつ，しかし大屋は安藤の立場を，「私が賛成したり反対するような対象ではな」く，「真剣な賛否の対象にはそもそもならないもの」だと棄却する(応答Ⅳ)。

ここでも大屋の批判の背景にあるのは，〈思い為し〉としての世界と，その帰結としての真の客観的実在という語り一般に対する強い警戒である。安藤の議論は，グラスの割れやすさやある人の酔いやすさといったような，事物の有する「傾向性 disposition」の実在とその客観的な認識可能性に依存している。だが，ある個物に対する傾向性の「認識」は，当該個物の振る舞いや変化についての反事実条件法的考慮(「もしも仮にこのコップを落下させたとしたらどうなるだろうか」)を含む以上，事前に，客観的に達成されることはない。そして安藤が最終的に依拠しているような出来事のタイプの傾向性であれ，ある個物の傾向性であれ，そこで決定的なのは何を同じものとしてまとめ上げるかであり，大屋に言わせれば，それはここでも私達の〈思い為し〉の問題に帰着する。我々が「それをいかなるタイプの出来事と認定するか自体が我々の思い為しに依存している」のである(応答注7))。

さらに，法の捉え方にも同様の対立が波及している。第6テーマ提題において安藤は，たとえば弁論主義によって拘束された裁

判官の事実認定が「生の事実」とは異なる場合，それは単にそのような事実認定が法的に正当であるということを意味するに留まり，別に物理主義的事実の世界とは別個の「法的現実」なるものを現出させているわけではないと戒める。彼によれば，「法的現実」といったような言い方には「なんとなく『哲学的』な気分になるという程度のご利益しかない」のである（提題注6））。一方大屋は，安藤のこのような物言いは「真理と現実を無遠慮にあるいは無造作に等置している」と批判する（応答注17））。大屋に言わせれば，「法的には事実φである」と「非法的には事実φではない」は単に世界の異なったアスペクト（相），つまり重ね描かれた二つの世界の見え方なのであり，私達がそのように思い為し，それに従って行為する限りにおいて，両方は同等に「現実」なのである。

このような両者の対立は，対話中一貫して平行線をたどっていたと言えるだろう。そして実在するものに関するこの視点の違いは，正義に関する互いの応酬にも興味深い仕方で影響を及ぼしている。次に他の著作での彼らの議論も参照しつつ，それぞれについて簡単な素描を試みたい。

III. 正義をめぐって ── 大屋から安藤へ

おそらくは教育的配慮から安藤は自らの正義構想の全面展開を控えており，よって本書で正面から主題化されることはなかったが，周知の通り彼は快楽説に立脚した功利主義のある形態を擁護している（安藤2007，安藤2010a）。これに対して大屋は，安藤による功利主義リベラリズムの描像に一定の魅力は認めつつも，それを繰り返し批判している（大屋2007，大屋2012，大屋2014）。

大屋が懸念することの一つは，安藤の功利主義における人格の位置付けである。『統治と功利』において安藤は，形而上学における現在主義（要するに「現在」のみが世界に実在する）を主たる背景に，人格を再定位する議論を提示している[1]（安藤 2007：8.3）。世界がいまこの瞬間の三次元的物理的構成体であり「過去」や「未来」は実在していないのであれば，私達がごく素朴に考えているような，諸時点を通じて持続する実体としての人格は，せいぜい擬制的実体に過ぎず，「本当に実在するもの」の一員にカウントすることはできない。ここから安藤は人格を，ある時点における意識としての「私」が（偶然に）有している愛着および記憶と予期のパタンに同定する。どういうことか。たとえば私は「以前うかつにも沸騰したヤカンに触ったら火傷して痛かった」といった記憶を持ち，そこから「目の前の沸騰したヤカンに触ると一瞬後の『私』は火傷をするだろう」という予期を抱く。上述の形而上学的道具立てに従えば，「一瞬後の私」は「いまこの瞬間の私」とは別個の存在である。だが，この記憶と予期を持つ「いまこの瞬間の私」は「一瞬後の私」に事実としての愛着を（まさに我が事として）抱いているがゆえに，ヤカンに触らずにおくだろう。私がある人格であるとはこうした愛着および記憶と予期の複雑なパタンを有

---

[1] これは個人を集合的実在として把握する本書第2テーマ提題における安藤の議論とは異なっている。本書での立場は，『統治と功利』においては8.3.2.2において退行戦線的に示されている議論に近いように思われる。他の場所での議論も併せて考えると，安藤はこの点についてすでに立場を変えているのかもしれない（安藤2010b）。とはいえ，常識的な意味での人格が捉え直され，功利主義的観点から改変される対象として把握されていることには変わりはない。

しているということにほかならない。

そして，こうした愛着および記憶と予期のパタンとして把握された「人格」は，私に加えられるさまざまな自然的・制度的サンクションの帰結であり，それらによって改変しうる対象である（たとえばもし仮に火傷が私に苦痛を与えないならば，私は沸騰したヤカンについての上述のような予期を形成しないだろう）。こうして，厚生の総和にのみ関心を有する功利主義の観点からは，こうした「人格」を制度によって功利主義的に有用な形に再編する道が拓かれることになる。とくに，アーキテクチュアのような被治者の意識の介在なしに行為を制御しうる統治技術の発達が続けば，時点意識としての私に長期的な愛着および記憶と予期のパタンを抱かせること（＝人格を持つこと）に対する功利主義的有用性は将来的には低下していくことになるだろうという可能性を安藤は示している。

したがって，安藤の構想においては，最終的に，人格なき状態こそが到来すべき社会（「感覚のユートピア」）として描かれている，と大屋は指摘する（大屋 2012：69-70）。しかしながらここが大屋の憂慮するところである。すでに人格である私達が，そこにおける人格ではない何者かを想像したり，それになろうと選択したりすることはそもそも不可能ではないか。というのも，大屋に言わせれば「人格ある世界と人格なき世界のどちらが優れているかという問いは，我々にとっては意味をなさないもの」だからだ（大屋 2012：72）。

だが，なぜ大屋はこのように批判するのだろうか。すでに見たように大屋も個人や人格を私達の〈思い為し〉の産物，ある種の擬制として位置付けるのだった。素朴に考えれば，何かが私達の擬制であるという認識は，その改変可能性を拓くように思われ

る。たとえば結婚した未成年を法的に成人に擬するのをやめるように，私達の〈思い為し〉を改変するという提案に，安藤と同じく大屋も賛同してもよさそうなものだ，と思うかもしれない。

　大屋は次のように言う。たしかに私達にとってアクセス可能なのは，私達の〈思い為し〉としての世界であり，そこには，この社会の内部に在る私達は現にそう見てしまっているという以上の根拠は，究極的には存在しない。したがって原理的には，私達は何事をも懐疑に付すことができる。だが，物理実験に際し物理学者が実験器具の実在性を疑っていてはそもそも実験ができないように，私達が懐疑を行う際に原則としては疑われず，その正しさが前提される「基盤 bedrock」と呼ぶべき信念群がある（大屋2006：4.1.2節）。というのも，何かが真であると前提されなければ，そもそも疑うこと自体不可能なのだから。そして，人格に対する信憑はそのような「基盤」なのである。私達があるべき社会について考えるとき，すでに私達は人格として自分を見てしまっている。そのような「今・ここ」から私達はあるべき世界を考えざるを得ないのであり，「どこでもない場所」から考えることはできない。したがって，安藤の功利主義も私達にとってはそもそも意味をなさないことになるのである。

　安藤の人格論にもこの批判の成否にもこれ以上は踏み込まないでおこう[2]。それよりも，「実在するもの」に関する2人の視点がここでもたらしている対照的な含意に注意したい。安藤の場合には，本当に実在するのはいまこの瞬間の主体の意識だけである（あるいは「ここに『個人』として実在するものは諸時点における物理的切片の集合に過ぎない」）という発見が，人格の功利主義的に有用な変革や再配置の可能性をもたらしているのに対し，大屋の〈思い為し〉としての世界把握は，ここでは疑い得ない基盤的信念と

いう形で，人格という出発点の特権化という常識擁護的な（あるいは保守的な）作用を果たしているのである。実在か擬制かはここでも決して趣味の問題ではない。

本書では前景化しなかった以上，安藤功利主義をめぐる前々からの2人のやりとりにあまりに紙幅を割くことは，対話の総括という趣旨から逸れ過ぎる恐れがあるが，もう少しだけ続けることを許してほしい。大屋はまた，それは一体誰に向けられた理論なのか，功利主義の「名宛人」は誰なのかとも問う（大屋2012：68-71）。これに対する安藤の返答は，「道徳理論において名宛人はそもそも存在しない」という，やや素っ気ないものである（若松2012：93）。だが，この（両人とも認めるであろうように）若干すれ違い気味の応酬にも，ここまで確認してきた大屋と安藤の根本的な相違と，安藤道徳哲学の重要な特徴が現れている。

詳しく述べる余裕はないが，安藤はメタ倫理学上の立場として構成主義（constructivism）を拒否した，ハードな道徳実在論の立場に立っている[3]。すなわち合理的であれなんであれひとびとがある道徳的標準に対して有する態度が，（正義を含めた）道徳を構成

---

2) 私自身は大屋のここでの懸念を一定程度共有するものの，問題が本当にここで述べられているような点にあるのか実は少し疑っている。想像したり，そのようになろうと選択することができないものに，私達は本当になれないのだろうか。たとえば子供は大人になった自分を想像できないかもしれず，したがってそのような大人になった自分を選び取ることはできないかもしれない。だが，子供は大人になれるし，いつしか子供は大人になっている自分を発見するだろう。同じように，統治技術の発達は徐々に私達の予期と自愛的配慮を不要とし，いつしか私達は以前とは全く別物になっていることに気付くのではないか。

するという一部のカント主義者や契約論者の採る見解を，彼は拒否している。したがって安藤にとっては道徳や正義もまた，いわばひとびとの側ではなく世界の側にあるのであり，道徳理論としての功利主義は「世界の構造(fabric of the world)」についての真の姿の解明として定位されるのである。そして必ずしも道徳的判断にひとびとが動機付けられるわけではなく，道徳的に行為することが必然的に合理的であるわけでもない。「正しい行為の指針は，正しい行為をしたいという欲求をもっている主体の側が道徳理論を見て勝手に判断することになる」(若松 2012：93)。安藤にとって道徳理論は，たとえるなら物理学の理論と同じようなものである。物理学者に「あなたの理論の名宛人は？」と問うてみても当惑した表情が返ってくるだけであろう。一方で，そのような世界の中立的・客観的な描像なるものにそもそも懐疑的な大屋の側も，また当惑の表情を浮かべることになるのである。ここまでの議論を確認してきた読者には，これも自然なこととして感得されよう。

　名宛人をめぐる疑念が結局のところ実在に対する包括的懐疑に由来するものであるとすれば，それは大屋的懐疑を共有する者にとってのみ問題となるだろう。だが，名宛人についての問いは，

> 3) 道徳実在論(moral realism)という語は，広義には道徳的事実(「道徳的良さや悪さ」といった事柄)が実在し，ひとびとの道徳判断はかかる道徳的事実を表象(represent)しようとしているのだという立場を意味する。たとえば「人を殺すのは(道徳的に言って)悪い」と主張するとき，あなたは世界に実在する道徳的悪さについて語っているのだということになる。この意味での広義の道徳実在論には道徳構成主義が含まれるが，狭義には実在論はこのような構成主義を拒否する見解として定式化される(Shafer-Landau2003: ch.2)。

以上のようなメタ倫理学上の前提の相違のみに帰着するのだろうか。大屋の力点は，もう少し別なところにあると読むべきかもしれない。

　安藤に（そして多分大屋にも）乱暴すぎると誹られるのを覚悟で言えば，安藤の立場は「功利主義が正しい。以上。」というものだ。だが，現代社会においては，善き生の構想だけではなく正しい正義構想自体をめぐっても，ひとびとの見解は多元的に対立している。したがって，ある法や政治的決定が，正義構想を異にするどの個人の観点から見ても正当性(justness)を有するとは当然期待できない。そうだとすれば，正義論の根本問題は，このように正義構想自体をめぐって対立するひとびとが，その対立にもかかわらず，いかにしてある法や政治的決定に従うべき理由を有することができるのか，という問いにあるのではなかったのか？　一般に正当性とは区別された「正統性 legitimacy」の問題として定式化されるこの問いが，安藤の視界には入っていないように見える。よって，たとえば井上達夫は，安藤の統治功利主義は「神ならざる人間が闘争するこの現実的世界において，占めるべき場所をもたない」と批判する（井上 2012：89）。「それは誰に向けての理論なのか」という大屋の問いも，異なる正義構想を抱く他者に対して，安藤功利主義がいかにしてかかる正統性を調達しうるのかという疑念として理解すべきなのではないか。

　だが安藤は，この問いをそもそも解かれるべき問いとみなしていない（安藤 2007：9.2.2）。もちろん私達が正義構想をめぐって熟議を行う民主的政治過程のある種の形態は，選挙を通じ統治者に対して適切なサンクションを与えるためとか，統治に必要な諸個人の厚生情報を集約するためとかいった理由から，功利主義的に望ましいと安藤も認めるかもしれない。だが，正統性そのもの

は，功利主義の観点からは内在的意義を持たない。正統性の条件とその意義の適切な解明の挙証責任は論敵の側が負うべきものである，と安藤は指摘する(そしてその挙証責任の遂行の見通しは暗い，というのがおそらく彼の見立てであろう)。正統性の問題を気にかけていないという批判は，安藤に言わせれば端的に論点先取である。

　ここではこれ以上の検討に踏み込むことはできない。だが，正義構想を異にする人格たちにとっての正統性，という問題を全く気にかけないという点で，たしかにこれはある意味で人格なき世界である。これが大屋流の包括的懐疑主義を受容しない人にとっても安藤に感じる —— どのぐらい多くの人がそう感じるのかはわからないが，私もある程度共感はしている —— 一抹の当惑の理由であり，いずれにせよ安藤の議論を理解する際の重要なポイントであるように思われる。

IV. 正義をめぐって —— 安藤から大屋へ

　一方で大屋もまた，一連の対話の中で自身の支持する特定の正義構想から議論を展開することはなかった。代わりに繰り返し強調されたのは，正義構想論に対する懐疑であった。「何が正義か」についてのさまざまな具体的構想はいずれも「等しきものは等しく扱え」という普遍化可能性の要請を満たすべきものとされるが，大屋によれば「『等しきものを等しく』とはある等し̇さ̇に注目して他の等しさを捨象することであり，そこにはどこまでも我々の恣意性がつきまとう」のである(第5テーマ提題 I。傍点大屋)。たしかに，性別に応じて個人を取り扱うことは，たとえばBMIの

ような他の属性を無視することになる。その意味で「『等しきものを等しく』とはある等しさに注目して他の等しさを捨象すること」であるというのは大屋の言うとおりに思える。だが，なぜそれが必然的に恣意的だということになるのか。

　安藤はこの点に疑念を呈している（第5テーマ応答Ⅰ）。普遍化可能性の要請を満たしたある正義構想があるとして，その支持者の観点からすれば，ある性質に応じてひとびとを取り扱い，それ以外の性質によって取扱いの差異を設けないことはまさに当該正義構想の要請であり，その正義構想の観点からする限りは恣意的でないはずである。だとすれば大屋の主張は，可能な諸々の正義構想のいずれを採ることも恣意性を免れないという意味にとらなくてはならない。だが，この点はなんら論証されてはいないのではないか——これが安藤の指摘であった。

　ここでいう恣意性を「暴力」と読み替えることが，大屋の意図に対する一つの解釈になりうる。大屋が別のところで次のように述べている点に着目しよう。

> 　内乱罪の既遂が想定できないことに示されているように，ある暴力が法定立的か破壊的かはその暴力の結果を見ることなしには決められない。同様に，ある秩序への提案が方人に承認されることによって非暴力のものとなるのか，一部にそれを拒否するものが残ることによって暴力となるのかは，それ自体として事前にはわからないことのはずである。（大屋2012：75，傍点米村。なお，原文にある傍点は略した）

ここでは，他者の意思に服従させられることが，「暴力」であり恣意性の発現であるとみなされていると言ってよい。いかなる

普遍化可能な正義構想に従った秩序の提案（ある人をある基準で取り扱い，他の仕方では扱わないこと）も，正義をめぐる諸構想の多元性を考えればここでいう「暴力」たる可能性を免れず，したがって恣意的である可能性を免れないということなのではないだろうか。

そして，私の理解するところでは，世界の把握が〈思い為し〉によって立ち上げられている点が，ここで議論に大きく影響している。仮にたとえばある対象が個人かどうか人格かどうかが客観的に何が実在するかの問題であるなら，そこに暴力の問題は生じようがない（だから安藤においてはこのような可能性は端から気にかけられていない4))。だが，それらが〈思い為し〉——「私」のであれ「私達」のであれ——の作用であるならば，それは誰かの意思の作用であり，そこには誰かの意思が他者の意思を支配するという意味での「暴力」の可能性が出来する。こうして，正義に限らず，社会秩序の定立全般に「暴力」の問題が及ぶという理論構造が成立するのだと思われる。

だがこのことによって大屋は危険なところに踏み込んでいく。すなわち，もしそうだとすれば，私達が営んでいる今の秩序は，また正義を語りそれを実行する営みは，その内容がなんであれ不当であることになるのではないだろうか。そして，大屋はこの点を正面から認める。『法解釈の言語哲学』終盤における次の箇所を見よ。

---

4) 安藤は，別の場所で，大屋に対して「およそ他者の意思に影響を与えるものが暴力であるというのは説得定義であるとしか理解できない」とコメントしている（若松 2012：93）。

そう——私はそう答えるしかない。それは暴力なのだ。そしてそのことは，我々の社会が社会として機能し，我々の生活が可能になるためには，常に暴力が要請され機能していなくてはならないということを意味している。我々はその暴力性を知りながら，より良い社会制度，より良い関係性，より良い自我概念を目指して知の権力性を行使するしかないのである。（大屋 2006：202，傍点は原文）

　それを暴力と呼ぶべきかはともかくとして，これが正義に関して大屋が見出すアポリアであり，これはおそらく大屋の世界把握のコロラリーなのである。

　さらにここで同時にある種の漸進主義が表明されることになる。普遍化可能性の要請を満たした正義構想の主張はいずれにせよ「暴力」であり恣意的であることを承認し，だからこそ現状に対する異議申立てと再検討（脱構築的正義）は常に開かれているほかない——正義をめぐる議論は，彼の師である井上達夫とは異なる理由で，しかしやはり永遠に終わることのない探求になるのである。そして，大屋の継続的な読者であればわかるように，また対話の中で安藤も指摘していたように，大屋が特定の正義構想の展開と正当化というプロジェクトを積極的に展開しないことも，以上のような描像のごく自然な帰結として理解できることになろう。

　しかし，このような漸進主義——脱構築的正義の営為——が大屋の枠組みの中でいかにして可能になるのか？　これが第5テーマ応答において，続けて安藤が指摘していたところだった（応答Ⅲ）。安藤は，大屋が結局のところ正義の普遍化可能性を支持していないと解釈する。しかし，そうだとすれば脱構築的正義の営

為の可能性には疑義が生じうる。安藤が言うとおり，事前の規則が正しくなく，かつ，改変された後の規則がよりマシであることが確保されない限り，より良いものへと近付けていくこともまた不可能に思われるのだ。

安藤は次のような理解の可能性（ないし疑念）を提起している（応答Ⅲ）。大屋が脱構築を通じて近付けていくところの対象たる「良さ」は，それが帰属される対象の持ついかなる物理的な性質とも対応していてはならない。なぜならそのような対応関係（「物理性質Pがあれば『良さG』が存在している」）がもしあるのだとすれば，当該物理的性質と「良さ」の間に規則的関係が成立し，この「良さ」は普遍化可能である＝「等しきものを等しく扱う」恣意的な主張の一例に過ぎなくなってしまう（「いかなる対象についても，それが物理性質Pを持つならばその対象には『良さG』があり，したがってある対象が物理性質Pについて等しければ等しく『良さG』を有する」）。したがって，大屋の脱構築的正義の営為において主張される「良さ」とは，対象の物理性質とは規則的対応関係を有さないものと解さなければならない。

安藤は続ける。この個別的正義とでも呼ぶべきものは，したがって，物理的世界とは対応関係を持たない非物理的存在者だと理解するのが相当だということになるだろう。そうすると大屋は，このような非物理的対象の存在領域を認め（これは物理主義的世界観からの明らかな逸脱である），かつかかる非物理的対象としての個別的正義を知覚する能力が（第六感のように）私達に備わっているという見解を採用しているのだろうか。これはただちに不当というわけではないにしても，存在論上も認識論上もかなり負荷の大きい立場を引き受けることになるのではないか。

だがすでに延々確認してきたとおり，存在論的議論自体に冷淡

な大屋がこの指摘にどれほど動かされるかはよくわからない。大屋の返答は，第6テーマにおいて彼が憲法について展開したのと近似したものになるかもしれない（応答Ⅴ）。おそらく，大屋は「『近付けていく』ことを保証する何かが事前にあるわけではないのであり，事後的にそれが正しかったことが確証されたという瞬間も到来しない」といった答えを返すだろう。彼は「ある秩序への提案が万人に承認されることによって非暴力のものとなる」と示唆していた（大屋 2012：75）。ここからすると，個別的正義の提案は，原理的には事後的に皆がそれを受け入れるという万人の承認によって恣意性を免れうるということになる。だがまず，万人の承認を確認できるとすればそれはあくまで事後においてであり，事前にそれを保証する何事も存在しない。そうである以上，それは「賭け」「暗闇の中の跳躍」（大屋 2006：149）であるほかはない。

　さらに，そのような万人の承認が確保される地点は，大屋の枠組みにおいては現実には到来しない。その到来を阻むのは，『法解釈の言語哲学』以来大屋の強力な哲学的デバイスとなっているクリプキ的懐疑である。私達が何について一致したのか。私達が合意した「＋」という記号の意味はひょっとしたらある人にとってはクワスという特殊な計算規則だったかもしれない。そもそも「一致」が意味するのは，私達のうちの誰かにとっては「フィッチ」という何やらよくわからない事柄だったことがある時突然わかるかもしれない。したがって賭けの最終勝利，暗闇の中の跳躍の着地点は永遠に到来しない。だが実際に暗闇で跳ぶとき，根拠の不在を知りつつ私達は良いと思った方向に跳ばざるを得ない。個別的正義の希求は，大屋においては決断ないし賭けの必要性を意味しているだけなのだと読むべきように思われる[5]。

これはほとんど悪夢的に聞こえる。だが，この悪夢的描像がしかし現実なのだというのが，大屋の重要なメッセージの一つではないかと私は思う。大屋に言わせれば，賭けではないものが存在する，正しいことを事前に確保されたセキュアな歩みが存在するという信念こそ幻想なのだ。たしかに，私達がある一致した規則の下にあると思っていた次の瞬間，思ってもみない仕方で規則をめぐる不一致が顕わになることは常に起こりうる。このことを考えれば，クリプキ的懐疑が表象しているような私達のディスコミュニケーションは極端なカリカチュアではなく，現実の説明として一定の説得力を帯びてこよう。暴力と賭けに満ちた世界——賛成するかは読者に委ねるとして，それはたしかに刺激的な世界ではある。

━━━━━

　ともあれ，まったく異なる方向から来た2人は，対話を終え，またまったく異なる方向へと歩んでいくだろう。この対話を目撃した私達がどちらの方向へ歩むのか，はたまたどちらとも異なる方向へと進んでいくのか，それはもちろん私達ひとりひとりの問題である。

---

5) だが大屋の枠組みではより根本的な懐疑もここで炸裂することになるはずだ，という気もする。個別的正義の提案が一般的述語の形をとって表現される以上，そのように表現された時点でそれは恣意的であり暴力であるはずの普遍的正義の形をとらざるを得ない。本当のところ，真の個別的正義は決して表象され得ない秘私的な性質を帯びているはずなのだ。これが個別的正

義の正体だとすれば,事後的な万人の承認を待つまでもなくそれは提案された瞬間に恣意的であり暴力である。もし大屋が考えているのがこのようなことだとすれば,より根本的なレベルにおいて,「私達は『暴力』と手を切ることができない」という大屋なら言うであろう主張が正しいように思われる一方で,「全てが『暴力』なのであればそれをことさら『暴力』と言い立てることに何ほどの意味があるのか」という安藤なら言うであろう応答にも共感が芽生えてくる。ちなみにエゴイズムに関する大屋の過去の論考では,以上のような理解と即応する思考が展開されている(大屋 2002)。

引用文献

- 井上 達夫（2012）
 「統治理論としての功利主義——安藤・大屋報告を受けて」日本法哲学会編
 『功利主義ルネッサンス——統治の哲学として（法哲学年報 2011）』有斐閣，82-91 頁

- 安藤 馨（2007）
 『統治と功利——功利主義リベラリズムの擁護』勁草書房

- 安藤 馨（2010a）
 「功利主義と自由——統治と監視の幸福な関係」
 北田暁大責任編集
 『自由への問い 4 コミュニケーション——自由な情報空間とは何か』
 岩波書店，72-98 頁

- 安藤 馨（2010b）
 「評者への応答」日本法哲学会編『リスク社会と法（法哲学年報 2009）』
 有斐閣，137-143 頁

- 大屋 雄裕（2002）
 「エゴイズムにおける『私』の問題」名古屋大学法政論集 193 号 1-28 頁

- 大屋 雄裕（2006）
 『法解釈の言語哲学——クリプキから根元的規約主義へ』勁草書房

- 大屋 雄裕（2007）
 『自由とは何か——監視社会と「個人」の消滅（ちくま新書）』筑摩書房

- 大屋 雄裕（2012）
 「功利主義と法——統治手段の相互関係」前掲『法哲学年報 2011』64-81 頁

- 大屋 雄裕（2014）
 『自由か，さもなくば幸福か？——21 世紀の〈あり得べき社会〉を問う（筑摩選書）』
 筑摩書房

- 若松 良樹（2012）
 「シンポジウム概要」前掲『法哲学年報 2011』92-100 頁

- Shafer-Landau, Russ (2003) Moral Realism: A Defence, Oxford University Press

索　引

【あ行】

アジェンダ ……………… 108
芦部信喜 ……………… 13, 288
アスペクト ……………… 300, 325
新正幸 ……………… 302
アッカーマン，ブルース（Bruce Ackerman） ……………… 292
アニミズム ……………… 80
アリストテレス（Aristotélēs） ……………… 201
違憲合法（論） ……………… 271, 274, 289
違憲状態 ……………… 271
違憲立法審査権 ……………… 309
意思の弱さ ……………… 75
異性婚 ……………… 220
井上達夫 ……………… 7, 109, 331
因果的説明 ……………… 53
ウィトゲンシュタイン，ルートヴィヒ（Ludwig Wittgenstein）
　……………… 76, 244, 300
裏からの授権 ……………… 303
運の平等論（luck egalitarianism） ……………… 124, 132, 238
エゴイズム ……………… 7, 101, 130, 339
　　種の── ……………… 5
LGBT ……………… 127
応報 ……………… 158
大森荘蔵 ……………… 80, 298
奥平康弘 ……………… 270
思い為し ……………… 175, 322

【か行】

懐疑
  ——主義 …………… 236, 332
  ——的解決 …………… 168
  クリプキ的—— …………… 337
  ルール—— …………… 277
快楽説 …………… 117, 135, 325
  感覚的—— …………… 141
  態度的—— …………… 141
格差 …………… 118
還元主義 …………… 52
カント，イマヌエル (Immanuel Kant) …………… 318
  ——主義 …………… 94
菅野喜八郎 …………… 274
関連性 (relevance) …………… 201
議員定数不均衡訴訟 …………… 270
帰結主義 …………… 14, 22
キケロ (Cicero) …………… 201
危険性 …………… 151
危険負担 …………… 165
規準 …………… 76
擬制 …………… 59, 73, 322
キムリッカ，ウィル (Will Kymlicka) …………… 136
義務論 …………… 22
規約主義 …………… 246
逆転可能性 …………… 42
キャロル，ルイス (Lewis Carroll) …………… 282
共苦 (compassion) …………… 123
規律訓練 …………… 287
近親婚 …………… 219
クリプキ，ソール (Saul A. Kripke) …………… 170, 235, 337
傾向性 (disposition) …………… 146, 169, 324
形式的効力 …………… 264
形而上学 …………… 233

刑事政策 ………………… 162
ケイパビリティ（capability） ………………… 132
契約説 ………………… 30
決定論 ………………… 156
ケルゼン，ハンス（Hans Kelsen） ………………… 290, 302
原因に於いて自由な行為 ………………… 166
現在主義 ………………… 326
憲法
　アメリカ── ………………… 44
　実質的意味の── ………………… 272
　日本国── ………………… 42, 105, 169
憲法制定権力 ………………… 292
権利
　（──の）意志説 ………………… 21
　（──の）利益説 ………………… 21
　切り札としての── ………………… 20
　集団的── ………………… 19
　政治的── ………………… 102, 112
　道徳的── ………………… 18
　動物の── ………………… 3, 18
行為タイプ ………………… 152
行為トークン ………………… 152
公私区分 ………………… 229
厚生 ………………… 124
構成主義（constructivism） ………………… 329
　道徳的── ………………… 30
公的機関（officials） ………………… 269
合法性 ………………… 294
後法優越 ………………… 264
功利主義 ………………… 10, 29, 100, 136, 325
　権利の── ………………… 24
　古典的── ………………… 20
　当為論的── ………………… 139
　目的論的── ………………… 139

コースガード，クリスティーン（Christine M. Korsgaard） …………… 31
ゴティエ，デイヴィド（David Gauthier）…………… 31
古典論理 …………… 285
小林直樹 …………… 274
コリアー，ポール（Paul Collier）…………… 14

【さ行】

最高法規 …………… 252
財産権 …………… 60
最小国家 …………… 12, 29, 100
最良の説明への推論 …………… 50
差別
　　——的抑圧 …………… 128
　　反—— …………… 125
サンスティーン，キャス（Cass R. Sunstein）…………… 6, 19
恣意性 …………… 203, 239, 332
自衛隊違憲説 …………… 278
時間的切片 …………… 57, 117
資源 …………… 124
自己決定権 …………… 43
事情判決 …………… 269, 293
慈善（charity）…………… 26
自然権 …………… 29
自然性質 …………… 239
自然法則 …………… 144
実在性 …………… 56
社会的選択理論 …………… 108
社会防衛論 …………… 160
自由意志（意思）…………… 156, 168
集団的自衛権 …………… 280
集団的主体 …………… 49
集団的利益 …………… 48
充分主義 …………… 123

授権規範 309
障碍者(障害者) 22
焦点変数 99
自律 22, 43
シンガー，ピーター (Peter Singer) 37
人格 22
 ——の尊厳 120
 法的—— 69
 理性的—— 117
人格形成責任 156
人権 2, 28, 193
新派刑法学 154
随伴性 51
鈴木健 106
生活形式 76
正義 200, 325
 ——概念 121
 ——の二原理 139
 ——原理 171
 公正としての—— 131
 世代間—— 317
 分配的—— 201
正義論 133, 331
正統性 (legitimacy) 108, 115, 240, 331
正当性 (justness) 240, 287, 331
 手続的—— 114
生命権 20
生命倫理 35, 43
セン，アマルティア (Amartya Sen) 99
前件肯定 283
 ——推論 253
全体主義 49
阻却可能性 (defeasibility) 260, 285
阻却事由 285

ソドミー法 ………………… 222
存在論 ……………… 322

【た行】

代理変数 ……………… 217
他行為可能性 ………………… 157
他者 ……………… 283, 333
多数決 ……………… 52
脱構築（déconstruction）………………… 210, 335
タマナハ，ブライアン（Brian Z. Tamanaha）………………… 291
単調性 ……………… 257, 285
超越論的 ……………… 129
徴候（symptom）………………… 76, 195
直示的定義 ……………… 286
出来事（event）……………… 175, 324
デリダ，ジャック（Jacques Derrida）………………… 209
同意 ……………… 31
統一性（首尾一貫性，統合性）（integrity）………………… 74, 113, 322
同一性 ……………… 175, 202
ドゥウォーキン（ドゥオーキン），ロナルド（Ronald Dworkin）
　　　　　　……………… 4, 43, 320
同性間性交 ……………… 222
同性婚 ……………… 105, 203, 220
統治機構 ……………… 297
道徳原理 ……………… 239
道徳実在論 ……………… 247, 329
道徳的共同体 ……………… 36
特殊科学（special science）………………… 54
特別法優越 ……………… 265

【な行】

内的観点 …………… 277
長尾龍一 …………… 303
二重の基準論 …………… 13
二層理論 …………… 42
認定のルール（Rule of Recognition）…………… 310
ヌスバウム（ナスボーム），マーサ（Martha Nussbaum）…………… 19, 229
ノージック，ロバート（Robert Nozick）…………… 4, 24, 100
野矢茂樹 …………… 282, 323

【は行】

バーク，エドマンド（Edmund Burke）…………… 294
パーソン論 …………… 36, 43
パーフィット，デレク（Derek Parfit）…………… 317
長谷部恭男 …………… 13
パターン制約 …………… 132
八月革命説 …………… 266
犯罪徴憑説 …………… 160
反事実条件 …………… 148
反転可能性（reversibility）…………… 120
反復可能性（itérabilité）…………… 210
ビッグデータ …………… 106
平等 …………… 98, 172
　　——の指標 …………… 112
平等主義
　　価値論的—— …………… 122
　　当為論的—— …………… 122
複婚 …………… 219
物理主義 …………… 323
不能犯 …………… 144
不平等 …………… 101
普遍化可能性 …………… 33, 332

プライヴァシー権 …………… 222
フランス人権宣言 …………… 103
フレイザー, ジェームズ (James G. Frazer) …………… 78
ヘア, リチャード (Richard M. Hare) …………… 38
ヘゲモニー …………… 240
ベンサム (ベンタム), ジェレミー (Jeremy Bentham) …………… 10, 141
保安処分 …………… 147
法規範 …………… 28
法人 …………… 59
　　——擬制説 …………… 84
　　——実在説 …………… 84
法治国原理 (Rechtsstaat) …………… 292
法的現実 …………… 298, 325
法的三段論法 …………… 253, 284
法的推論 …………… 252
法的判断 …………… 257
法による支配 (rule by law) …………… 292
法の支配 (rule of law) …………… 290
方法論的個人主義 …………… 53, 322
ホーフェルド, ウェズリー (Wesley N. Hohfeld) …………… 9
ホッブズ, トマス (Thomas Hobbes) …………… 31

【ま行】

未遂犯 …………… 145
宮沢俊義 …………… 294
民主制 (民主政) …………… 140
無過失責任 …………… 163
迷信犯 …………… 146
メタ倫理学 …………… 247
目的論 …………… 22
物語り (narrative) …………… 182, 318

【や行】

有機体説 …………… 58
有権解釈 …………… 277
余剰因果排除原理 ………………… 53, 322

【ら行】

ラクラウ，エルネスト（Ernesto Laclau） ……………… 240
立憲主義 …………… 290
リバタリアニズム ……………… 29, 100
リバタリアン …………… 4
リバタリアン・パターナリズム ……………… 6, 244
リベラリズム ……………… 4, 238, 325
　　中立的── ……………… 229
　　道徳的── ……………… 229
累進課税 …………… 98
ルソー，ジャン＝ジャック（Jean-Jacques Rousseau） ……………… 105
ロールズ，ジョン（John Rawls） ……………… 131, 139, 238, 287, 320

【わ行】

我ら人民（we the people） ……………… 289

法哲学と法哲学の対話
A Dialogue between Jurisprudence and Legal Philosophy

2017年4月20日　初版第1刷発行

著　者	安藤　馨／大屋雄裕
発行者	江草貞治
発行所	株式会社 有斐閣

郵便番号 101-0051
東京都千代田区神田神保町 2-17
電話 (03) 3264-1311 ［編集］
　　 (03) 3265-6811 ［営業］
http://www.yuhikaku.co.jp/

デザイン　高野美緒子
印　　刷　株式会社暁印刷
製　　本　大口製本印刷株式会社

©2017, Kaoru Ando, Takehiro Ohya.
Printed in Japan

落丁・乱丁本はお取替えいたします。
★定価はカバーに表示してあります。
ISBN978-4-641-12593-3

JCOPY　本書の無断複写（コピー）は，著作権法上での例外を除き，禁じられています。複写される場合は，そのつど事前に，（社）出版者著作権管理機構（電話 03-3513-6969, FAX 03-3513-6979, e-mail:info@jcopy.or.jp）の許諾を得てください。

本書のコピー，スキャン，デジタル化等の無断複製は著作権法上での例外を除き禁じられています。本書を代行業者等の第三者に依頼してスキャンやデジタル化することは，たとえ個人や家庭内での利用でも著作権法違反です。